普通高等教育"十二五"规划教材
普通高等学校土木工程专业精编系列规划教材

地下工程结构

主　编　钱德玲　席培胜
副主编　袁海平　李　凡
主　审　杨小礼

WUHAN UNIVERSITY PRESS
武汉大学出版社

图书在版编目(CIP)数据

地下工程结构/钱德玲,席培胜主编.—武汉:武汉大学出版社,2015.9(2017.12重印)
普通高等教育“十二五”规划教材
普通高等学校土木工程专业精编系列规划教材
ISBN 978-7-307-15917-4

Ⅰ.地…　Ⅱ.①钱…　②席…　Ⅲ.地下工程—结构设计—高等学校—教材　Ⅳ.TU93

中国版本图书馆 CIP 数据核字(2015)第 118783 号

责任编辑:王亚明　　责任校对:黄孝莉　　装帧设计:吴　极

出版发行:**武汉大学出版社**　(430072　武昌　珞珈山)
(电子邮件:whu_publish@163.com　网址:www.stmpress.cn)
印刷:广东虎彩云印刷有限公司
开本:850×1168　1/16　印张:13.25　字数:362 千字
版次:2015 年 9 月第 1 版　　2017 年 12 月第 2 次印刷
ISBN 978-7-307-15917-4　　定价:40.00 元

普通高等教育“十二五”规划教材
普通高等学校土木工程专业精编系列规划教材
编审委员会

特别提示

教学实践表明，有效地利用数字化教学资源，对于学生学习能力以及问题意识的培养乃至怀疑精神的塑造具有重要意义。

通过对数字化教学资源的选取与利用，学生的学习从以教师主讲的单向指导的模式而成为一次建设性、发现性的学习，从被动学习而成为主动学习，由教师传播知识而到学生自己重新创造知识。这无疑是锻炼和提高学生的信息素养的大好机会，也是检验其学习能力、学习收获的最佳方式和途径之一。

本系列教材在相关编写人员的配合下，将逐步配备基本数字教学资源，其主要内容包括：

课程教学指导文件

(1)课程教学大纲；

(2)课程理论与实践教学时数；

(3)课程教学日历：授课内容、授课时间、作业布置；

(4)课程教学讲义、PowerPoint 电子教案。

课程教学延伸学习资源

(1)课程教学参考案例集：计算例题、设计例题、工程实例等；

(2)课程教学参考图片集：原理图、外观图、设计图等；

(3)课程教学试题库：思考题、练习题、模拟试卷及参考解答；

(4)课程实践教学(实习、实验、试验)指导文件；

(5)课程设计(大作业)教学指导文件，以及典型设计范例；

(6)专业培养方向毕业设计教学指导文件，以及典型设计范例；

(7)相关参考文献：产业政策、技术标准、专利文献、学术论文、研究报告等。

本书基本数字教学资源及读者信息反馈表请登录www.stmpress.cn下载，欢迎您对本书提出宝贵意见。

前言

本书为住房和城乡建设部高等学校土木工程学科专业指导委员会“2013 年度高等教育教学改革项目土木工程专业卓越计划专项”立项课题成果之一。

人类于 21 世纪步入地下空间开发的新时代，世界各国日益重视对地下空间的开发和利用，地下工程结构的需求量和建设迅猛增长。随着我国经济的持续发展，综合国力的不断增强，高新技术的不断发展，地下工程结构的应用领域和应用深度不断拓展，如西部大开发、高速铁路、高速公路、大型水电站、南水北调、西气东输等工程中都有大量的地下工程结构需要建设。除此之外，现代城市建设中的地铁工程、市政工程(如排污管、输水管、电缆等)、过江和穿海隧道也在不断增加。在各国基础设施大规模建设的背景下，大力开发和利用地下空间已成为人类发展的必然选择和重要出路。

为了更好地使地下工程专业的学生和从事相关工作的技术人员掌握地下工程结构设计和施工的基本理论和基础知识，特别是为了提高土木工程专业卓越工程师的培养成效，本书在编写上注重实用性、可读性、系统性和新颖性等，结合结构力学和混凝土结构等知识，着重介绍了地下工程结构涵盖的基坑工程结构、浅埋地下工程结构、盾构隧道结构、顶管法工程结构、沉井结构、沉管结构、新奥法与锚喷支护、岩石巷道工程结构和地下工程结构信息化施工。每一章节的内容都针对实际工程问题，阐述了地下工程结构在荷载作用下的应力和应变变化规律及其在工程中的应用。在编写过程中，编者力求概念准确、明晰，语言精练、通畅，书中例题和习题有助于读者掌握书中理论知识和复杂的计算过程，力求易读易懂。

本书按照高等学校土木工程学科专业指导委员会于 2011 年 10 月制定的《高等学校土木工程本科指导性专业规范》的要求编写，内容涵盖了地下工程结构学科要求学生了解、理解和掌握的知识点。

本书由钱德玲教授和席培胜教授担任主编，由袁海平副教授和李凡教授担任副主编。

具体编写分工如下：

合肥工业大学，钱德玲(第 1、6 章)；

合肥工业大学，李凡(第 2、7 章)；

安徽建筑大学，席培胜(第 3～5 章)；

合肥工业大学，袁海平(第 8～10 章)。

本书由中南大学杨小礼教授担任主审。杨小礼教授在百忙之中抽出宝贵时间对全书进行了审阅和修改，在此深表感谢！

由于时间紧迫，编者水平有限，书中难免存在不妥或错误之处，敬请读者指出，不胜感激。

编　者

2015 年 7 月

目录

1 绪论

课前导读

◁ 内容提要

本章的主要内容包括地下工程结构的概念及意义、地下工程结构的分类及特点、地下工程结构的发展现状和本课程的特点等。本章的教学重点及难点为地下工程结构的意义、分类及其在土木工程中的应用。

◁ 能力要求

通过本章的学习，学生应了解学习地下工程结构的目的，地下工程结构的基本概念，地下工程结构的分类、破坏类型和研究内容等；掌握地下工程结构在工程建设中的重要意义。

1.1 地下工程结构的概念及意义

地下工程是指人类将工程结构设施埋置在地面以下所进行的工程活动。地下工程结构为在地面以下土层或岩层中建造的各类地下建筑物或构筑物，如地下交通运输工程（地铁和隧道）、地下商场、地下储库、地下军工厂，文化、体育、娱乐、人防等地下设施，为具有单一或多种功能的地下建筑物和构筑物。

21世纪，人类步入地下空间开发的新时代，世界各国日益重视对地下空间的开发和利用，地下工程结构的需求量和建设正在迅猛增长。随着我国基础设施的大规模建设，西部大开发、高速铁路、高速公路、大型水电站、南水北调、西气东输等工程中都有大量的地下工程结构需要建设。除此之外，现代城市建设中的地铁工程、市政工程（如排污管、输水管、电缆等）、过江和穿海隧道工程也在不断增加。因此，在土地资源日益减少和人口增长的双重压力下，大力开发和利用地下空间已成为人类发展的必然选择和重要出路。

对于城市地下空间开发利用方式，目前应用较广泛的有高层建筑物地下室、平战结合的人防工程，如上海人民广场地下商场，哈尔滨、长春、石家庄等城市中的地下商业街。同时，鉴于地下工程结构具有恒温恒湿、受地面干扰小、防灾抗灾能力强等特点，我国已修建了许多地下储库，如地下粮库、油库、金库等。

在城市中，地上建筑往往和地下工程结构联合建设，成为地上和地下交通枢纽及购物、休闲场所，使其功能得以提升。例如，总建筑规模为$7\times10^5 m^2$、堪称亚洲之最的北京东直门交通枢纽地上、地下各有两层：地上一层为公共电、汽车到发站，地上二层为磁悬浮列车的到发站和首都机场第二始发大厅；地下二层是西直门至东直门的城市轻轨铁路的到发站，地下一层是环城地铁的东直门站。在这个立体式的交通枢纽里，人们可以轻松完成市内公交、郊区公交、地铁、城市轻轨、机场高速铁路、出租车、水上交通游艇7种交通形式的转换。

随着我国经济的持续发展，综合国力的不断增强，高新技术的不断发展，地下工程结构的应用领域和应用深度将不断拓展，我国已成为世界上隧道和地下工程最多、最复杂、发展最快的国家。回顾我国铁路隧道的建设历史，可见我国地铁和隧道施工技术的快速发展和进步，从而对隧道建设的前景充满了信心（图1-1～图1-4）。隧道的发展是我国国民经济发展、国家西部大开发战略和开展通海战略的迫切需要。

图1-1　穿山隧道

图1-2　厦门越海隧道

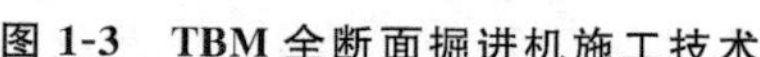

图 1-3　TBM全断面掘进机施工技术

图 1-4　城市地铁

充分利用城市地下资源建设各类地下工程结构是城市经济高速发展的客观需要，地下工程结构设计与施工技术的发展为其提供了充分的技术保障。目前，我国沿海地区人均国民生产总值已超过1000美元，达到了发达国家地下空间开发、地下工程建设高峰时的状态。所以，我国地下工程结构，特别是在东部经济发达地区和大中城市将迎来建设高潮，同时将为土木工程施工企业带来无限商机。我国已开通地铁的城市有北京、上海、广州、天津、南京、深圳等，正在兴建和增建地铁的城市有北京、上海、广州、深圳、南京、重庆、成都、杭州、沈阳、西安、合肥和昆明等。此外，我国已经批准和正在筹建地铁的城市有20多座。21世纪将是我国大规模开发地下空间和进行地铁建设的时代。

1.2　地下工程结构的分类及特点

以地下工程结构周围的围岩来分类，地下工程结构可分为修建在土中的地下工程结构和修建在岩石中的地下工程结构。近年来，地下工程结构的概念进一步延伸，如提出了在海底建设悬浮于海水中的悬浮隧道。这类水下工程结构由于从地表无法看见，似乎也可归为地下工程结构。

地下空间的开发可分为浅层、次浅层、次深层和深层开发。相应地，地下工程结构按照其埋深可分为浅埋地下工程结构和深埋地下工程结构。一般来说，浅层地下空间和次浅层地下空间分别指地表以下10m以内和10～30m的空间，次深层和深层地下空间则分别指地表以下30～100m和100m以下的空间。浅层和次浅层地下空间适合建设可供人类活动的地下工程；次深层和深层地下空间则仅适合建造各类地下储存系统，如废弃物处理地下工程、地下水封储库、能源设施等。随着军事科技的发展，出于人防的需要，地下人防设施的建设深度越来越大，如深埋于地表以下的飞机洞窟、地下指挥中心、地下疏散中心和地铁等。如今，莫斯科地铁的最大埋深超过了80m。为了降低储存成本及满足战时需要，水资源、能源、粮食等主要战略储备物资常采用地下储存方式。美国等大多利用地下透水层和溶岩空间存储地下水、石油、天然气及其他战备资源，除此之外，也可采用岩体中的洞室、溶岩腔存储。

隧道按用途可分为交通隧道、水工隧道、市政隧道、矿山隧道和特殊用途隧道等。水工隧道包括引水、给水和排水隧道(洞)，水电站(特别是类似于三峡工程和黄河小浪底工程这类大型水利枢纽工程)中就有大量的水工隧道，我国南水北调工程中也有“穿黄”(即穿越黄河)等高难度水工隧道需要建设。市政隧道包括市政给水、排水、引水及用于铺设地下电缆、通信管道等隧道，如上海市“合流污水”工程中建造了几十千米的大直径排水隧道。矿山隧道包括采矿需要的运输、通风、行人隧(巷)道，我国仅煤矿每年就要掘进巷道上千千米。特殊用途隧道包括军工隧道、人防地下工程和各种地下储库等。

1.3 地下工程事故案例

城市地铁车站开挖工程是在岩土体内部进行的，无论其埋深大小，开挖施工都将不可避免地扰动地下岩土体，使围岩产生应力重分布。施工常常波及地表，宏观表现为地层的移动与变形，形成施工沉降槽。施工沉降槽可能会造成地面沉降和塌陷，从而导致道路路面破损，地下已有管道破坏及建筑物、桥梁等市政设施损坏。同时，地铁工程常常具有地质条件复杂、开挖跨度大、临时支撑和工法转换频繁、时空效应显著等特点，因此城市地铁工程往往施工难度大，安全风险大。

大型地下工程结构的设计、建造是百年大计。然而地下工程结构设计、建造的复杂性，以及设计、施工、监测、管理等方面的不成熟与不完善，导致近年来发生了大量地下工程事故，造成了巨大的生命、财产损失和不良社会影响。

图 1-5 南京地铁站地陷

2012 年 11 月 29 日上午 11 点左右，南京大行宫附近突发一起地陷事故，路面出现 $20m^2$ 的坑洞。地铁建设指挥部门透露，发生地陷事故的现场紧邻南京地铁 3 号线施工工地，确与地铁施工有关。南京地铁 3 号线大行宫站施工点位于秦淮河古河道，流沙较多，因施工挖掘较深而导致地面沉降(图 1-5)。

2008 年 11 月，杭州地铁 1 号线南端湘湖车站的基坑工地突然坍塌(图 1-6)，造成 21 人遇难或失踪，为我国地铁修建史上发生的最严重的事故。

2005 年 7 月 21 日中午 12 时许，广州市海珠区江南大道海珠广场工地基坑挡土墙突然发生坍塌，导致邻近两幢建筑物出现不同程度的倾斜，部分墙体开裂，事故造成 5 人被困。事故工地基坑南端约 100m 长的挡土墙突然坍塌，拉动工地与居民楼之间宽约 6m 的水泥路整体下陷，造成工地边的砖木平房倒塌，5 人被压。同时，塌方事故引起邻近一幢 9 层楼宾馆和一幢 8 层居民楼出现倾斜(图 1-7)，部分墙面开裂。该事故原因分析为：施工与设计不符，基坑施工时间过长，支护受损失效。该基坑原设计深度只有 17m，2004 年 7 月，设计深度变更为 19.6m，而实际基坑局部开挖深度

图 1-6 杭州地铁施工塌陷事故

为20.3m,较原设计超深3.3m,造成原支护桩(深度为20m)变为吊脚桩;同时,该基坑施工时间长达2年7个月,基坑暴露时间大大超过了临时支护期限为1年的规定,致使开挖地层软化,出现渗水和透水,钢构件锈蚀,锚杆(索)锚固力降低,最终使基坑支护严重失效,造成重大事故。

图 1-7 广州地铁海珠广场站基坑塌方

2004年4月1日上午8时左右,广州地铁3号线沥滘站地下连续墙围护结构突然出现塌方,造成车站北端周边范围内发生一定的沉降,附近民房受到一定影响。在事故现场,巨大的主体工程向北延伸,最靠北的一段紧靠民房,塌方正好发生在此段施工工地,崩塌长度约40m,泥砂块堆积如山,支撑主体工程的黄色大钢管横七竖八地落在地上(图1-8)。

2003年7月1日凌晨6点,正在施工的上海轨道交通4号线附近通道工程施工作业面内,因大量水及流沙涌入,造成隧道部分结构损坏及周边地区地面沉降,三栋建筑物发生严重倾斜(图1-9),防汛墙局部塌陷,导致防汛墙围堰管涌,直接经济损失达1.5亿元。

新加坡主要交通干道尼诰大道的部分路段于2004年4月20日下午突然发生坍塌。该起意外事故是新加坡有史以来发生的最为严重的地铁工地和高速公路坍塌事故,造成1人死亡,另有3人受伤和3人失踪。失踪者中有1名是中国籍工人。坍塌路面长100m、宽150m,估计道路修复工程需要6～9个月才能完成。有关方面调查发现,土质松软导致尼诰大道附近正在施工的地铁环线一地下隧道支架倒塌,并造成公路坍塌(图1-10)。

位于德国科隆市中心的科隆城市档案馆于2009年3月3日突然发生坍塌,同时引发周边建筑不同程度坍塌下沉,造成1人死亡、9人失踪。更令德国人痛心的是,大批德国珍贵历史文献及影像资料也葬身废墟。

在地下工程结构建设过程中,如何保证地下工程结构、地表附近重要建筑及设施的安全是一个重要而迫切的现实问题,亟待解决。这一问题严重影响着人民生命财产安全,决定着工程建设的成败,解决不好会造成严重的经济损失和恶劣的社会影响。因此,进行地下工程结构施工时要采取有效措施来减小地表变形,保证地表房屋、道路、管线及历史文物等不被损害,生态环境不发生恶化。

图 1-8 广州地铁3号线沥滘站塌方

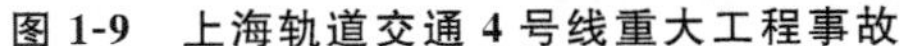
图 1-9 上海轨道交通 4 号线重大工程事故

图 1-10 新加坡尼诰大道坍塌事故

1.4 地下工程结构的发展现状

人类对地下空间的应用已有较长的历史。由于洞穴具有冬暖夏凉的特点，既可防风避雨又可躲避野兽侵袭等，因此古人类很早前就已将天然洞穴作为居住的地方，如北京周口店的山顶洞人。随着人类文明的发展，特别是使用青铜和铁制工具后，人类开始有意识地建造各类地下工程以满足人类的需要，如建造于公元前 2000 多年前的巴比伦河底隧道，建造于公元前 312—公元前 226 年的罗马地下输水道和储水池等。近代地下工程结构的发展主要以海底隧道、山岭隧道和城市地下铁道的发展为标志，伦敦于 1863 年建成了世界上第一条城市地下铁道。

欧洲早在 19 世纪末 20 世纪初就修建了穿越阿尔卑斯山脉的辛普朗(Simplon)隧道。它由两条长 19.8km 的单线铁路隧道组成，位于瑞士伯尔尼到意大利米兰的铁路线上，工程宏伟、艰巨。20 世纪 60 年代，日本开始修建连接本州和北海道的青函(Seikan)隧道，其长 53.85km，到 1988 年 3 月才竣工通车，历时 24 年。1994 年 5 月 6 日，连接英法两国的海底隧道正式通车。这条长 50.5km 的隧道仅用了 6 年时间就修通了，充分体现了现代隧道施工技术的水平。

世界近代建筑发展的历史大致可划分为三个阶段，即 19 世纪是桥梁建设的世纪，20 世纪是高层建筑建设的世纪，而 21 世纪则为地下空间发展的世纪。实际上，自 20 世纪 20 年代以来，由于城市化进程加快，城市用地紧张，基础设施落后，环境恶化等问题日益突出，一些发达国家就开始开发地下空间，通过修建地下过街通道、地铁、商场、仓库和地下综合服务区等实现对地下空间的利用。东京首条地下高速路东京中央环状新宿线于 2007 年 3 月开通之后，不仅大大缩短了通行时间，而且有效地缓解了市中心地区的交通拥挤，减轻了市内环境污染问题；美国波士顿中央大街改造工程是美国在 20 世纪最复杂、最宏大、最具技术挑战性的高速路工程，它是在中央大街下面建设一条地下快速道路和一条穿越波士顿港的海底隧道，以连接机场和城市中心，完善城市交通，改善城市环境；巴黎也将建筑两环加放射的地下道路机动车交通系统，用以解决机动车在城市内部的行驶问题。

在交通隧道方面，随着我国高速公路干线网的不断完善，特别是向我国西部多山地区的不断延伸，如海南岛与陆地间的跨海延伸，辽东半岛与胶东半岛之间的跨海连接，崇明岛与上海之间等长江沿线的地下连接等，都需要巨大的隧道工程来支撑。随着西部的开发，我国铁路隧道、公路隧道的单体长度及数量记录都将不断被刷新。在跨海、跨江隧道方面，目前青岛与黄岛之间的海底隧道已建成(图 1-11)，且对琼州海峡隧道完成了可行性研究。不少有识之士提出了跨越渤海湾，连接辽东与胶州半岛的南桥北隧固定联络通道；跨越长江入海口，连接上海—崇明—启东的江底隧道，甚至提出了兴建台湾海峡隧道的设想。日本青函海底隧道(全长 53.85km,海底部分长 23.3km)、英法海底隧道(图 1-12,全长 50.5km,海底部分长约 38km)的建成运营,以及其他国家正在规划与实施的众多海底隧道,都为我国树立了榜样。

图 1-11 青岛与黄岛之间的海底隧道

图 1-12 英法海底隧道

在水利水电隧道方面,我国自 20 世纪 70 年代中期以后先后建成了一大批著名的水电工程,如二滩水电站工程、黄河小浪底水电站工程、葛洲坝工程、世界最大水电工程之一的长江三峡工程。在水利水电系统的地下工程和隧道建设中,一个明显特点是工程规模不断大型化,具体体现为引水隧洞埋深增加,导流、泄洪洞断面面积增大,跨度增大,边墙增高,隧洞承压水头增大等,如锦屏二级引水隧洞埋深达 2600m(与目前世界上最大埋深的法国谢栏引水隧洞埋深 2620m 相近),二滩水电站导流洞断面面积达 403m^2,已建成的天湖抽水蓄能电站的水头高达 1074m。在长度方面,1991 年建成的太平驿引水隧洞长达 10km,辽宁省大伙房引水隧洞全长 85km。

在城市地下工程方面,随着现代化城市的高密度化发展,生活水准的高标准化发展,各种供给设施(如电信、电气、煤气、给排水等设施)的需求量将会急剧增加,需要改造和增设的管线愈来愈多。解决这一问题的最好对策是修建统一规划与管理的城市地下共同沟(即城市地下公用事业综合隧道),如 1994 年上海浦东建成了我国第一条规模较大的张扬路共同沟。上海黄浦江下已建成多条水底隧道将浦东、浦西连接起来,广州的珠江、宁波的甬江下都已建成水底地铁和公路隧道,武汉江底隧道、厦门岛与大陆间的水下通道都已建成。我国上海、北京、广州等城市都在加快地铁建设,已通车里程接近 600km(含城铁通车里程)。目前,我国共有 20 多个城市正在建设或规划建设城市轨道交通。北京计划到 2015 年全市轨道交通运营线路达 19 条,总里程达 561km,形成"三环、四横、五纵、七放射"格局;上海"十二五"期间要建成 200km 轨道交通;广州 2015—2025 年将新建 200km 轨道交通。

随着国民经济和城市建设的快速发展,城市地下空间的开发与利用已成为 21 世纪我国城市基础建设的重要组成部分,是解决我国城市化发展与城市用地紧缺之间矛盾的主要手段。在城市地下空间的开发利用中,大型复杂地下工程的建设已成为地下空间开发与利用的重要组成部分。发展大运量的城市地下快速交通,特别是地铁,已成为解决大城市交通问题的关键,也是城市向可持续、生态型方向发展的必然之路。2008 年,国务院批复了 22 个城市的地铁建设规划。至 2016 年,我国将新建轨道交通线路 89 条,总建设里程为 2500km,2014 年已有 50 条、约 1154km 线路开工在建。作为城市地下工程结构的一种主要形式,地下铁道的建设在我国具有广阔的发展前景。

1.5 本课程的特点

地下工程结构的设计与建造涉及工程地质、材料力学、土力学、岩石力学、水力学、结构力学、混凝土结构等专业理论和知识，地下工程结构的学习也涉及与其相关的岩土工程、结构工程、防灾减灾工程等专业理论和知识。

地下工程结构与地面工程结构相比，在计算理论和施工方法两方面都有许多不同之处。其中，最主要的区别是地下工程结构所承受的荷载比地面工程结构复杂。这是因为地下工程结构埋置于地下，其周围的岩土体不仅作为荷载作用于地下工程结构上，而且约束着结构的移动和变形。所以，在地下工程结构设计中除了要计算因素多变的岩土体压力之外，还要考虑地下工程结构与周围岩土体的共同作用。这一点就是地下工程结构在计算理论上与地面工程结构最主要的差别，也是本课程的主要特点。

【参考文献】

[1] 杨新安，吴德康. 铁路隧道. 上海：同济大学出版社，2003.

[2] 吴波. 城市地下工程技术研究与实践. 北京：中国铁道出版社，2008.

[3] 朱永全，宋玉香. 隧道工程. 2 版. 北京：中国铁道出版社，2007.

[4] 吴波，阳军生. 岩石隧道全断面掘进机施工技术. 合肥：安徽科学技术出版社，2008.

[5] 吴能森. 地下工程结构. 武汉：武汉理工大学出版社，2010.

[6] 郑刚. 地下工程. 北京：机械工业出版社，2011.

2

基坑工程结构

课前导读

内容提要

本章的主要内容包括基坑工程的基本概念和特点、基坑支护结构的类型及其选择，不同类型基坑支护结构（包括土钉墙、水泥土重力式围护墙、地下连续墙、灌注桩排桩围护墙、型钢水泥土搅拌墙、钢板桩围护墙、钢筋混凝土板桩围护墙）的特点、适用范围、设计方法和部分施工要求。本章的教学重点为基坑支护结构类型的选择及设计方法，教学难点为不同类型基坑支护结构的设计理论。

能力要求

通过本章的学习，学生应熟悉基坑支护结构的类型及各种类型基坑支护结构相应的特点、适用条件、设计方法和施工注意事项。

2.1 概 述

为进行建筑物基础与地下室施工所开挖的地面以下的空间称为建筑基坑。为保证地下工程结构正常施工及基坑周边环境的安全，对基坑侧壁及周围环境采用的支挡、加固与保护措施称为基坑支护。

基坑支护是地下工程结构施工中内容丰富且富于变化的领域，是一项风险工程，也是一门综合性很强的学科，涉及工程地质、土力学、基础工程、结构力学、原位测试技术、施工技术、土与结构相互作用及环境岩土工程等多门学科。

随着经济的发展，城市化步伐的加快，为满足日益增长的市民出行、轨道交通换乘、商业、停车等需要，在用地愈发紧张的城市中心，结合城市建设和改造开发大型地下空间已成为一种必然。诸如高层建筑多层地下室、地下铁道及地下车站、地下道路、地下停车库、地下街道、地下商场、地下医院、地下变电站、地下仓库、地下民防工事及多种地下民用和工业设施等基础设施，都离不开基础工程。与此同时，如今建筑朝着越来越高、地下空间朝着越来越深的方向发展，密集的建筑群、超大超深的基坑、复杂的地下设施都给基坑工程的设计和施工带来了一定的难度，使基坑工程面临的考验和挑战达到了新的高度。

在国内，大型基坑工程已经屡见不鲜。近年来上海市地下空间开发面积达 10 万～30 万平方米的地下综合体项目已多达几十个，基坑开挖面积一般可达 2 万～6 万平方米，如上海仲盛广场基坑开挖面积为 5 万平方米，上海虹桥综合交通枢纽工程基坑开挖面积达 35 万平方米等；基坑的深度也越来越深，一般基坑深度为 16m 以上，如天津津塔挖深为 23.5m，苏州东方之门最大挖深为 22m，上海世博 500kV 地下变电站挖深为 34m，上海地铁 4 号线董家渡修复基坑则深达 41m。

2.1.1 基坑工程的特点

(1)安全储备小，风险大

一般情况下，作为临时性措施，基坑工程中的基坑围护体系在设计计算时有些荷载(如地震荷载)不加以考虑。与永久性结构相比，其在强度、变形、防渗、耐久性等方面的要求较低一些，安全储备要求也低一些。加上建设方对基坑工程认识上的偏差，为降低工程费用，对设计提出一些不合理的要求，使得实际的安全储备可能会更小一些。因此，基坑工程具有较大的风险性，必须有合理的应对措施。

(2)制约因素多

基坑工程与自然条件的关系较为密切，设计、施工中必须全面考虑气象、工程地质与水文地质条件及其在施工中的变化，充分了解工程所处的工程地质和水文地质条件、周围环境与基坑开挖间的关系及相互影响。基坑工程作为一种岩土工程，受工程地质和水文地质条件的影响很大，区域性强。我国幅员辽阔，地质条件变化很大，有软土、砂性土、砾石土、黄土、膨胀土、红土、风化土、岩石等。不同地层中的基坑工程所采用的围护结构体系差异很大，即使在同一个城市，不同区域的围护结构体系也有差异。因此，围护结构体系的设计、基坑的施工均要根据具体的地质条件因地制宜，不同地区的经验可参考借鉴，但不可照搬照抄。

另外，基坑工程所采用的围护结构体系除受地质条件制约以外，还会受到相邻建筑物、地下构筑物和地下管线等的影响。周边环境的容许变形量、重要性等也会成为基坑工程设计和施工的制约因素，甚至会成为基坑工程成败的关键。因此，基坑工程的设计和施工经验应根据基本原理和规律灵活应用,不能简单引用。基坑支护开挖的空间可为主体结构的地下室施工所用,因此基坑设计在满足基坑安全及周围环境保护要求的前提下,要合理地满足施工的易操作性和工期要求。

(3)计算理论不完善

基坑工程作为地下工程,所处的地质条件复杂,影响因素众多。人们对岩土力学性质的了解还不深入,很多设计计算理论,如岩土压力、岩土的本构关系等还不完善,因此基坑工程是一门发展中的学科。

作用在基坑围护结构体系上的土压力不仅与位移等的大小、方向有关,还与时间有关。目前,土压力理论还很不完善,实际设计计算中往往采用经验值,或者按照朗肯土压力理论或库仑土压力理论计算,然后根据经验进行修正。在考虑地下水对土压力的影响时,学术界和工程界对采用水土压力合算还是分算更符合实际情况的认识不一致,各地制定的技术规程或规范中的规定也不尽相同。至于时间对土压力的影响,即土体的蠕变性,目前在实际应用中较少考虑。

实践发现,基坑工程具有明显的时空效应。基坑的深度和平面形状对基坑围护结构体系的稳定性和变形有较大的影响,土体具有的流变性对作用于围护结构体系上的土压力、土坡的稳定性和围护结构体系变形等有很大的影响。

目前,岩土的本构模型已数以百计,但真正能获得实际应用的模型却寥寥无几,即使获得了实际应用,和实际情况也有较大的差距。基坑工程设计计算理论的不完善,直接导致了工程中的许多不确定性,因此施工要和监测、监控相配合,更要有相应的应急措施。

(4)综合性知识、经验要求高

基坑工程的设计和施工中不仅需要岩土工程方面的知识,还需要结构工程方面的知识。同时,基坑工程的设计和施工是密不可分的,设计计算的工况必须和实际施工工况一致才能确保设计的可靠性。所以设计人员必须了解施工,施工人员也必须了解设计。设计计算理论的不完善和施工中的不确定因素会增加基坑工程失效的风险,所以需要设计、施工人员具有丰富的现场实践经验。

2.1.2 围护结构体系

围护结构体系应该保证岩土开挖、地下工程结构施工的安全,并保证周围环境不受影响。为此,围护结构体系需满足以下三个要求:

(1)合适的施工空间

围护结构体系应能起到挡土的作用,为地下工程结构的施工提供足够的作业场地。

(2)干燥的施工空间

应采取降水、排水、截水等各种措施保证地下工程结构施工作业面在地下水位面以上,以方便地下工程结构的施工作业。当然,也有少量的基坑工程出于稳定基坑的需要,土方开挖时采用水下开挖,通过先在水下浇筑混凝土底板封底,然后排水,来创造干燥的施工作业条件。

(3)安全的施工空间

在地下工程结构施工期间,应确保基坑本体安全和周边环境安全。

2.1.3 基坑工程的设计依据与设计内容

(1)设计依据

基坑工程的设计依据包括工程所处场地的地质条件,周围环境,施工条件,设计规范,主体建筑地下结构的设计图纸,各种相关规划文件、批复文件等,设计人员在设计前应全面掌握。其主要包括以下内容:

①工程地质与水文地质资料；

②地下障碍物和环境调查资料；

③工程的施工条件；

④有关设计规范；

⑤本地施工经验。

(2)设计内容

对基坑工程进行设计时，在对设计依据收集和整理的基础上，应根据设计计算理论，提出围护结构、支撑/锚杆结构、地基加固、基坑开挖方式、开挖支撑施工、施工监控及施工场地总平面布置等各项设计。同时，在设计中建议考虑如下几方面的问题：

①按主体工程地下室所处场地的工程地质、水文地质和周围环境条件，考虑基坑工程设计中的初步设计方案是否全面、合理。

②对主体工程地下室的建造层数、开挖深度、基坑面积及形状、施工方法、造价、工期及主体工程和上部工程造价、工期等主要经济指标进行综合分析，以评价基坑工程技术方案的经济合理性。

③研究基坑工程的围护结构是否可以兼作主体工程的部分永久结构，对其技术、经济效果进行评估。

④研究基坑工程开挖方式的可靠性和合理性。

⑤对大型主体工程及其基坑工程的施工分期和前后期工程施工进度安排及相互影响进行技术、经济分析，以通过分析、对比提出适用于分期施工的总体方案。

2.2　基坑围护结构的类型及其选择

基坑围护结构最主要的功能为挡土和止水。目前工程所采用的基坑围护结构形式多样，通常可以分为桩墙式围护结构和重力式围护结构两大类，根据不同的工程类型和具体情况又可以派生出各种基坑围护结构形式。

基坑周边的围护结构直接承受基坑施工阶段的侧向土压力和水压力，并将此压力传递给支撑体系。在需采取隔水措施的基坑工程中，当基坑周边围护结构不具备自防水功能时，需在围护结构外侧另行设置隔水帷幕。基坑周边围护结构和隔水帷幕共同形成基坑周边支护体系。

在基坑工程实践中，形成了多种成熟的基坑周边围护结构类型。每种类型在适用条件、工程经济性和工期等方面各有侧重，且基坑周边围护结构类型的选择直接关系到工程的安全性、工期和造价。然而，对于每个基坑工程而言，其工程规模、周边环境、水文地质条件及业主要求等各不相同，因此在基坑周边围护结构设计中需根据每个工程的特性和每种围护结构的特点，综合考虑各种因素，合理选择基坑周边围护结构的类型。

常用基坑围护结构的类型包括：

①土钉墙；

②水泥土重力式围护墙；

③地下连续墙；

④灌注桩排桩围护墙；

⑤型钢水泥土搅拌墙；

⑥钢板桩围护墙；

⑦钢筋混凝土板桩围护墙。

本节主要介绍以上几种类型基坑围护结构的支护方法和适用条件，其中几种类型基坑围护结构的具体设计和施工方法会在本章后面几节的内容中作详细介绍。

2.2.1 土钉墙

土钉墙是用于土体开挖时保持基坑侧壁或边坡稳定的一种挡土结构，主要由密布于原位土体中的细长杆件——土钉、黏附于土体表面的钢筋混凝土面层及土钉之间的被加固土体组成，是具有自稳能力的原位挡土墙。土钉墙的基本形式如图 2-1 所示。土钉墙与各种隔水帷幕、微型桩及预应力锚杆(索)等构件结合起来，可形成复合土钉墙。

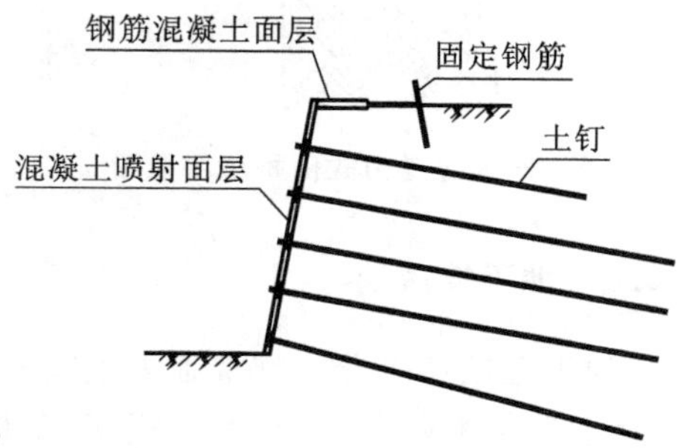

图 2-1 土钉墙的基本形式

其特点为：

a. 施工设备及工艺简单，对基坑形状适应性强，经济性较好；

b. 坑内无支撑体系，可实现敞开式开挖；

c. 柔性大，有良好的抗震性和延性，破坏前有变形发展过程；

d. 密封性好，完全将土坡表面覆盖，阻止或限制了地下水从边坡表面渗出，防止了水土流失及雨水、地下水对坑壁的侵蚀；

e. 土钉墙靠群体作用保持坑壁稳定，当某根土钉失效时，周边土钉会分担其荷载；

f. 施工所需场地小，移动灵活，支护结构基本不单独占用场地内的空间；

g. 由于孔径小，与桩等的施工工艺相比，其穿透卵石、漂石及填石层的能力更强；

h. 可边开挖边支护，便于信息化施工，能够根据现场监测数据及开挖暴露的地质条件及时调整土钉墙参数；

i. 需占用坑外地下空间；

j. 土钉墙施工与土方开挖交叉进行，对现场施工组织要求较高。

其适用条件如下：

a. 开挖深度小于 12m、对周边环境保护要求不高的基坑工程；

b. 地下水位以上或经人工降水后的人工填土、黏性土和弱胶结砂土的基坑工程。

其不适用条件如下：

a. 含水丰富的粉细砂、中细砂及含水丰富且较为松散的中粗砂、砾砂及卵石层等；

b. 黏聚力很小、过于干燥的砂层及相对密度较小、均匀度较好的砂层；

c. 有深厚新近填土、淤泥质土、淤泥等软弱土层的地层及膨胀土地层；

d. 对周边环境敏感，对基坑变形要求较为严格的工程，以及不允许支护结构超越红线或邻近地下建(构)筑物，在可实施范围内土钉长度无法满足要求的工程。

2.2.2 水泥土重力式围护墙

水泥土重力式围护墙是以水泥系材料为固化剂，通过搅拌机械采用喷浆施工方法将固化剂和地基土进行强行搅拌，形成的具有一定厚度、连续搭接的水泥土柱状加固体挡墙。水泥土重力式围护墙如图 2-2 所示。

其特点为：

a. 可结合重力式围护墙的水泥土桩形成封闭隔水帷幕，止水性能可靠；

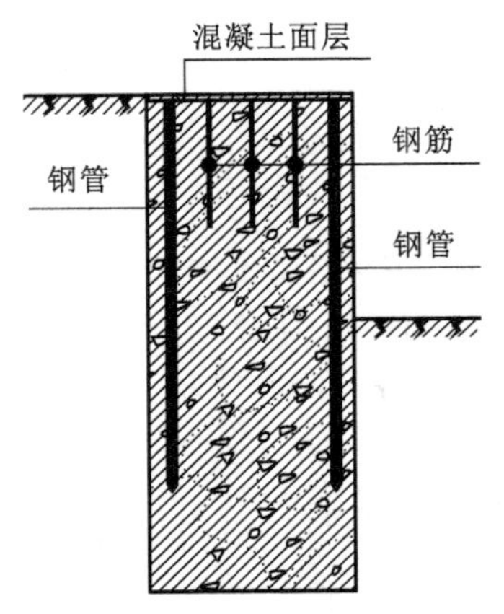

图 2-2 水泥土重力式围护墙示意图

b. 使用后遗留的地下障碍物相对比较容易处理；

c. 占用空间较大；

d. 位移控制能力较弱，变形较大；

e. 当墙体厚度较大时，采用水泥土搅拌桩或高压喷射注浆对周边环境影响较大。

其适用条件如下：

a. 软土地层中开挖深度不超过 7.0m、对周边环境保护要求不高的基坑工程；

b. 对周边环境有保护要求，深度不超过 5.0m 的基坑工程。

需注意的是，基坑周边 1～2 倍开挖深度范围内存在对沉降和变形敏感的建(构)筑物时，应慎重选用水泥土重力式围护墙。

2.2.3 地下连续墙

地下连续墙可分为现浇地下连续墙和预制地下连续墙两大类。目前，在工程中应用的现浇地下连续墙的槽段形式主要有壁板式、T 形和 Π 形等，并可通过将各种形式槽段相结合，形成格形、圆筒形等结构形式。这里主要介绍常规的现浇地下连续墙。

现浇地下连续墙是采用原位连续成槽浇筑形成的钢筋混凝土围护墙。现浇地下连续墙具有挡土和隔水双重作用，结构平面图如图 2-3 所示。

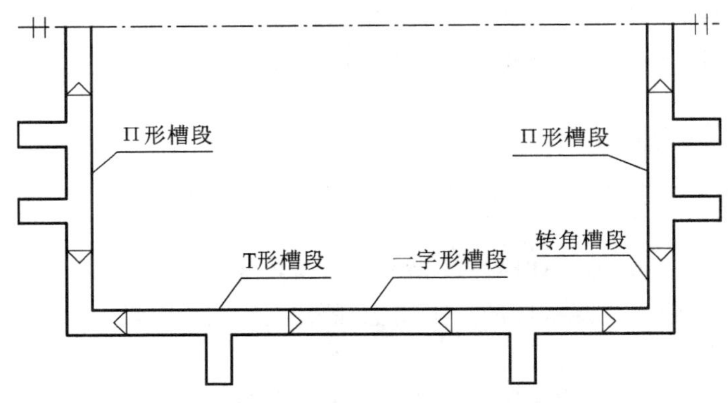

图 2-3 现浇地下连续墙结构平面图

其特点为：

a. 施工具有低噪声、低振动等优点，对周边环境的影响小；

b. 刚度大，整体性好，基坑开挖过程中安全性高，支护结构变形较小；

c. 墙身具有良好的抗渗能力，坑内降水时对坑外的影响较小；

d. 可作为地下室结构的外墙，可配合逆作法施工，以缩短工程的工期，降低工程造价；

e. 在受到条件限制使墙厚无法增加的情况下，可采用加肋的方式形成 T 形槽段或 Π 形槽段，以增加墙体的抗弯刚度；

f. 存在弃土和废泥浆处理工作，粉砂地层易引起槽壁坍塌及渗漏等问题，需采取相关的措施来保证地下连续墙的施工质量；

g. 由于地下连续墙水下浇筑槽段之间存在接缝，故地下连续墙墙身及接缝位置存在防水薄弱环节,易产生渗漏水现象,用于“两墙合一”时需进行专项防水设计；

h.将“两墙合一”地下连续墙作为永久使用阶段的地下室外墙时需结合主体建筑结构设计,在地下连续墙内为主体建筑结构留设预埋件,故“两墙合一”地下连续墙设计必须在主体建筑结构施工图设计基本完成后方可开展。

其适用条件为：

a.深度较大的基坑工程,一般基坑开挖深度大于10m时才有较好的经济性；

b.邻近存在保护要求较高的建(构)筑物,对基坑本身的变形和防水要求较高的工程；

c.基坑内空间有限,地下室外墙与红线距离极近,采用其他围护形式无法满足留设施工操作空间要求的工程；

d.围护结构亦作为主体建筑结构的一部分,且对防水、抗渗有较严格要求的工程；

e.采用逆作法,地上和地下同步施工时,一般采用地下连续墙作为围护墙；

f.在超深基坑工程,如30～50m的深基坑工程中,采用其他围护形式无法满足要求时,常采用地下连续墙作为围护体。

2.2.4 灌注桩排桩围护墙

灌注桩排桩围护墙是采用连续的柱列式排列的灌注桩形成的围护结构。工程中常用的灌注桩排桩形式有分离式、双排式和咬合式。

(1)分离式灌注桩排桩(图2-4)

分离式灌注桩排桩在灌注桩排桩围护墙中最常用,是较简单的围护结构形式。分离式灌注桩排桩外侧可结合工程的地下水控制要求设置相应的隔水帷幕。

其特点为：

a.施工工艺简单,工艺成熟,质量易控制,造价经济。

b.噪声小,无振动,无挤土效应,施工时对周边环境影响小。

c.可根据基坑变形控制要求灵活调整排桩刚度。

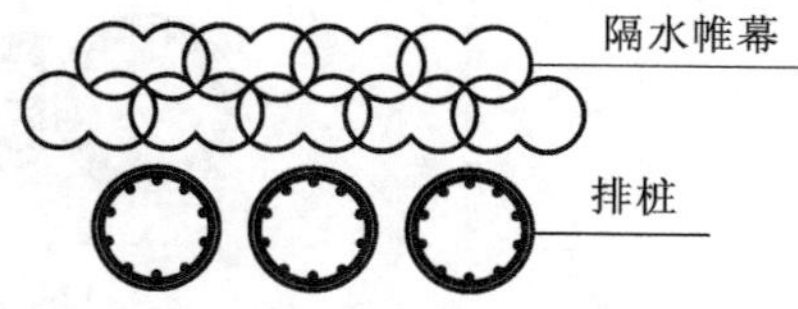

图2-4 分离式灌注桩排桩平面图

d.在基坑开挖阶段仅用作临时围护体,在主体地下室结构平面位置、埋置深度确定后才有条件设计、实施。

e.在有隔水要求的工程中需另行设置隔水帷幕。隔水帷幕可根据工程的土层情况、周边环境特点、基坑开挖深度及经济性等要求综合选用。

其适用条件为：

a.在软土地层中一般适用于开挖深度不大于20m的深基坑工程；

b.地层适用性广,对从软黏土到粉性土、卵砾石、岩层中的基坑均适用。

(2)双排式灌注桩排桩(图2-5、图2-6)

为增大排桩的整体抗弯刚度和抗侧移能力,可将排桩设置成前后双排,将前后排排桩桩顶的冠梁用横向连梁连接,就形成了双排式灌注桩排桩。

其特点为：

a.抗弯刚度大,施工工艺简单,工艺成熟,质量易控制,造价经济；

b.可作为自立式悬臂支护结构,无须设置支撑体系；

c.围护体占用空间大；

d.自身不能隔水,在有隔水要求的工程中需另设隔水帷幕。

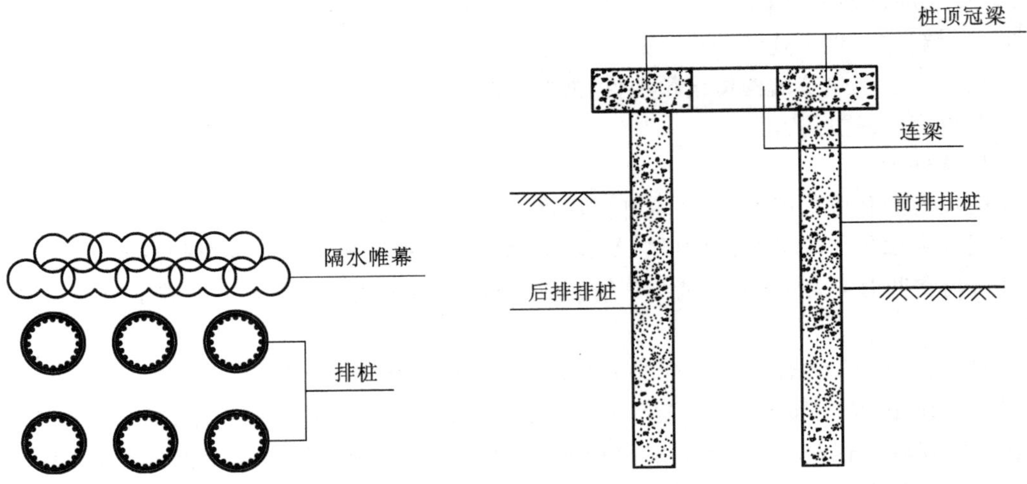

图 2-5 双排式灌注桩排桩平面图

图 2-6 双排式灌注桩排桩围护墙剖面图

其适用于场地空间充足，开挖深度较大，对变形控制要求较高且无内支撑体系的工程。

(3)咬合式灌注桩排桩(图 2-7)

因场地狭窄等原因无法同时设置排桩和隔水帷幕时，可采用桩与桩之间咬合的形式形成可起到止水作用的咬合式灌注桩排桩围护墙。咬合式灌注桩排桩围护墙的先行桩采用素混凝土桩或钢筋混凝土桩，后行桩采用钢筋混凝土桩。

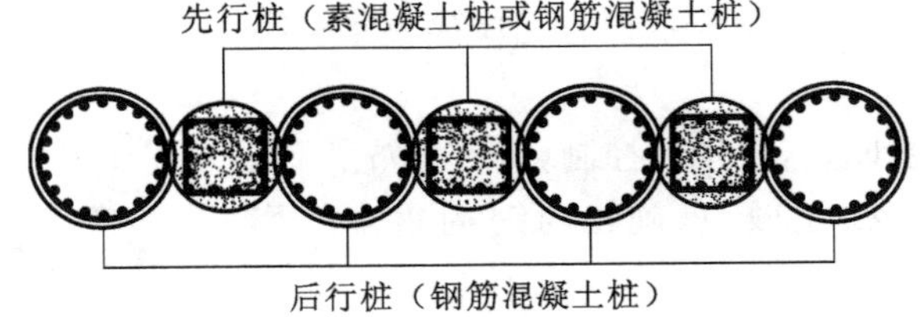

图 2-7 咬合式灌注桩排桩平面图

其特点为：

a. 受力结构和隔水帷幕合一，占用空间较小；

b. 整体刚度较大，防水性能较好；

c. 施工速度快，工程造价低；

d. 施工中可干孔作业，无须排放泥浆，机械设备噪声低、振动小，对环境污染小；

e. 对成桩垂直度要求较高，施工难度较大。

其适用条件为：

a. 淤泥、流沙、地下水富集的软土地区；

b. 邻近建(构)筑物对降水、地面沉降较敏感且对环境保护要求较高的基坑工程。

2.2.5 型钢水泥土搅拌墙

型钢水泥土搅拌墙(图 2-8)是一种在连续套接的三轴水泥土搅拌桩内插入型钢而形成的复合挡土隔水结构。

其特点为：

a. 受力结构与隔水帷幕合一，围护体占用空间小；

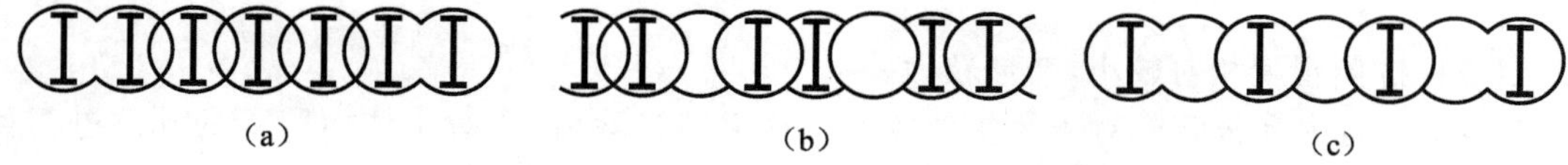

图 2-8　型钢水泥土搅拌墙平面布置图

(a)型钢密插型；(b)型钢插二跳一；(c)型钢插一跳一

b. 围护体施工对周围环境影响小；

c. 采用套接一孔施工，实现了相邻桩体的完全无缝衔接，墙体防渗性能好；

d. 三轴水泥土搅拌桩施工过程中无须回收处理泥浆，且基坑施工完毕后型钢可回收，环保节能；

e. 适用土层范围较广，可以用于较硬质地层；

f. 施工工艺简单，成桩速度快，围护体施工工期短；

g. 在地下室施工完毕后型钢可拔除，从而可实现型钢的重复利用，经济性较好；

h. 仅在基坑开挖阶段用作临时围护体，在主体地下室结构平面位置、埋置深度确定后才有条件设计、实施；

i. 型钢拔除后在搅拌桩中留下的孔隙需采取注浆等措施进行回填，邻近的建（构）筑物对变形敏感时对回填质量要求较高。

其适用条件为：

a. 对从黏性土到砂性土，从软弱的淤泥和淤泥质土到较硬、较密实的砂性土，甚至对含有砂卵石的经过适当处理的地层均适用；

b. 软土地区一般适用于开挖深度不大于 13.0m 的基坑工程；

c. 施工场地狭小，或距离用地红线、建筑物等较近时，采用排桩结合隔水帷幕体系无法满足空间要求的基坑工程；

型钢水泥土搅拌墙在以下情况下应慎重选用：

a. 型钢水泥土搅拌墙的刚度相对较小，变形较大，故在对周边环境保护要求较高的工程，如基坑紧邻运营中的地铁隧道、历史保护建筑、重要地下管线的工程中应慎重选用；

b. 当基坑周边环境对地下水位变化较为敏感，搅拌桩桩身范围内大部分为砂（粉）性土等透水性较强的土层时，应慎重选用。

2.2.6　钢板桩围护墙

钢板桩是一种带锁口或钳口的热轧（或冷弯）型钢桩。钢板桩打入后靠锁口或钳口相互连接、咬合，形成连续的钢板桩围护墙（图 2-9），用于挡土和挡水。

图 2-9　钢板桩围护墙平面图

其特点为：

a. 轻型、施工快捷。

b. 基坑施工结束后钢板桩可拔除，可循环利用，经济性较好。

c. 在对防水要求不高的工程中，可利用自身防水；在对防水要求高的工程中，可另行设置隔水帷幕。

d. 钢板桩抗侧刚度相对较小，变形较大。

e. 钢板桩在打入和拔除时对土体扰动较大。钢板桩拔除后，需对土体中留下的孔隙进行回填处理。

由于其刚度小，变形较大，故一般适用于开挖深度不大于7m，对周边环境保护要求不高的基坑工程；由于钢板桩打入和拔除对周边环境影响较大，故邻近对变形敏感建（构）筑物的基坑工程不宜采用。

2.2.7 钢筋混凝土板桩围护墙

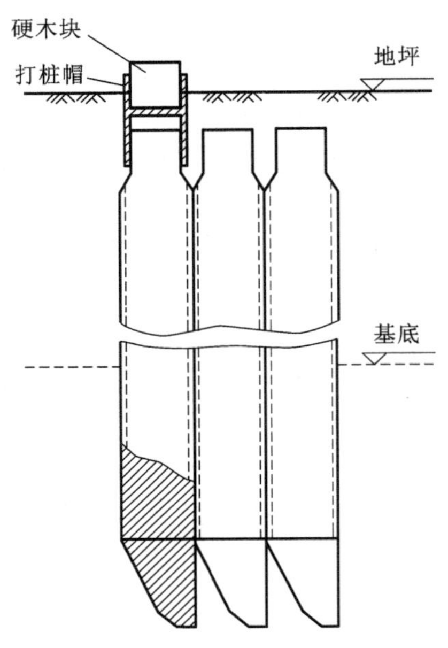

图 2-10 钢筋混凝土板桩围护墙立面图

钢筋混凝土板桩围护墙（图 2-10）是由钢筋混凝土板桩构件连续沉桩后形成的基坑围护结构。

其特点为：

a. 强度高、刚度大、取材方便、施工简易；

b. 其外形可以根据需要设计制作，槽榫结构可以解决接缝防水问题。

其适用条件为：

a. 开挖深度小于10m的中小型基坑工程，若将其作为地下工程结构的一部分，则更为经济；

b. 大面积基坑内的小基坑，即“坑中坑”工程，不必进行坑内拔桩，降低了作业难度；

c. 较复杂环境下的管道沟槽支护工程，可替代不便拔除的钢板桩；

d. 水利工程中的临水基坑工程，如内河驳岸、小港码头、港口航道、船坞船闸、河口防汛墙、防浪堤及其他河道海塘治理工程。

2.3 放坡开挖

基坑开挖工程包括无围护结构的放坡基坑开挖和有围护结构的基坑开挖及与之相配合的地下水控制措施。

基坑开挖前，应根据该工程的结构形式、基坑深度、地质条件、气候条件、周围环境、施工方法、施工工期和地面荷载等有关资料，确定基坑开挖方案和地下水控制施工方案。本节着重讲述基坑的放坡开挖。

当场地土质条件好，周边环境条件许可时，基坑可以采用不放坡或多级放坡开挖，这种基坑造价低，施工工期短。当场地条件允许时，在基坑深度范围内，上段可挖土卸载放坡或直立开挖，下段可设置挡土、止水桩及墙支护结构。

2.3.1 放坡开挖要求

当场地条件允许并经过验算能保证边坡稳定时，基坑可采用放坡开挖。采用放坡开挖的基坑开挖深度一般不超过7m；当基坑开挖深度超过4m时，往往采用多级放坡开挖的开挖形式。

在土质和岩质场地采用自然放坡时，边坡开挖放坡坡度可分别按表2-1及表2-2确定。对于软土地区或土中含软弱夹层的边坡，应按基坑稳定性的要求作边坡稳定性验算。

表2-1 土质边坡允许坡度表

土的类别	密实度或状态	坡度允许值(高宽比)	
		坡高在5m以内	坡高为5～10m
碎石土	密实	1∶0.50～1∶0.35	1∶0.75～1∶0.50
	中密	1∶0.75～1∶0.50	1∶1.00～1∶0.75
	稍密	1∶1.00～1∶0.75	1∶1.25～1∶1.00
粉土	$S_r \leqslant 0.5$	1∶1.25～1∶1.00	1∶1.50～1∶1.25
粉质黏土	坚硬	1∶0.75	
	硬塑	1∶1.25～1∶1.00	
	可塑	1∶1.50～1∶1.25	
黏性土	坚硬	1∶1.00～1∶0.75	1∶1.25～1∶1.00
	硬塑	1∶1.25～1∶1.00	1∶1.50～1∶1.25
花岗岩残积黏性土	硬塑	1∶1.10～1∶0.75	
	可塑	1∶1.25～1∶0.85	
杂填土	中密或密实的建筑垃圾	1∶1.00～1∶0.75	
砂土		1∶1.00(或按自然休止角确定)	

表2-2 岩质边坡允许坡度表

岩石类别	风化程度	坡度允许值(高宽比)	
		坡高在8m以内	坡高为8～15m
硬质岩石	微风化	1∶0.20～1∶0.10	1∶0.35～1∶0.20
	中等风化	1∶0.35～1∶0.20	1∶0.50～1∶0.35
	强风化	1∶0.50～1∶0.35	1∶0.75～1∶0.50
软质岩石	微风化	1∶0.50～1∶0.35	1∶0.75～1∶0.50
	中等风化	1∶0.75～1∶0.50	1∶1.00～1∶0.75
	强风化	1∶1.00～1∶0.75	1∶1.25～1∶1.00

多级放坡开挖时，应设置分级过渡平台。对深度大于5m的土质边坡，各级过渡平台的宽度为1.0～1.5m，必要时台宽可选用0.6～1.0m；深度小于5m的土质边坡可不设置过渡平台。岩石边坡的过渡平台宽度不应小于0.5m，施工时应按“上陡下缓”的原则开挖，坡度不宜超过1∶0.75。对于由砂土和砂填充的碎石土，当分级坡高$H<5$m时，坡度按自然休止角确定，人工填土放坡坡度按当地经验确定。

对于土质边坡或易软化的岩质边坡，在开挖时应采取相应的排水措施，坡脚、坡面保护措施和设置排水沟等地面防护措施，以防止雨水渗入，并防止在影响边坡稳定的范围内积水。

边坡的坡面需要保护时，可采取以下措施：

①水泥砂浆抹面。对于易风化的软质岩石、老黏性土及破碎岩石边坡，常用3～5cm厚水泥砂浆抹面，也可先在坡面挂铁丝再喷射水泥砂浆。

②浆砌片石护坡。对于各种土质或岩质边坡，可采用浆砌片石护坡；也可在坡脚处砌筑一定高度的浆砌片石或砖墙，用于反压及挡土，并与排水沟相连接。

③堆砌砂土袋护坡。对于已发生或要发生滑坍失稳或变形较大的边坡，常将砂土袋（草袋、土工织物袋）堆置于坡脚或坡面进行护坡。

2.3.2 基坑放坡开挖时边坡的稳定性要求

基坑放坡开挖时，按规范规定需要验算边坡的整体稳定性；基坑多级放坡开挖时，还应验算各级边坡的稳定性。

进行放坡开挖基坑边坡的整体稳定性验算时，可采用瑞典条分法验算其沿最危险圆弧滑动面的稳定性，并应符合式(2-1)和式(2-2)的要求，其计算图示见图 2-11。

$$\frac{\sum_{i=1}^{n} c_{ki} l_i + \sum_{i=1}^{n} (q_{ki} b_i + W_{ki}) \cos\alpha_i \tan\varphi_{ki}}{\sum_{i=1}^{n} (q_{ki} b_i + W_{ki}) \sin\alpha_i} \geqslant K_s \tag{2-1}$$

$$l_i = \frac{b_i}{\cos\alpha_i} \tag{2-2}$$

式中 l_i——第 i 条土条沿最危险圆弧滑动面的孤长，m。

q_{ki}——第 i 条土条处的地面超载标准值，kN/m，对位于坑内的土条，一般取 $q_{ki}=0$。

n——土条的划分个数。

b_i——第 i 条土条的宽度，m。

W_{ki}——第 i 条土条的自重标准值，kN，不考虑渗流作用时，坑底地下水位以上取天然重度，坑底地下水位以下取浮重度；考虑渗流作用时，坑底地下水位与坑外地下水位范围内的土体重度在计算式式(2-1)左边分母项（滑动力矩）时取饱和重度，在计算式式(2-1)左边分子项（抗滑动力矩）时取浮重度。

α_i——第 i 条土条滑弧中点处的切线和水平线间的夹角，(°)。

c_{ki}——第 i 条土条滑动面上土的黏聚力标准值，kPa。

φ_{ki}——第 i 条土条滑动面上土的内摩擦角标准值，(°)。

K_s——圆弧滑动稳定安全系数，其值不应小于 1.3。

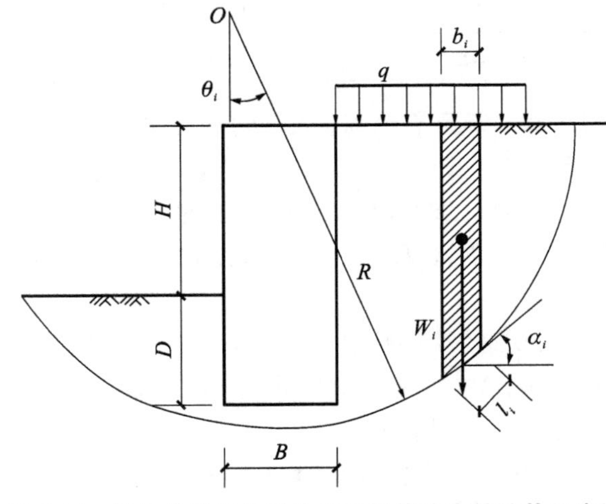

图 2-11 基坑放坡开挖时边坡的整体稳定性验算示意图

2.4 排桩、地下连续墙结构

2.4.1 排桩围护体的种类与特点

排桩围护体是利用常规的各种桩体，如钻孔灌注桩、挖孔桩、预制桩及混合式桩等，连续并排起来形成的地下挡土结构。

按照单个桩体成桩工艺的不同，排桩围护体的桩型大致有以下几种：钻孔灌注桩、预制混凝土桩、挖孔桩、压浆桩、型钢水泥土搅拌桩等。这些单个桩体可在平面布置上采取不同的排列形式以形成挡土结构，来支挡不同地质和施工条件下基坑开挖时的侧向水、土压力。图 2-12 中列举了几种排桩围护体的常见形式。

其中，分离式排桩围护体适用于地下水位较深、土质较好的情况，在地下水位较浅时应与其他防水措施结合使用，如在排桩后面另行设置止水帷幕。相切式排桩围护体或咬合式排桩围护体往往因在施工中桩的垂直度不能得到保证及桩体扩颈等原因影响桩体搭接施工，从而达不到防水要求。当为了增大排桩围护体的整体抗弯刚度时，可把桩体交错排列，如图 2-12(c)所示。

因场地狭窄等原因无法同时设置排桩和止水帷幕时，可采用桩与桩之间咬合的形式，形成可起到止水作用的咬合式排桩围护体，如图 2-12(d)所示。

相对于交错式排桩围护体，当需要进一步增大排桩的整体抗弯刚度和抗侧移能力时，可将排桩设置成前后双排，将前、后排排桩桩顶的帽梁用横向连梁连接，就形成了双排式排桩围护体，如图 2-12(e) 所示。

有时还将双排式排桩围护体进一步发展为格栅式排桩围护体，在前、后排排桩之间每隔一定的距离设置横隔式的桩墙，以进一步增大排桩的整体抗弯刚度和抗侧移能力。

因此，除具有自身防水的型钢水泥土搅拌桩型挡墙外，排桩围护体常采用间隔排列与防水措施相结合的形式。其施工方便，防水可靠，已成为地下水位较浅的软土地层中最常用的排桩围护体形式。

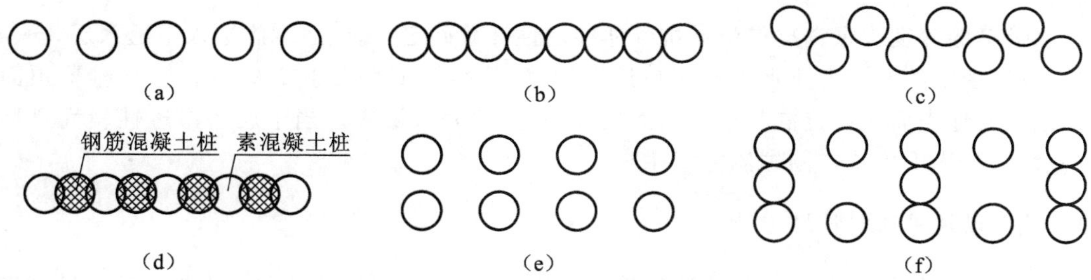

图 2-12 排桩围护体的常见形式

(a)分离式排桩围护体；(b)相切式排桩围护体；(c)交错式排桩围护体；
(d)咬合式排桩围护体；(e)双排式排桩围护体；(f)格栅式排桩围护体

2.4.2 排桩围护体的止水

在图 2-12 所示的各种形式中，仅图 2-12(d)所示的咬合式排桩围护体兼具止水作用，其他形式都没有止水的功能。当在地下水位浅的地区应用除咬合式排桩围护体以外的排桩围护体时，还需另行设置止水帷幕。

最常见的止水帷幕是采用水泥搅拌桩(单轴、双轴或多轴)相互搭接、咬合,形成一排或多排连续的水泥土搅拌桩墙。由于搅拌均匀的水泥土渗透系数很小,故可将其作为基坑施工期间的止水帷幕。

止水帷幕应设置在排桩围护体背后,如图 2-13(a)所示。当因场地狭窄等原因无法同时设置排桩和止水帷幕时,除可采用咬合式排桩围护体外,还可采用图 2-13(b)所示的方式——在两根桩体之间设置旋喷桩,将两桩间土体加固,形成止水的加固体。但该方法常因桩距大小不一致及旋喷桩沿深度方向因土层特性的变化导致其直径不一而渗(漏)水。此时,也可采用图 2-13(c)、(d)所示的咬合型止水形式。图 2-13(c)中,先施工水泥土搅拌桩,在其硬结之前,在两组搅拌桩之间施工钻孔灌注桩。因灌注桩直径大于相邻两组搅拌桩之间的净距,所以可实现灌注桩与搅拌桩之间的咬合,达到止水的作用。而在图 2-13(d)中,则利用先后施工灌注桩的混凝土咬合达到止水的目的。当采用双排桩时,视场地条件,可在双排桩之间或之后设置水泥搅拌桩止水帷幕,分别如图 2-13(e)、(f)所示。

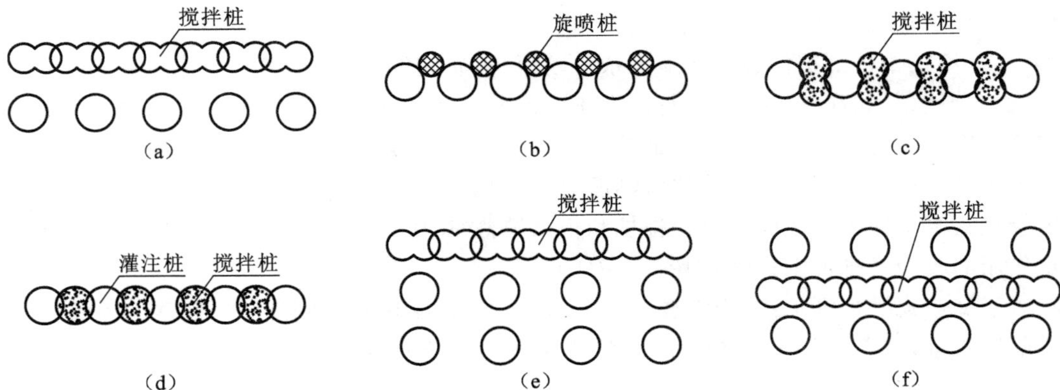

图 2-13 排桩围护体的止水措施

(a)连续型止水;(b)分离型止水;(c)咬合型止水形式 1;
(d)咬合型止水形式 2;(e)双排桩止水帷幕形式 1;(f)双排桩止水帷幕形式 2

采用水泥土搅拌桩排桩止水帷幕相对比较经济。按一般的工程经验,当基坑深度在 10m 以内时通常只需设一排搅拌桩止水;当深度超过 10m 或环境条件有特殊要求时,可增至两排搅拌桩,甚至在钻孔桩之间再补以压密注浆。

止水帷幕的深度应根据抗渗流或抗管涌稳定性计算确定,墙底通常应进入不透水层 3～4m,并应满足抗渗、稳定的要求。止水帷幕应贴近围护墙,其净距不宜大于 200mm。止水帷幕顶面及与围护体之间的地表面应设置混凝土封闭面层,以防止地表水渗入。当土层的渗透性较大且环境要求严格时,宜在止水帷幕与围护体之间注浆。

2.4.3 钻孔灌注桩排桩挡墙设计

钻孔灌注桩是最典型、应用最广泛的排桩结构,在此仅介绍钻孔灌注桩排桩挡墙设计内容。

2.4.3.1 桩体材料

钻孔灌注桩采用水下混凝土浇筑,混凝土强度等级不宜低于 C20(常取 C30)。受弯钢筋采用 HRB335 和 HRB400 钢筋,常用螺纹钢筋;螺旋箍筋常用 HPB300 光圆钢筋。

2.4.3.2 柱体平面布置及入土深度

当基坑不考虑防水(或已采取了降水措施)时,钻孔灌注桩可按一字形间隔排列或相切排列。

对于分离式排桩，当土质较好时可利用桩侧“土拱”作用适当扩大桩距，桩距最大可为2.5～3.5倍的桩径。

当基坑需考虑防水且利用桩体作为防水墙时，如图2-13(d)所示，桩体间需满足不渗(漏)水的要求。当钻孔灌注桩间隔或相切排列且需另设防水措施时，桩体净距可根据桩径、桩长、开挖深度、垂直度及扩径情况来确定，一般为100～150mm。桩径和桩长应根据地质和环境条件由计算确定，常用桩径为500～1000mm。当开挖深度较大且水平支撑相对较少时，宜采用较大的桩径。

因为排桩围护体的整体性不及壁式钢筋混凝土地下连续墙，所以在同等条件下，其入土深度应保证其安全度略高于壁式钢筋混凝土地下连续墙。在初步设计时，沿海软土地区通常取入土深度为开挖深度的1.0～1.2倍作为预估值。

为了减小入土深度，应尽可能减小最下道支撑(或锚撑)至开挖面间的距离，增强该道支撑(或锚撑)的刚度；充分利用时空效应，及时浇筑坑底垫层作底撑；对桩脚与被动侧土体进行地基加固或坑内降水固结。

2.4.3.3 单排桩内力与变形计算

(1)柱列式排桩内力与变形分析要点

柱列式排桩虽由单个桩体组成，但其竖向受力形式与壁式地下连续墙是类似的。其与壁式地下连续墙的区别是：由于分离式布置的排桩之间不能传递剪力和水平方向的弯矩，因此其横向的整体性远不如壁式地下连续墙。在设计中，一般可通过设置水平方向的腰梁来加强排桩的整体性。

目前，设计计算时一般将排桩按抗弯刚度相等的原则等价为一定厚度的壁式地下连续墙进行内力分析，仅考虑桩体竖向受力与变形，此法称为等刚度法。由于忽略了腰梁给分离式排桩带来的水平向的整体性加强，以及基坑有限尺寸给墙后土体作用在排桩上土压力带来的空间效应，因此按等价的壁式地下连续墙进行内力计算、分析与设计的结果是偏于安全的。实测及计算分析表明，由于上述空间效应的影响，对于基坑一侧的排桩，接近基坑角部桩体的内力与变形均显著小于中间部位桩体的内力与变形。

(2)计算步骤

①计算等刚度壁式地下连续墙折算厚度 h。

设钻孔灌注桩桩径为 D，桩净距为 t，见图2-14，则单根桩应等价为长 $(D+t)$ 的壁式地下连续墙。令等价后的壁式地下连续墙墙厚为 h，按两者刚度相等的原则，可得：

$$\frac{1}{12}(D+t)h^3 = \frac{1}{64}\pi D^4 \tag{2-3}$$

$$h = 0.838D\sqrt[3]{\frac{1}{1+\frac{t}{D}}} \tag{2-4}$$

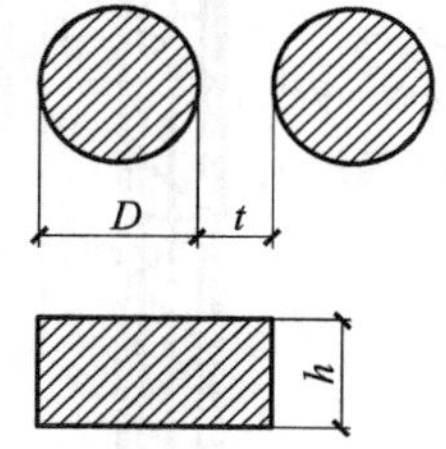

图2-14 桩体刚度折算

若采用一字形相切排列，$t \ll D$，则 $h=0.838D$。

②按厚度为 h 的壁式地下连续墙计算出每延米墙的弯矩、剪力及位移。

③换算得到相应单桩的弯矩 M_p、剪力 Q_p 及位移 U_p，然后分别进行截面设计与配筋计算。

$$M_p = (D+t)M_w \tag{2-5}$$

$$Q_p = (D+t)Q_w \tag{2-6}$$

$$U_p = U_w \tag{2-7}$$

2.4.3.4 桩体配筋与构造

(1)桩体配筋计算

钻孔灌注桩作为挡土结构受力时,可按钢筋混凝土圆形截面受弯构件进行配筋计算。

钻孔灌注桩的纵向受力钢筋一般要求沿圆截面周边均匀布置,且不少于6根。此时,圆形截面抗弯承载力的计算公式为:

$$M_c = \frac{2}{3} f_{cm} r^3 \sin^3(\pi\alpha) + f_y A_s r_s \frac{\sin(\pi\alpha) + \sin(\pi\alpha_t)}{\pi} \tag{2-8}$$

且

$$\alpha f_{cm} A \left[1 - \frac{\sin(2\pi\alpha)}{2\pi\alpha}\right] + (\alpha - \alpha_t) f_y A_s = 0 \tag{2-9}$$

$$\alpha_t = 1.25 - 2\alpha \tag{2-10}$$

式中 M_c——桩的抗弯承载力,N·mm;

A——桩的横截面面积,mm²;

r——桩体半径,mm;

r_s——纵向钢筋所在圆圆周半径,mm,$r_s = r - a$,a 为混凝土保护层厚度;

α——对应于受压区混凝土截面面积的圆心角(rad)与 2π 的比值;

α_t——纵向受拉钢筋截面面积与全部纵向钢筋截面面积的比值;

f_y——钢筋强度设计值,N/mm²;

f_{cm}——混凝土强度设计值,N/mm²;

A_s——钻孔灌注桩配筋量。

桩体配筋的具体计算步骤如下:

①根据经验预估钻孔灌注桩配筋量 A_s;

②求出系数 $K = f_y A_s / (f_{cm} A)$;

③由式(2-9)求得 α 值;

④将 α 值代入式(2-8)中求出抗弯承载力 M_c;

⑤调整配筋量 A_s,重复步骤②、③、④,直到弯矩设计值小于抗弯承载力,此时的配筋量 A_s 即为钻孔灌注桩设计配筋量。

有时,为了充分发挥钢筋的受拉作用,钻孔灌注桩的纵向受力钢筋采用单边配筋。此时,圆形截面抗弯承载力的计算公式为:

$$M_c = A_s f_y (y_1 + y_2) \tag{2-11}$$

$$y_1 = \frac{\gamma \sin^3 \alpha}{1.5\alpha - 0.75\sin(2\alpha)}$$

$$y_2 = \frac{2\sqrt{2\gamma_s}}{\pi}$$

(2)配筋构造

钻孔灌注桩的配筋构造见图2-15,最小配筋率为0.42%,主筋混凝土保护层厚度不应小于50mm。

钢箍筋宜采用直径为6~8mm的螺旋箍筋,间距一般为

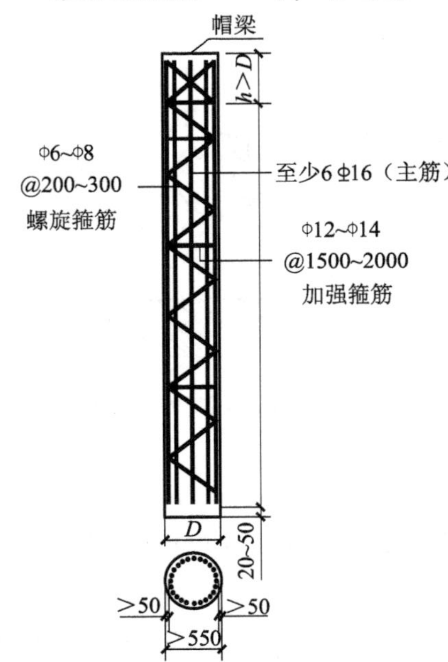

图 2-15 钻孔灌注桩配筋构造

200～300mm。每隔1500～2000mm应布置一根直径不小于12mm的焊接加强箍筋，以增加钢筋笼的整体刚度，有利于吊放钢筋笼，增强浇灌水下混凝土时的整体性。

钢筋笼的配筋量由计算确定，钢筋笼一般距离孔底200～500mm。

2.4.4 钻孔灌注桩排桩挡墙施工

2.4.4.1 钻孔灌注桩围护体的施工

(1)干作业成孔施工

钻孔灌注桩围护体干作业成孔的主要方法有螺旋钻孔机成孔、机动洛阳挖孔机成孔及旋挖钻机成孔等。

螺旋钻孔机由主机、滑轮、螺旋钻杆、钻头、滑动支架、出土装置等组成，主要利用螺旋钻头切削土壤，被切的土块随钻头旋转，沿螺旋叶片上升而被推出孔外。该类钻孔机结构简单，使用可靠，成孔作业效率高、质量好，无振动，无噪声，耗用钢材少，最宜用于匀质黏性土，并能较快穿透砂层。螺旋钻孔机适用于地下水位以上的匀质黏性土、砂性土及人工填土。

旋挖钻机是近年来引进的先进成孔机械，利用功率较大的电动机驱动可旋转取土的钻头，将钻头强力旋转压入土中，通过钻头把旋转切削下来的钻屑提出地面。该方法在土质较好的条件下可实现干作业成孔，不必采用泥浆护壁。

(2)湿作业成孔施工

①成孔。

钻孔灌注桩湿作业成孔的主要方法有冲击成孔、潜水电钻机成孔、工程水文地质回转钻机成孔及旋挖钻机成孔等。

潜水电钻机的特点是将电动机、变速机构加以密封，同底部钻头连接在一起组成一个专用钻具，可潜入孔内作业，多以正循环方式排泥。潜水电钻机体积小，质量轻，机器结构简单，机动灵活，成孔速度较快，宜用于地下水位浅的较硬地层，如淤泥质土、黏性土及砂质土等。其常用钻头为笼式钻头。

工程水文地质回转钻机由机械动力传动，配以笼式钻头，可多挡调速或液压无级调速，以泵吸或气举的反循环方式进行钻进。其有移动装置，性能可靠，噪声和振动小，钻进效率高，钻孔质量好。

钻孔灌注桩施工前必须试成孔，数量不得少于两个，以便核对地质资料，检验所选的设备、机具、施工工艺及技术要求是否适宜。当孔径、垂直度、孔壁稳定性和沉淤等检测指标不能满足设计要求时，应拟订补救技术措施，重新选择施工工艺。

成孔作业时须一次成孔，中间不要间断。成孔完毕至灌注混凝土的间隔时间不得大于24h。

为保证孔壁的稳定，应根据地质情况和成孔工艺配制不同的泥浆。成孔到设计深度后，应进行孔深、孔径、垂直度、泥浆浓度、沉渣深度等的测试检查，确认符合要求后方可进行下一道工序。根据出渣方式的不同，成孔作业可分为正循环成孔和反循环成孔两种。

②清孔。

成孔后、灌注混凝土前应进行清孔。通常清孔分两次进行：第一次清孔在成孔完毕后立即进行，第二次清孔在下放钢筋笼和混凝土灌注导管安装完毕后进行。

常用的清孔方式有正循环清孔、泵吸反循环清孔和空气升液反循环清孔，通常依成孔时采用的循环方式而定。清孔时先将钻头稍作提升，然后通过不同的循环方式排除孔底沉淤。与此同时，不断注入洁净的泥浆水，用以降低桩孔泥浆水中的泥渣含量。

清孔过程中应测定泥浆指标，清孔后的泥浆相对密度应小于1.15。清孔结束时应测定孔底沉淤，孔底沉淤厚度一般应小于30cm。

第二次清孔结束后孔内应保持水头高度，并应在30min内灌注混凝土。若超过30min，灌注混凝土前应重新测定孔底沉淤厚度。

③钢筋笼施工。

钢筋笼宜分段制作，分段长度应按钢筋笼的整体刚度、来料钢筋的长度及起重设备的有效高度等因素确定。钢筋笼在起吊、运输和安装过程中应采取措施防止变形。

④水下混凝土施工。

配制的混凝土必须保证能满足设计强度及施工工艺要求。灌注混凝土是确保成桩质量的关键工序，灌注前应做好一切准备工作，以保证混凝土灌注连续、紧凑地进行。

钻孔灌注桩排桩采用湿作业法成孔时，要特别注意孔壁护壁问题。当桩距较小时，由于通常采用跳孔法施工，故当桩孔出现坍塌或扩径较大时，会导致在两根已经施工的桩之间插入后施工的桩时成孔困难。此时必须把该根桩向排桩轴线外移动才能成孔。一般而言，钻孔灌注桩排桩的净距不宜小于200mm。

2.4.4.2 止水帷幕的施工

止水帷幕包括水泥土搅拌桩、旋喷桩。其中，水泥土搅拌桩可采用常规双轴水泥搅拌桩机、SMW工法三轴搅拌机施工。

一般而言，当止水帷幕与钻孔灌注桩距离较小时，要先施工水泥土搅拌桩止水帷幕。如先施工钻孔灌注桩，则有可能因钻孔灌注桩局部扩径严重而导致搅拌桩无法按设定的位置施工，使止水帷幕的搭接出现困难。

当采用钻孔灌注桩与搅拌桩咬合式的止水帷幕时，由于先施工搅拌桩，然后施工两个搅拌桩之间的钻孔灌注桩，因此要注意相邻搅拌桩与钻孔灌注桩施工的时间安排及搅拌桩成桩的垂直度。

对于三轴搅拌桩，搅拌成桩时所需水泥浆的70%～80%宜在下行钻进时灌入，其余的20%～30%宜在螺旋钻上行回程中灌入，此时所需的水泥浆仅用于充填钻具撤出时留下的空隙。螺旋钻上行时最好反向旋转，且不能停止，以防产生真空从而导致桩体墙的坍塌。

2.4.5 地下连续墙的结构形式

目前，在工程中应用的地下连续墙的平面结构形式主要有壁板式地下连续墙、T形和Π形地下连续墙、格形地下连续墙、预应力或非预应力U形折板地下连续墙等几种。

(1)壁板式地下连续墙

该形式又可分为直线壁板式[图2-16(a)]和折线壁板式[图2-16(b)]，折线壁板式多用于模拟弧形段和转角位置。壁板式地下连续墙在工程中应用得最多，适用于各种直线墙段和圆弧墙段。

(2)T形和Π形地下连续墙

T形[图2-16(c)]和Π形地下连续墙[图2-16(d)]适用于基坑开挖深度较大、支撑竖向间距较大、受到条件限制墙厚无法增加的情况，采用加肋的方式增加墙体的抗弯刚度。

(3)格形地下连续墙

格形地下连续墙[图2-16(e)]是一种将壁板式和T形两种地下连续墙形式组合在一起的结构形式。格形地下连续墙结构形式的构思出自格形钢板桩岸壁的概念，是靠其自身质量稳定的半重力式结构，是一种用于建(构)筑物地基开挖的无支撑空间坑壁结构。格形地下连续墙多用于船坞及特殊条件下无法设置水平支撑的基坑工程，目前也应用于大型的工业基坑。例如，上海耀华-皮尔金顿二期熔窑坑工程，熔窑建成后坑内不允许有任何永久性支撑和隔墙结构，而且要保护邻近一期工程的正常使用。该工程采用重力式格形地下连续墙方案，利用格形地下连续墙作为基坑围护结构，同时作为永久结构。格形地下连续墙在特殊条件下具有不可替代的优势，但由于受到自身施工工艺的约束，一般槽段数量较多。

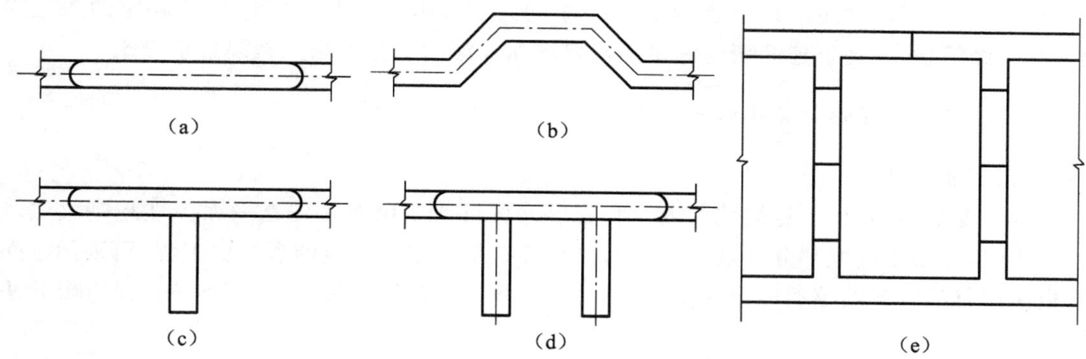

图 2-16 地下连续墙的平面结构形式

(a)直线壁板式；(b)折线壁板式；(c)T 形；(d)Π 形；(e)格形

2.4.6 地下连续墙的设计

作为基坑围护结构，主要基于强度、变形和稳定性三个方面对地下连续墙进行设计和计算。强度主要指墙体的水平和竖向截面承载力、竖向地基承载力，变形主要指墙体的水平变形和作为竖向承重结构时的竖向变形，稳定性主要指墙体作为基坑围护结构时的整体稳定性、抗倾覆稳定性、坑底抗隆起稳定性及抗渗流稳定性等。

2.4.6.1 墙体厚度和槽段宽度

地下连续墙厚度一般为 0.5～1.2m。随着挖槽设备大型化和施工工艺的改进，地下连续墙厚度可达 2.0m 以上。在具体工程中，地下连续墙的厚度应根据成槽机的规格、墙体的抗渗要求、墙体的受力和变形计算等综合确定。地下连续墙的常用墙厚为 0.6m、0.8m、1.0m 和 1.2m。

确定地下连续墙单元槽段的平面形状和成槽宽度时需考虑众多因素，如墙段的结构受力特性、槽壁稳定性、对周边环境的保护要求和施工条件等。一般来说，直线壁板式地下连续墙槽段的宽度不宜大于 6m，T 形、折线壁板式等地下连续墙槽段各肢宽度的总和不宜大于 6m。

2.4.6.2 地下连续墙的入土深度

在一般工程中，地下连续墙入土深度为 10～50m，最大深度可达 150m。在基坑工程中，地下连续墙既作为承受侧向水、土压力的受力结构，又兼有隔水的作用，因此地下连续墙的入土深度需考虑挡土和隔水两方面的要求。作为挡土结构，地下连续墙的入土深度需满足各项稳定性和强度要求；作为止水帷幕，地下连续墙的入土深度需根据地下水控制要求确定。

(1)根据稳定性确定入土深度

作为挡土结构，地下连续墙底部需插入基底以下足够深度并进入较好的土层，以满足入土深度和基坑各项稳定性的要求。在软土地层中，地下连续墙在基底以下的入土深度一般接近或大于开挖深度才能满足稳定性要求。基底以下为密实的砂层或岩层等物理、力学性质较好的土(岩)层时，地下连续墙在基底以下的入土深度可大大缩小。

(2)考虑隔水作用确定入土深度

作为止水帷幕，设计地下连续墙时需根据基底以下的水文地质条件和地下水控制要求确定入土深度。当根据地下水控制要求需隔断地下水或增加地下水绕流路径时，地下连续墙底部需进入隔水层以隔断坑内外潜水及承压水的水力联系，或插入基底以下足够深度以确保形成可靠的隔水边界。当根据隔水要求确定的地下连续墙入土深度大于根据受力和稳定性要求确定的入土深度时，为了减少经济投入，地下连续墙为满足隔水要求而加深的部分可采用素混凝土浇筑。

2.4.6.3 内力与变形计算及承载力验算

(1)内力和变形计算

作为基坑围护结构，地下连续墙的内力和变形计算目前应用最多的是平面弹性地基梁法。该方法计算简便，适用于绝大部分常规工程。而对于具有明显空间效应的深基坑工程，可采用空间弹性地基板法进行地下连续墙的内力和变形计算；对于复杂的基坑工程，需采用连续介质有限元法进行计算。

进行墙体内力和变形计算时，应按照主体工程地下工程结构的梁板布置及施工条件等因素，合理确定支撑标高和基坑分层开挖深度等计算工况，并按基坑内外实际状态选择计算模式，考虑基坑分层开挖与支撑进行分层设置，以及依据换撑、拆撑等工况在时间上的先后顺序和空间上的不同位置，进行各种工况下连续完整的设计计算。

(2)承载力验算

应根据各种工况下内力计算包络图对地下连续墙进行截面承载力验算和配筋计算。常规的壁板式地下连续墙需进行正截面抗弯、斜截面抗剪承载力验算；当承受竖向荷载时，需进行竖向抗压承载力验算。对于圆筒形地下连续墙，除需进行正截面抗弯、斜截面抗剪和竖向抗压承载力验算外，还需进行环向抗压承载力验算。

当地下连续墙仅用作基坑围护结构时，应按照承载能力极限状态对地下连续墙进行配筋计算；当地下连续墙在正常使用阶段又作为主体结构时，应按照正常使用极限状态根据裂缝控制要求进行配筋计算。

2.4.6.4 地下连续墙结构设计

(1)墙身混凝土

地下连续墙的混凝土设计强度等级不应低于 C30，水下浇筑时混凝土强度等级按相关规范要求提高。墙体和槽段接头应满足防渗设计要求，地下连续墙混凝土抗渗等级不宜小于 S6 级。地下连续墙主筋混凝土保护层厚度在基坑内侧不宜小于 50mm，在基坑外侧不宜小于 70mm。

地下连续墙的混凝土浇筑面宜高出设计标高 300～500mm，凿去浮浆层后的墙顶标高和墙体混凝土强度应满足设计要求。

(2)钢筋笼

地下连续墙钢筋笼由纵向钢筋、水平钢筋、封口钢筋和构造加强钢筋构成。纵向钢筋沿墙身均匀配置，且可按受力大小沿墙体深度分段配置。纵向钢筋宜采用 HRB335 或 HRB400 钢筋，直径不宜小于 16mm，钢筋净距不宜小于 75mm。当地下连续墙纵向钢筋配筋量较大，钢筋布置无法满足净距要求时，实际工程中常采用将相邻两根钢筋合并绑扎的方法调整钢筋净距，以确保混凝土浇筑密实。纵向钢筋应尽量减少钢筋接头，并应有一半以上钢筋通长配置。水平钢筋可采用HPB300钢筋，直径不宜小于12mm。封口钢筋直径同水平钢筋，竖向间距同水平钢筋或按水平钢筋间距间隔设置。地下连续墙宜根据吊装过程中钢筋笼的整体稳定性和变形要求配置架立桁架等构造加强钢筋。

(3)墙顶冠梁

地下连续墙顶部应设置封闭的钢筋混凝土冠梁。冠梁的高度和宽度由计算确定，且宽度不宜小于地下连续墙的厚度。地下连续墙采用分幅施工时，墙顶设置通长的圈梁有利于增强地下连续墙的整体性。圈梁宜与地下连续墙迎土面平齐，以便保留导墙，对墙顶以上土体起到挡土护坡的作用，避免对周边环境产生不利影响。

地下连续墙墙顶嵌入圈梁的深度不宜小于50mm，纵向钢筋锚入圈梁内的长度宜按受拉锚固要求确定。

2.4.6.5　地下连续墙施工接头

(1)类型与形式

施工接头是指地下连续墙单元槽段之间的连接接头。根据受力特性，地下连续墙施工接头可分为柔性接头和刚性接头。能够承受弯矩、剪力和水平拉力的施工接头称为刚性接头；不能承受弯矩和水平拉力的施工接头称为柔性接头。

(2)选用原则

由于地下连续墙施工接头种类众多，实际工程中在满足受力和止水要求的前提下，应结合地区经验尽量选用施工简便、工艺成熟的施工接头，以确保施工接头的施工质量。

①由于锁口管柔性施工接头施工方便、构造简单，故一般工程中在满足受力和止水要求的条件下，地下连续墙槽段施工接头宜优先采用锁口管柔性施工接头；当地下连续墙超深，顶拔锁口管困难时，建议采用钢筋混凝土预制接头或工字形型钢接头。

②当根据结构受力要求需形成整体，或当多幅墙段共同承受竖向荷载，墙段间需传递竖向剪力时，槽段间宜采用刚性接头，并应根据实际受力状态验算槽段施工接头的承载力。

2.4.7　地下连续墙的施工

地下连续墙施工时，先在地面上构筑导墙，采用专门的成槽设备，沿着支护或深开挖工程的周边，在特制泥浆护壁条件下每次开挖一定长度的沟槽至指定深度。清槽后向槽内吊放钢筋笼，然后用导管法浇筑水下混凝土。混凝土自下而上充满槽内并把泥浆从槽内置换出来，筑成一个单元槽段，以此逐段进行。这些相互连接的槽段在地下筑成一道连续的钢筋混凝土墙体，以作承重、挡土或截水防渗结构之用。地下连续墙施工流程如图2-17所示。

2.4.7.1　导墙施工

(1)导墙的作用

地下连续墙在成槽前应构筑导墙。导墙质量的好坏直接影响地下连续墙的轴线和标高控制，应做到精心施工，以确保宽度、平直度和垂直度准确。

导墙的作用是：

①为测量基准、成槽导向；

②存储泥浆，稳定液位，维护槽壁稳定；

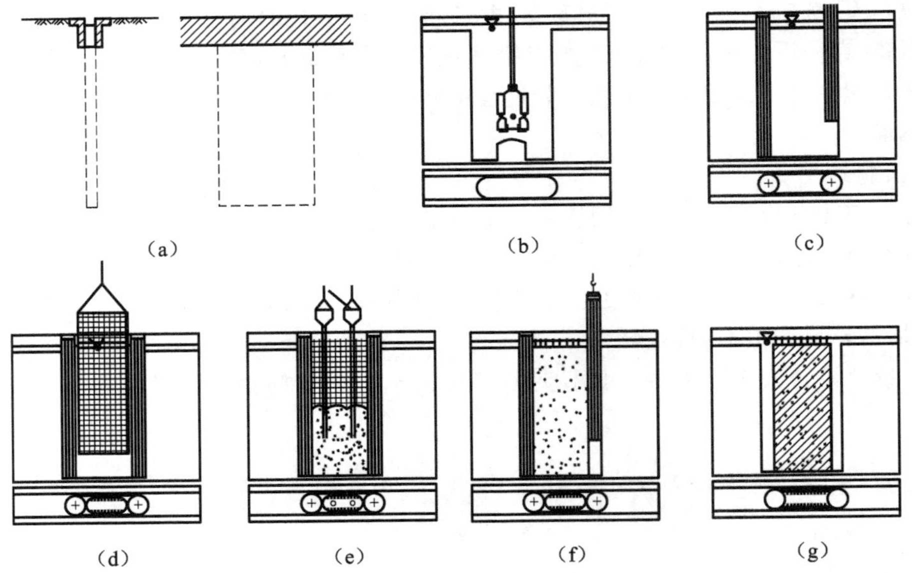

图 2-17 地下连续墙施工流程示意图

(a)准备开挖的地下连续墙沟槽;(b)用液压成槽机进行沟槽开挖;(c)安放锁口管;(d)吊放钢筋笼;(e)浇筑水下混凝土;(f)拔除锁口管;(g)已完工的槽段

③稳定上部土体,防止槽口坍方;

④作为施工荷载支承平台,承受诸如成槽机械、钢筋笼搁置点、导管架、顶升架、接头管等重荷载、动荷载。

(2)导墙的形式

导墙多采用现浇钢筋混凝土结构,也有钢制或预制钢筋混凝土装配式结构,可供多次使用。根据工程实践,预制式导墙较难做到底部与土层相结合以防止泥浆流失。

常见的导墙断面有三种形式:倒L形、"][" 形及L形。图2-18中展示了前两种导墙断面形式。倒L形多用在土质较好土层中;后两者多用在土质略差土层中,底部外伸以扩大支承面积。

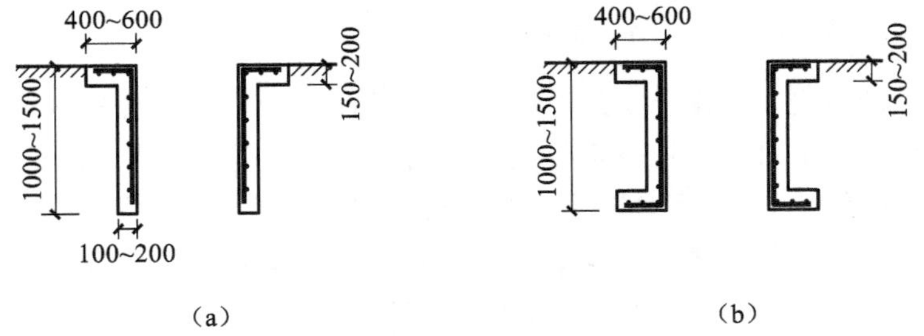

图 2-18 导墙的断面形式

(a)倒L形;(b)"]["形

(3)导墙的施工要点及质量要求

①导墙多采用钢筋混凝土结构,混凝土强度等级为C20~C30,双向配筋。现浇导墙的施工流程为:平整场地→测量定位→挖槽→绑扎钢筋→支模板→浇筑混凝土→拆模及设置横撑。内、外导墙间净距比地下连续墙设计厚度大40~60mm,肋厚150~300mm,高1.2~1.5m,墙底进入原土0.2m。

②导墙要对称浇筑,混凝土强度达到设计强度的70%后方可拆模。拆模后立即设置上下两道直

径为10cm的圆木(或10cm见方方木)支撑,以防止导墙向内挤压。支撑水平间距为1.5~2.0m,上下间距为0.8~1.0m。

③导墙外侧应以黏土分层回填密实,以防止地面水从导墙背后渗入槽内,避免被泥浆掏刷后发生槽段坍塌。

④导墙顶墙面要水平,内墙面要竖直,底面要与原土面密贴。墙面不平整度应小于5mm,竖向墙面斜度应不大于1/500。内、外导墙间距的允许偏差为±5mm,轴线偏差为±10mm。

⑤混凝土养护期间,成槽机等重型设备不应在导墙附近作业停留;成槽前支撑不允许拆除,以免导墙变位。

⑥导墙在地下连续墙转角处根据需要外放200~500mm,呈T形或十字形交叉,使得成槽机抓斗能够起抓,确保地下连续墙在转角处的断面完整。

2.4.7.2 护壁泥浆

泥浆是地下连续墙施工中成槽槽壁稳定的关键,主要起到护壁、携渣、冷却机具和切土润滑的作用。

(1)泥浆处理

地下连续墙成槽至成墙过程中,泥浆要与地下水、砂、土、混凝土等接触,膨润土、外加剂等成分会有所消耗,而且混入的一些土渣和电解质离子等会使泥浆受到污染而使质量恶化。

泥浆处理方法通常因成槽方法而异。对于有泥浆循环的成槽方法(如钻吸法、回转式成槽工法),在挖槽过程中要处理含有大量土渣的泥浆及混凝土浇筑所置换出来的泥浆;对于直接出渣成槽方法(如抓斗式成槽工法),在成槽过程中无须进行泥浆处理,只处理混凝土浇筑置换出的泥浆。因此,泥浆处理分为土渣的分离处理(物理再生处理)和污染泥浆的化学处理(化学再生处理)两类。其中,物理再生处理又分为重力沉淀处理和机械处理两种。重力沉淀处理是利用泥浆与土渣的比重差使土渣沉淀的方法,机械处理是使用专用除砂除泥装置回收泥浆。

(2)泥浆控制要点及质量要求

①严格控制泥浆液位,确保泥浆液位在地下水位以上0.5m,并不低于导墙顶面以下0.3m,液位下落时应及时补浆,以防槽壁坍塌。在容易发生泥浆渗漏的土层中施工时,应适当提高泥浆黏度,增加储备量,并备有堵漏材料。如发生泥浆渗漏,应及时补浆和堵漏,以使槽内泥浆保持正常液位。

②在施工中定期对泥浆指标进行检查测试,随时调整,做好泥浆质量检测记录。一般的做法是:在新浆拌制后静置24h,测一次全项目;在成槽过程中,一般每进尺1~5m或每4h测定一次泥浆比重和黏度;在挖槽结束及刷壁完成后,分别取槽内上、中、下三段的泥浆进行比重、黏度、含砂率和pH值的指标测定验收,并做好记录;在清槽结束前测一次比重、黏度,在浇灌混凝土前测一次比重。后两次的取样位置均应在槽底以上200mm处。失水量和pH值应在每槽孔的中部和底部各测一次,含砂量可根据实际情况测定,稳定性和胶体率在循环泥浆中一般不测定。

③在遇有较厚粉砂、细砂地层(特别是埋深在10m以上的地层)时,可适当提高黏度指标;在地下水位较高又不宜提高导墙墙顶标高的情况下,可适当提高泥浆比重,但不宜超过1.25的指标上限,并采用掺加重晶石的技术方案。

④减少泥浆损耗的措施有:

a.导墙施工中遇到的废弃管道要堵塞牢固;

b.施工时遇到的土层空隙大、渗透性强的地段应加深导墙。

⑤防止泥浆受污染的措施有：

a. 灌注混凝土时导墙顶加盖板，以阻止混凝土掉入槽内；

b. 挖槽完毕后应仔细用抓斗将槽底土渣清完，以减少浮在上面的劣质泥浆数量；

c. 禁止在导墙沟内冲洗抓斗；

d. 不得无故提拉浇筑混凝土的导管，并注意经常检查导管的水密性。

2.5　土层锚杆

锚杆支护与传统的支护方式有着根本的区别。传统的支护方式常常是被动地承受坍塌岩体、土体产生的荷载，而锚杆支护可以主动地加固岩土体，有效地控制其变形，以防止坍塌的发生。

2.5.1　锚杆支护的作用原理

锚杆将受拉杆件的一端(锚固段)固定在稳定地层中，另一端与工程构筑物相联结，用以承受土压力、水压力等施加于构筑物上的推力，从而利用地层的锚固力来维持构筑物的稳定性要求。锚杆外露于地面的一端用锚头固定：一种情况是锚头直接附着于结构上并满足结构的稳定性要求，另一种情况是通过梁板、格构或其他部件将锚头施加的应力传递至更为宽广的岩土体表面。

2.5.2　锚杆支护的特点

岩土锚固通过埋设在地层中的锚杆将结构物与地层紧紧地联系在一起，依靠锚杆与周围地层的抗剪强度传递结构物的拉力或使地层自身得到加固，以保持结构物和岩土体的稳定。与其他支护形式相比，锚杆支护具有以下特点：

①提供开阔的施工空间，极大地方便了土方开挖和主体结构施工。锚杆施工机械及设备的作业空间不大，适用于各种地形及场地。

②对岩土体的扰动小，地层开挖后能立即提供抗力，且可施加预应力，控制变形发展。

③锚杆的作用部位、方向、间距、密度和施工时间可以根据需要灵活调整。

④用锚杆代替钢或钢筋混凝土支撑可以节省大量钢材，减少土方开挖量，改善施工条件，尤其是对面积很大、支撑布置困难的基坑。

⑤锚杆的抗拔力可通过试验来确定，以保证设计有足够的安全度。

2.5.3　常用锚杆类型

随着生产技术的发展和成熟，锚杆的类型不断增加。这里主要介绍拉力型锚杆与压力型锚杆。

拉力型锚杆与压力型锚杆的主要区别在于，锚杆受荷后其固定段内的灌浆体分别处于受拉和受压状态，具体如图 2-19 所示。

拉力型锚杆是依赖其固定段杆体与灌浆体接触界面上的剪应力由顶端向底端传递荷载的。锚杆工作时，固定段的灌浆体容易出现张拉裂缝，防腐蚀性能差。

压力型锚杆则借助特制的承载体和无黏结钢绞线或带套管钢筋使之与灌浆体隔开，将荷载直接传至底部承载体，从而由底端向固定段的顶端传递荷载。其受荷时固定段的灌浆体受压，不易开裂，防腐蚀性能好，适用于永久性锚固工程。

在同等荷载条件下，拉力型锚杆固定段上的应变值要比压力型锚杆大。但是压力型锚杆的承载力受到灌浆体抗压强度的限制，如仅采用一个承载体，则承载力不太高。

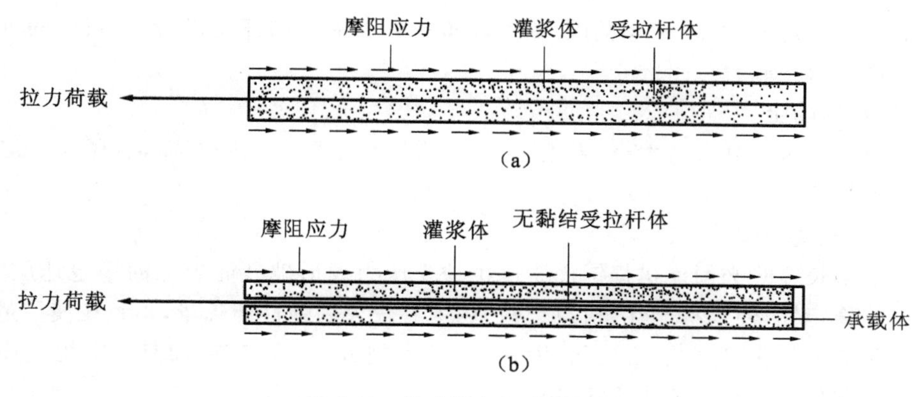

图 2-19 拉力型与压力型锚杆

(a)拉力型锚杆;(b)压力型锚杆

2.5.4 锚杆的规划与布置

(1)单根锚杆设计拉力的确定

单根锚杆的设计拉力需根据施工技术能力、岩土层分布情况等因素来确定。过去锚杆以较大孔径、较高承载力的锚杆为主,但施工机械要求高,施工难度大,可靠性差。若有施工质量问题,则补强施工难度大,故单根锚杆的设计拉力不宜过大。设计拉力较大时宜选用单孔复合锚固型锚杆、扩孔锚杆等受力性能较好的锚杆。

(2)锚杆位置的确定

锚杆的锚固区应当设置在主动土压力楔形破裂面以外,见图 2-20。要根据地层情况来确定锚杆的锚固区,以保证锚杆在设计荷载作用下能正常工作。锚固区需设置在稳定的地层,以确保有足够的锚固力。同时,如采用压力灌浆,则应使地表面在灌浆压力作用下不发生破坏,一般要求锚杆锚固体上覆土层厚度不宜小于 4m。

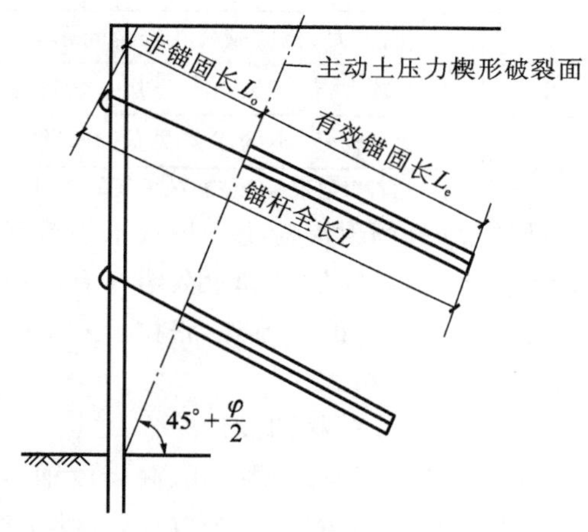

图 2-20 锚杆位置示意图

(3)锚杆间距的确定

锚杆间距应根据地层情况、锚杆杆体所能承受的拉力等进行经济比较后确定。间距太大,将增大腰梁应力,需增加腰梁断面面积;缩小间距,可使腰梁尺寸减小,但锚杆间会发生相互干扰,产生群锚效应,使极限抗拔力减小而造成危险。现有的工程实例有缩小锚杆间距的倾向。因锚杆较密集时,若其中一根锚杆承载能力受影响,则其所受荷载会向附近其他锚杆转移,整个锚杆系统所受影响较小,整体受力状态还是安全的。

锚杆的水平间距不宜小于 1.5m,上、下排垂直间距不宜小于 2m。如果出于工程需要必须使间距更小,可考虑将其设置成不同的倾角及锚固长度,以避免群锚效应的影响。

(4)锚杆倾角的确定

其一般采用水平向下 15°～25°倾角,倾角不应大于 45°。锚杆水平分力随锚杆倾角的增大而减小。倾角太大将减弱锚固效果,而且会使作用于支护结构上的垂直分力增加,可能因此造成挡土结构和周围地基的沉降。为有效利用锚杆抗拔力,最好使锚杆与侧压力作用方向平行。

锚杆的具体设置方向与可锚岩土层的位置、挡土结构的位置及施工条件等有关。锚杆倾角应避开与水平面间的夹角为−10°～10°范围，因为倾角接近水平的锚杆注浆后，灌浆体的沉淀和泌水现象会影响锚杆的承载能力。

(5)锚杆层数的确定

锚杆层数根据土压力分布与大小、岩土层分布、锚杆最小垂直间距等而定，还应考虑基坑允许变形量和施工条件等综合因素。

(6)锚杆自由长度的确定

确定锚杆自由长度时必须使锚杆锚固于比主动土压力楔形破裂面更深的稳定地层上，以保证锚杆系统的整体稳定性，使锚杆能在张拉荷载作用下有较大的弹性伸长量，不致在使用过程中因锚头松动而引起预应力的明显衰减。《建筑基坑支护技术规程》(JGJ 120—2012)中规定锚杆自由长度不宜小于 5m，并应超过潜在滑裂面 1.5m。

(7)锚杆安全系数的确定

锚杆设计中应考虑两种安全系数，即锚固体设计的安全系数和杆体筋材截面尺寸设计的安全系数。锚固体设计的安全系数需考虑锚杆设计中的不确定因素及风险程度，如岩土层分布的变化、施工技术的可靠性、材料的耐久性、周边环境的要求等。锚固体设计的安全系数取值取决于锚杆服务年限的长短和破坏后的影响程度，见表 2-3。

表 2-3 **我国岩土预应力锚杆锚固体设计的安全系数**

安全等级	锚杆破坏后的影响程度	最小安全系数		
		临时锚杆		永久锚杆
		<6 个月	<2 年	≥2 年
Ⅰ	危害大，会构成公共安全问题	1.6	2.0	2.2
Ⅱ	危害较大，但不致出现公共安全问题	1.4	1.8	2.0
Ⅲ	危害较轻，不构成公共安全问题	1.3	1.6	2.0

注：本表取自《锚杆喷射混凝土支护技术规范》(GB 50086—2001)。

我国《锚杆喷射混凝土支护技术规范》(GB 50086—2001)中规定，对于锚杆杆体筋材截面尺寸设计安全系数，临时锚杆和永久锚杆有不小的差别，主要是因为锚杆张拉后预应力筋的各股钢绞线受力往往是不均匀的。另外，张拉后若锚头位移继续增大，则预应力筋的拉伸量会增加，相应的预应力筋受力也会增大。

(8)锚杆杆体筋材的设计

锚杆杆体筋材宜用钢绞线、高强度钢丝或高强度精轧螺纹钢筋。因其抗拉强度高，可减少钢材用量；钢绞线、钢丝运输、安装方便，在狭窄空间也可施工；其强度高，而钢材的弹性模量差不多，故张拉到设计值时的张拉变形相应较大，使得锚头松动等原小部分变形占已变形部分的比例小，预应力损失相对较小。

当锚杆承载力值较小或锚杆长度小于 20m 时，预应力筋也可采用Ⅱ级、Ⅲ级钢筋。

压力分散型锚杆及对穿型锚杆的预应力筋应采用无黏结钢绞线。无黏结钢绞线是近几年开发的预应力筋材，具有优异的防腐蚀和抗震性能。它由钢绞线、防腐油脂涂层和聚乙烯或聚丙烯包裹的外层组成，是压力分散型锚杆的必用筋材。

锚杆预应力筋的截面面积应按下式设计：

$$A = \frac{KN_t}{f_{ptk}} \tag{2-12}$$

式中 N_t——锚杆轴向拉力设计值；

K——安全系数；

f_{ptk}——钢绞线、钢丝或钢筋的抗拉强度标准值；

A——锚杆预应力筋的截面面积。

2.5.5 锚杆的施工

锚杆的施工质量是决定锚杆承载力能否达到设计要求的关键，应根据工程的交通运输条件、周边环境情况、施工进度要求、地质条件等，选用合适的施工机械、施工工艺，组织好人员、材料，高效、安全、高质量地完成锚杆的施工任务。

2.5.5.1 钻孔

锚杆孔的钻凿是锚固工程质量控制的关键工序，应根据地层类型和钻孔直径、长度及锚杆的类型来选择合适的钻机和钻孔方法。

在黏性土中钻孔最适合采用带十字钻头和螺旋钻杆的回转钻机。在松散土和软弱岩层中钻孔最适合采用带球形合金钻头的旋转钻机。在坚硬岩层中钻直径较小孔适合采用带空气冲洗的冲击钻机；钻直径较大孔需使用带金刚石钻头和潜水冲击器的旋转钻机，并采用水洗。

在填土、砂砾层等塌孔的地层中可采用套管护壁、跟管钻进，也可采用自钻式锚杆或打入式锚杆。

2.5.5.2 锚杆杆体的制作、安装及锚头的施工

(1)锚杆杆体的制作

钢筋锚杆杆体(包括各种钢筋、精轧螺纹钢筋、中空螺纹钢管)的制作相对比较简单，先按设计预应力筋长度切割钢筋，再按有关规范要求进行对焊、绑条焊或用连接器接长钢筋和用于张拉的螺杆。

钢绞线通常采用整盘方式包装，宜使用机械切割，不得使用电弧切割。杆体内的绑扎材料不宜采用镀锌材料。钢绞线分为有黏结钢绞线和无黏结钢绞线，有黏结钢绞线锚杆杆体制作时应在锚杆自由段的每根钢绞线上施作防腐层和隔离层。

(2)锚杆杆体的安装

锚杆杆体一般采用人工安装，大型锚杆杆体有时采用吊装。在进行锚杆杆体安装前，应对钻孔进行重新检查，发现塌孔、掉块时应进行清理。锚杆杆体安装前应进行详细检查，对损坏的防护层、配件、螺纹应进行修复。在推送过程中用力要均匀，以免损坏锚杆配件和防护层。

(3)锚头的施工

锚具、垫板应与锚杆杆体同轴安装。对于钢绞线或高强度钢丝锚杆，锚杆杆体锁定后其角度偏差应不超过$\pm 5°$。垫板应安装平整、牢固，与垫墩接触面间无空隙。

切割锚头处多余的锚杆杆体时宜采用冷切割的方法，锚具外保留长度不应小于100mm。当需要补偿张拉时，应考虑保留张拉长度。

打筑垫墩用的混凝土强度等级一般大于C30。有时锚头处地层不太规则，在这种情况下，为了保证垫墩混凝土的质量，应确保垫墩最薄处的厚度大于10cm。对于锚固力要求较大的锚杆，垫墩内应配置环形钢筋。

2.5.5.3 注浆工艺

注浆是为了形成锚固段，为锚杆提供防腐蚀保护层；一定压力的注浆还可以使注浆体渗入地层的裂隙和缝隙中，从而起到固结地层，提高地基承载力的作用。水泥砂浆的成分、拌制和注入方法

决定了注浆体与周围岩土体的黏结强度和防腐效果。

注浆常分为一次注浆和二次高压注浆两种注浆方法。

一次注浆是指浆液通过插到孔底的注浆管，从孔底一次将钻孔注满直至从孔口流出浆液的注浆方法。这种方法要求预先对锚杆预应力筋的自由段进行处理，采取有效措施确保预应力筋不与浆液接触。

二次高压注浆是指在一次注浆形成注浆体的基础上，对锚杆锚固段进行二次（或多次）高压劈裂注浆，使浆液向周围地层挤压渗透，形成直径较大的锚固体以提高锚杆周围地层的力学性能，大大提高锚杆承载能力的注浆方法。二次高压注浆通常在一次注浆后4～24h进行，具体间隔时间由注浆体强度达到5MPa左右加以控制。该注浆方法需随预应力筋绑扎二次注浆管和密封袋或密封卷，注浆完成后不拔出二次注浆管。二次高压注浆非常适用于承载力低的软弱土层中的锚杆。

2.5.5.4 张拉锁定

当注浆体强度达到设计强度的80%后可进行张拉。一次性张拉较方便，但是这种张拉方法存在着很大的不可靠性。因为高应力锚杆由许多根钢绞线组成，要保证每一根钢绞线受力的一致性是不可能的。特别是对于很短的锚杆，其微小的变形都可能会出现很大的应力变化，需采用有效施工措施以减小锚杆整体受力的不均匀性。

采用单根钢绞线预张拉后再整体张拉的施工方法可以大大减少应力不均匀现象。另外，采用使用小型千斤顶进行单根钢绞线对称和分级循环的张拉方法同样有效，但这种方法在张拉某一根钢绞线时会对其他的钢绞线产生影响。分级循环次数越多，其相互影响和应力不均匀性越弱。在实际工程中，根据锚杆承载力的大小，其一般分为3～5级。

考虑张拉时应力向远端分布的时效性及施工的安全性，其加载速率不宜太快，并且在达到每一级张拉应力的预定值后应使张拉设备稳压一定时间，待张拉系统出力值不变且确定油压表无压力向下漂移后再进行锁定。

张拉应力的大小应按设计要求进行确定。对于临时锚杆，其预应力不宜超过锚杆材料强度标准值的65%。由锚具回缩等原因造成的预应力损失采用超张拉的方法克服，超张拉值一般为设计预应力的5%～10%。其程序为：

$$0 \longrightarrow m\sigma_{con} \xrightarrow{\text{稳压 } t_{min}} \sigma_{con}$$

其中：m为超张拉系数，其值为105%～110%；σ_{con}为设计预应力；t_{min}为最小稳压时间，一般大于2min。

2.5.5.5 锚杆的防腐处理

锚杆防腐处理的可靠性及耐久性是影响锚杆使用寿命的重要因素之一。防腐处理应保证锚杆各段内不出现杆体材料局部腐蚀现象。

永久性锚杆的防腐处理应符合下列规定：

①非预应力锚杆的自由段位于土层中时，可采用除锈、刷沥青船底漆、缠裹沥青玻纤布（其层数不少于两层）处理。

②对于采用钢绞线、精轧螺纹钢筋制作的预应力锚杆，其自由段可按上述第①条进行防腐处理后装入套管中。自由段套管两端100～200mm长度范围内用黄油填充，外绕扎工程胶布固定。

③处于无腐蚀性岩土层中的锚杆锚固段应除锈，砂浆保护层厚度不应小于25mm。

④对位于腐蚀性岩层内锚杆的锚固段和非锚固段，应采取特殊防腐蚀措施。

⑤防腐处理后，非预应力锚杆的自由段外端应埋入钢筋混凝土构件内 50mm 以上；对预应力锚杆，其锚头的锚具经除锈、涂防腐漆后应采用钢筋网罩、现浇混凝土封闭，且混凝土强度等级不应低于 C30，厚度不应小于 100mm，混凝土保护层厚度不应小于 50mm。

临时性锚杆的防腐可采取下列处理措施：

①非预应力锚杆的自由段可采用除锈后刷沥青防锈漆处理；

②预应力锚杆的自由段可采用除锈后刷沥青防锈漆或加套管处理；

③外锚头可采用外涂防腐材料或外包混凝土处理。

锚杆可自由拉伸部分的隔离防护层主要由塑料套管和油脂组成，油脂的作用是润滑和防腐。临时锚杆可以使用普通黄油，但永久性锚杆不宜使用黄油。因为黄油中还有水分和对金属有腐蚀作用的有害元素，当油脂老化时将分离出水和皂状物质，使原来的油脂失去润滑作用，所以永久性锚杆应选用无黏结预应力筋专用防腐润滑脂。

垫板下部的防腐处理不应影响锚杆的性能。对于自由段，防腐处理后的锚杆杆体应能自由收缩。防腐处理时应向垫板下部注入油脂，且要求油脂充满空间。

2.6　水泥土重力式围护墙

水泥土重力式围护墙是以水泥系材料为固化剂，通过搅拌机械采用喷浆施工将固化剂和地基土进行强行搅拌，形成的具有一定厚度、连续搭接的水泥土柱状加固体挡墙。

将水泥系材料和原状土进行强行搅拌的施工技术近年来得到了大力发展和改进，其加固深度和搅拌密实性、均匀性均得到了提高。其目前常用的施工机械包括双轴水泥土搅拌机、三轴水泥土搅拌机、高压喷射注浆机。

搅拌桩在我国应用的前 10 年中，主要用途是加固软土，构成复合地基，以支承建筑物或构筑物。将搅拌桩用于基坑工程虽在其发展初期已有成功的实例，但是在 20 世纪 90 年代初随着我国各地高层建筑和地下设施大量兴建才迅速兴起的，其中尤以沿海各地为最多。与此同时，在设计中利用弹塑性有限元分析、土工离心模拟试验等方法，结合基坑开挖现场监测，对水泥土重力式围护墙的稳定性和变形特性进行了深入的研究。经过 20 多年的应用与研究，水泥土重力式围护墙的结构、计算和构造等均有了较大的发展，也出现了一些新的水泥土与其他受力构件相结合的结构形式。随着改革开放政策的深化和经济建设的发展，我国搅拌桩技术为适应国情而不断进步。大功率三轴水泥土搅拌机的加固深度可达到 25～30m，已经得到了广泛应用。

2.6.1　水泥土重力式围护墙概述

2.6.1.1　水泥土重力式围护墙的类型

根据搅拌机械搅拌轴数的不同，水泥土重力式围护墙的截面主要有双轴和三轴两类。前者由双轴水泥土搅拌机形成，后者由三轴水泥土搅拌机形成。国外尚有用 4、6、8 搅拌轴水泥土搅拌机形成的块状大型截面，以及单搅拌轴水泥土搅拌机同时作垂直和横向移动而形成的长度不受限制的连续一字形大型截面。

此外，水泥土重力式围护墙还有加筋和非加筋之分。目前，在我国除型钢水泥土（SMW）工法为加筋工法外，其余各种工法均为非加筋工法。

近年来，以水泥土为主体的复合重力式围护墙得到了一定的发展，主要有水泥土结合钢筋混凝土预制板桩、钻孔灌注桩、型钢、斜向或竖向土锚等结构形式。

水泥土重力式围护墙按平面布置形式可分为满膛布置、格栅形布置和宽窄结合的锯齿形布置等形式，常见的布置形式为格栅形布置。

2.6.1.2 水泥土重力式围护墙的特点

水泥土重力式围护墙是通过固化剂对土体进行加固后形成的具有一定厚度和嵌固深度的重力墙体，以承受墙后水、土压力。

水泥土重力式围护墙是无支撑自立式挡土墙，依靠墙体自重、墙底摩阻力和墙前基坑开挖面以下土体的被动土压力稳定墙体，以满足其整体稳定性、抗倾覆稳定性、抗滑稳定性和控制墙体变形等要求。

水泥土重力式围护墙可近似看作软土地基中的刚性墙体，其变形主要表现为墙体水平平移、墙顶前倾、墙底前滑及几种变形的叠加等。

2.6.1.3 水泥土重力式围护墙的破坏形式

水泥土重力式围护墙的破坏形式主要有以下几种：

①由于墙体入土深度不够，或墙底土体太软弱，抗剪强度不够等原因，导致墙体及附近土体发生整体滑移破坏，基底土体隆起，如图 2-21(a)所示。

②由于墙体后侧发生挤土施工、基坑边堆载、重型施工机械作用等引起墙后土压力增加，或者由于墙体抗倾覆稳定性不够，导致墙体倾覆，如图 2-21(b)所示。

③由于墙前被动区土体强度较小、设计抗滑稳定性不够，导致墙体变形过大或整体刚性移动，如图 2-21(c)所示。

④由于设计墙体抗压强度、抗剪强度或抗拉强度不够，或者施工质量达不到设计要求，导致墙体发生压、剪、拉等破坏，如图 2-21(d)所示。

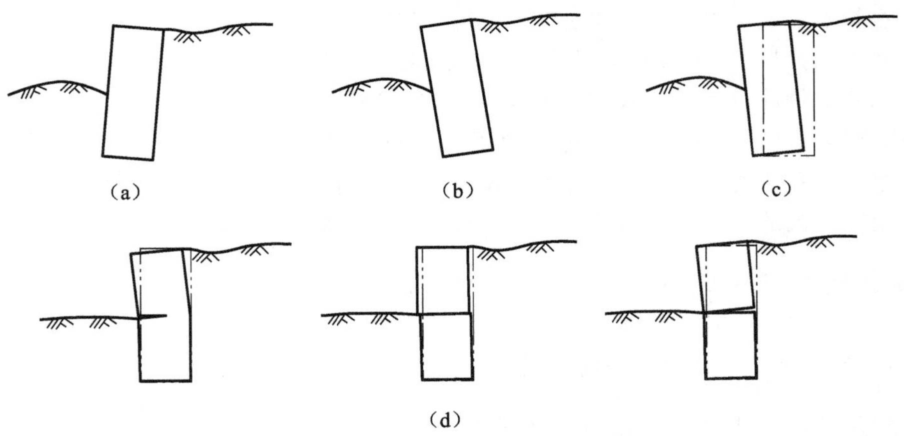

图 2-21 水泥土重力式围护墙的破坏形式

2.6.1.4 水泥土重力式围护墙的适用条件

(1)基坑开挖深度

由于水泥土重力式围护墙侧向位移控制能力在很大程度上取决于桩身的搅拌均匀性和强度指

标，故相比其他基坑围护墙体来说，其位移控制能力较弱。因此，若在基坑周边环境保护要求较高的情况下采用水泥土重力式围护墙，则基坑深度应控制在5m以内，以降低工程的风险。

(2)土质条件

国内外试验研究和工程实践表明，水泥土重力式围护墙和高压喷射注浆均适用于加固淤泥质土、含水量较高而地基承载力小于120kPa的黏土、粉土、砂土等软土地基。对于地基承载力较高、黏性较大或较密实的黏土或砂土，可采用先行钻孔套打、添加外加剂或其他辅助方法施工。

(3)环境条件

水泥土重力式围护墙在整个施工过程中对环境可能产生以下两方面的影响：

①水泥土重力式围护墙的体量一般较大，施工过程中在注浆压力的挤压作用下，周边土体会产生一定的隆起或侧移。

②基坑开挖阶段围护墙体的侧向位移较大，会使坑外一定范围内的土体产生沉降和变位。

因此，在基坑周边1～2倍开挖深度范围内存在对沉降和变形较敏感的建(构)筑物时，应慎重选用水泥土重力式围护墙。

2.6.2 水泥土重力式围护墙的设计

2.6.2.1 水泥土重力式围护墙的嵌固深度

水泥土重力式围护墙的嵌固深度设计值 h_d 可按下式确定：

$$h_d = 1.1h_0 \tag{2-13}$$

式中 h_0——嵌固深度的计算值，宜按整体稳定条件安全值，采用圆弧滑动简单条分法确定，如图2-22所示。

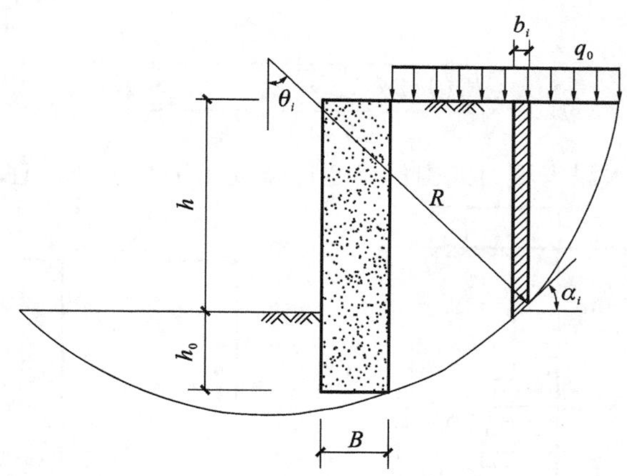

图2-22 嵌固深度设计值的计算简图

$$\sum c_i l_i + \sum (q_0 b_i + W_i)\cos\theta_i \tan\varphi_i - \gamma_k \sum (q_0 b_i + W_i)\sin\theta_i \geqslant 0 \tag{2-14}$$

式中 c_i，φ_i——第 i 条土条对应的最危险滑动面上的黏聚力和内摩擦角。

l_i——第 i 条土条的弧长。

b_i——第 i 条土条的宽度。

γ_k——整体滑动分项系数，根据经验确定，当无经验时可取1.3。

W_i——作用于滑动面上第 i 条土条的质量，滑动面位于黏性土或粉土中时，按上覆土层的饱和土重度计算；滑动面位于砂土或碎石土中时，按上覆土层的浮重度计算。

α_i——第 i 条土条弧线中点处切线与水平线间的夹角。

当嵌固深度下部存在软弱土层时，还应继续验算软弱下卧层的整体稳定性。

2.6.2.2 墙体宽度

水泥土重力式围护墙的宽度设计值 B 宜根据抗倾覆稳定性条件按下列规定计算：

①水泥土重力式围护墙底部位于碎石土或砂土上时，如图 2-23(a)所示，墙体宽度应按式(2-15)确定：

$$B \geqslant \sqrt{\frac{10(1.2\gamma_0 h_a \sum E_{ai} - h_p \sum E_{pi})}{5\gamma_{cs}(h+h_d) - 2\gamma_0 \gamma_w (2h + 3h_d - h_{wp} - 2h_{wa})}} \tag{2-15}$$

式中 $\sum E_{ai}$——水泥土重力式围护墙墙底以上基坑外侧水平荷载标准值之和；

h_a——合力 E_a 作用点至水泥土重力式围护墙墙底的距离；

$\sum E_{pi}$——水泥土重力式围护墙墙底以上基坑外侧水平抗力标准值之和；

h_p——合力 E_p 作用点至水泥土重力式围护墙墙底的距离；

γ_{cs}——水泥土重力式围护墙平均重度；

γ_w——水的重度；

h_{wa}——基坑外侧水位深度；

h_{wp}——基坑内侧水位深度；

γ_0——重要性系数，其值为 0.9～1.0，根据基坑侧壁安全等级确定；

h_d——嵌固深度的设计值。

②水泥土重力式围护墙底部位于黏性土或粉土上时，如图 2-23(b)所示，墙体宽度应按式(2-16)确定：

$$B \geqslant \sqrt{\frac{2(1.2\gamma_0 h_a \sum E_{ai} - h_p \sum E_{pi})}{\gamma_{cs}(h+h_d)}} \tag{2-16}$$

当依上述规定确定的水泥土重力式围护墙墙体宽度小于 0.4h 时，宜取 0.4h。

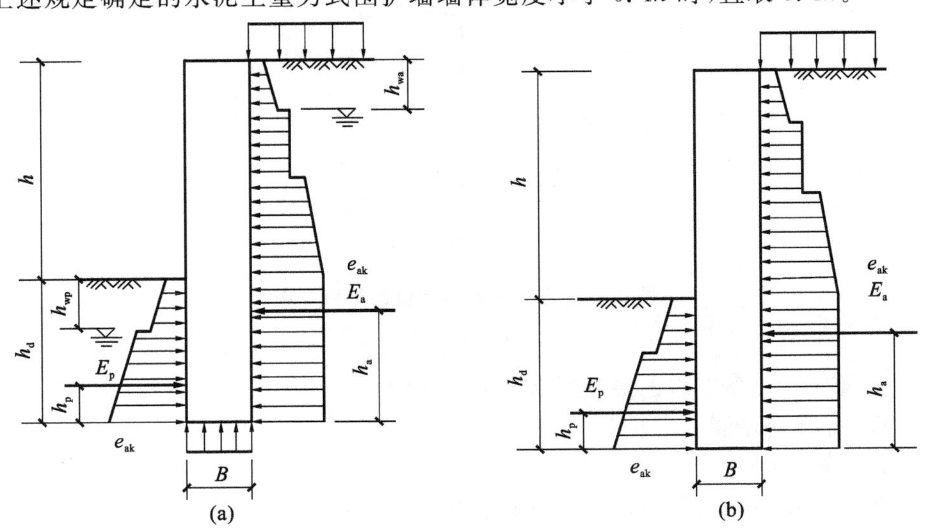

图 2-23 水泥土重力式围护墙墙体宽度计算简图

(a)墙底位于碎石土或砂土上；(b)墙底位于黏性土或粉土上

2.6.2.3 正截面承载力验算

墙体宽度设计值除了应满足式(2-15)、式(2-16)外,还应满足下列正截面承载力验算规定。

(1)压应力验算

$$1.25\gamma_0\gamma_{cs}z+\frac{M}{W}\leqslant f_{cs} \tag{2-17}$$

$$M=1.25\gamma_0 M_c \tag{2-18}$$

式中 z——由墙顶至计算截面的深度;

γ_{cs}——水泥土重力式围护墙的平均重度;

M——单位长度水泥土重力式围护墙截面组合弯矩设计值;

W——水泥土重力式围护墙截面模量;

γ_0——基坑侧壁重要性系数;

f_{cs}——水泥土开挖龄期抗压强度设计值;

M_c——截面计算弯矩,宜按弹性支点法计算。

(2)拉应力验算

$$\frac{M}{W}-\gamma_{cs}\leqslant 0.06f_{cs} \tag{2-19}$$

2.6.3 水泥土重力式围护墙的构造要求

2.6.3.1 水泥土重力式围护墙的平面布置

水泥土重力式围护墙的墙体宽度 B 一般可取为开挖深度的 70%~100%;其平面布置有满膛布置、格栅形布置和宽窄结合的锯齿形布置等,常用的平面布置形式为格栅形布置,可节省工程量。

双轴搅拌桩水泥土重力式围护墙的常见平面布置形式见图 2-24。三轴搅拌桩水泥土重力式围护墙的常见平面布置形式见图 2-25。

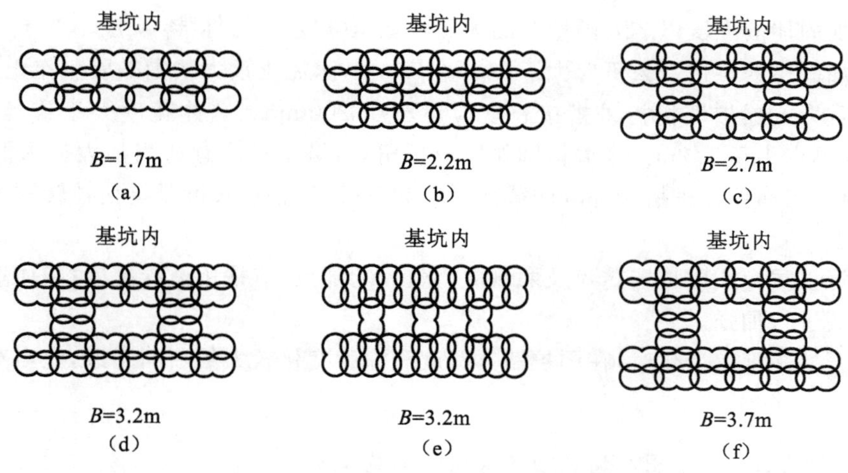

图 2-24 双轴搅拌桩水泥土重力式围护墙的常见平面布置形式

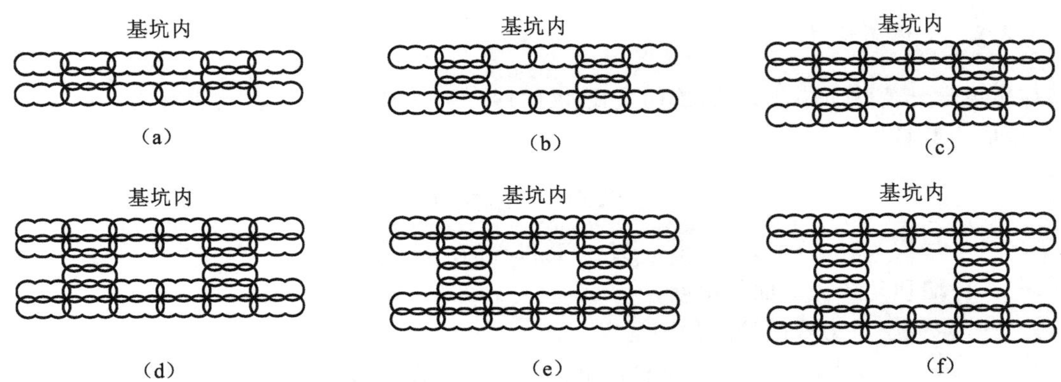

图 2-25 三轴搅拌桩水泥土重力式围护墙的常见平面布置形式

2.6.3.2 水泥土重力式围护墙的竖向布置

水泥土重力式围护墙坑底以下的插入深度 D 一般可取为开挖深度的 80%～140%;其断面布置形式有等断面布置、台阶形布置等,常见的布置形式为台阶形布置,见图 2-26。

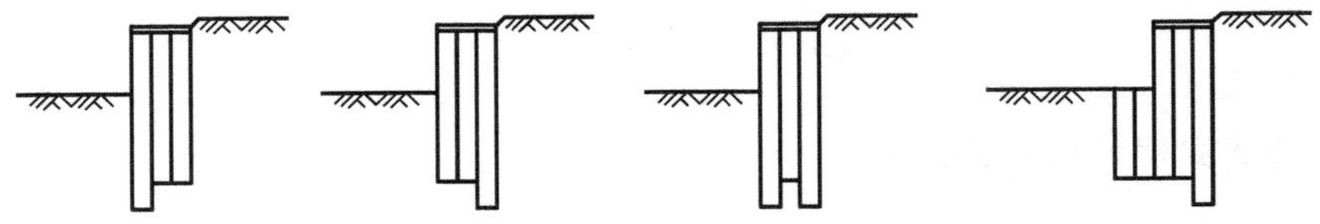

图 2-26 水泥土重力式围护墙的常见竖向布置形式

2.6.3.3 水泥土重力式围护墙加固体技术要求

①水泥土中水泥的掺合量以 1m³ 加固体拌和的水泥质量计算。常用掺合量为:双轴搅拌桩水泥土重力式围护墙为 12%～15%,三轴搅拌桩水泥土重力式围护墙为 18%～22%,高压喷射注浆不小于 25%。

②水泥土加固体的强度以 28d 龄期时的无侧限抗压强度 q_u 为标准,q_u 应不低于 0.8MPa。

③水泥土加固体的渗透系数不应大于 1×10^{-7}cm/s,水泥土重力式围护墙兼作止水帷幕。

④水泥土重力式围护墙搅拌桩搭接长度应不小于 200mm。墙体宽度大于或等于 3.2m 时,前、后墙体厚度不宜小于 1.2m。在墙体圆弧段或折角处,搭接长度宜适当加大。水泥土加固体习惯上称为搅拌桩,相邻搅拌桩搭接部分的截面形状为双弧形,搭接长度是指搅拌转轴中心连线位置的最大搭接长度。

⑤对于水泥土重力式围护墙转角及两侧剪力较大的部位,应采用搅拌桩满打、加宽或加深墙体等措施对围护墙进行加强。

⑥当基坑开挖深度有变化时,在围护墙体宽度和深度变化较大的断面附近,应当对其进行加强处理。

2.6.3.4 水泥土重力式围护墙压顶板及联结的构造

①水泥土重力式围护墙结构顶部需设置 150～200mm 厚的钢筋混凝土压顶板。压顶板应设置双向配筋,钢筋直径不小于 8mm,间距不大于 200mm。墙顶的现浇混凝土压顶板是水泥土重力式围护墙的组成部分,不仅有利于维持墙体整体性,防止坑外地表水从墙顶渗入挡墙格栅而损坏墙

体，还有利于施工场地的利用。

②水泥土重力式围护墙内、外排加固体中宜插入钢管、毛竹等加强构件。加强构件上端应进入压顶板，下端宜进入开挖面以下。目前常用的方法是内排或内、外排加固体内插钢管，深度至开挖面以下；开挖较浅的基坑可以插毛竹，毛竹直径应不小于 50mm。

③水泥土加固体与压顶板之间应设置连接钢筋。连接钢筋上端应锚入压顶板，下端应插入水泥土加固体内 1～2m，呈间隔梅花形布置。

2.6.4 水泥土重力式围护墙施工

喷浆形式的水泥土搅拌机以水泥浆作为固化剂的主剂，通过搅拌头强制将软土和水泥浆拌和在一起。目前国内有单轴和双轴两种水泥土搅拌机机型，下面主要介绍双轴水泥土搅拌机的施工工艺。

2.6.4.1 施工准备

(1)技术准备

依据岩土工程勘察资料，对无成熟施工经验的土层，必要时应进行加固土室内配合比试验；依据设计施工图和环境调查与分析编制施工组织设计，安排好搅拌桩的施工顺序，通过试成桩，选择最佳水泥掺量，确定水泥土重力式围护墙施工工艺参数。

(2)材料准备

水泥进场，按每一袋装水泥或散装水泥的出厂编号进行取样、送检，不得对两个及两个以上出厂编号的水泥进行混合取样，并须在开工前取得水泥检验合格证；搭设水泥棚，布置浆液搅拌站，面积宜大于 $40m^2$，一般泵送距离不宜大于 100m。

(3)场地准备

①清表及原地面整平。首先对路基地面进行清表处理，在开挖表土后应彻底清除地表、地下的石块、树根等一切障碍物，同时应清除高空障碍物；路基两侧必须开挖排水沟，以保证在施工期间不被水浸泡。

②沟槽开挖。开挖时应使沟槽平直，尽量往基坑外侧平移 10cm 左右距离，以免搅拌桩墙直接侵占底板施工面。

③桩位放样。根据测量放出平面布桩图，根据布桩图现场布桩。桩位应用小木桩或竹片定位，并作出醒目标志以利于查找，定位误差应小于 2cm。

(4)设备准备

①设备进场。认真检查搅拌机的主要施工技术参数(包括加固深度、成桩直径、桩机转速及浆泵压力和泵送能力等)。搅拌头直径误差不应大于 5mm，喷浆口直径不宜过大，应满足喷浆要求，从而确保所用搅拌机能满足该施工段的施工要求。

②搅拌机就位。搅拌机到达指定桩位并置平后，检查钻杆垂直度、钻头直径、桩位对中情况、枕木铺设情况。若遇地表软弱，则应采取措施确保机架平稳，要求钻杆垂直度误差小于 1%，桩位偏移(纵、横向)容许误差为±50mm。

2.6.4.2 施工工艺

双轴水泥土搅拌桩(喷浆形式)施工顺序如图 2-27 所示。

双轴水泥土搅拌桩施工工艺流程如图 2-28 所示。

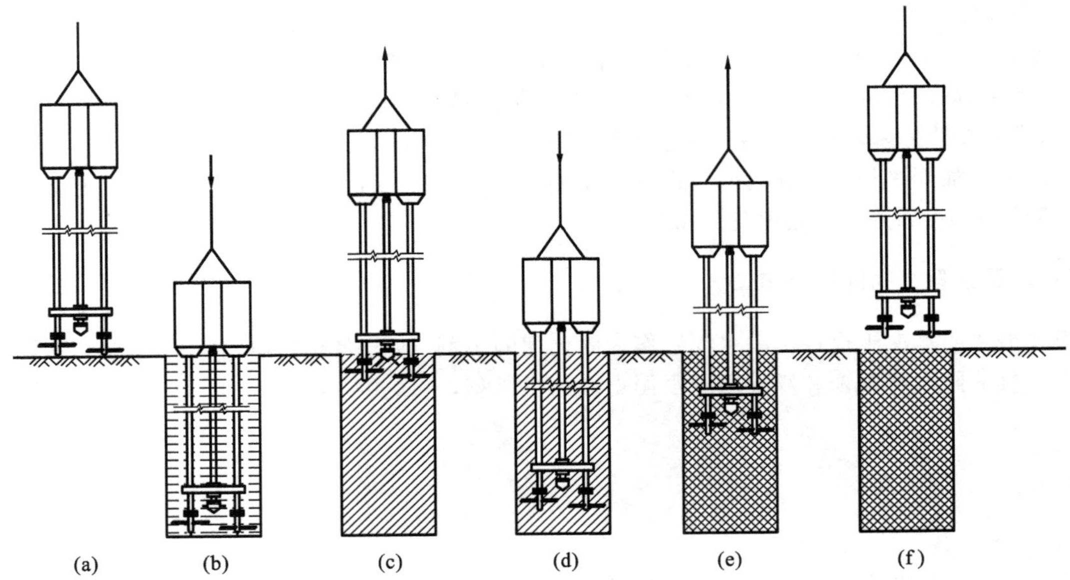

图 2-27 双轴水泥土搅拌桩施工顺序图

(a)定位;(b)下沉预搅;(c)提升喷浆搅拌;(d)重复下沉预搅;
(e)重复提升喷浆搅拌;(f)成桩完毕

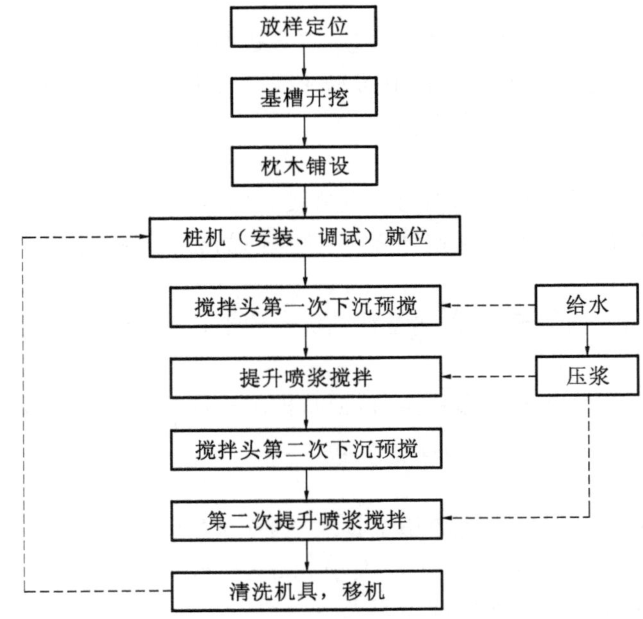

图 2-28 双轴水泥土搅拌桩施工工艺流程图

2.6.4.3 施工要点

(1)工艺试成桩

试成桩的目的是确定各项施工技术参数,其中包括:

a.搅拌机钻进深度,桩底、桩顶标高或喷、停浆面标高。

b.搅拌机提升速度与浆泵流量。

c. 每米桩长或每根桩的送浆量，浆液到达喷浆口的时间。

d. 双轴水泥土搅拌机单位时间(min)内，固化剂浆液的喷出量 q(kN)。其取决于搅拌头叶片直径、固化剂掺入比及搅拌机钻头提升速度。

当喷浆量为定值时，土体中任意一点经搅拌头搅拌的次数越多，加固效果越好。

(2)施工参数与质量标准

水泥土搅拌桩采用P·O42.5新鲜普通硅酸盐水泥，单幅桩断面一般采用Φ700@500双头搭接200mm；常用水泥掺入比(占被加固湿土重比例)为12%～15%，在暗浜区水泥掺量应再适当提高，水灰比为0.45～0.55。搅拌桩垂直度偏差不得大于1%，桩位偏差不得大于50mm，桩径偏差不得大于4%。

(3)施工浆液拌制及管理

水泥浆液应按预定配合比拌制，每根桩所需水泥浆液应一次单独拌制完成；制备好的泥浆不得发生离析，停置时间不得超过2h，否则予以废弃；浆液倒入时应加筛过滤，以免浆内结块，损坏泵体。供浆必须连续，搅拌应均匀。一旦因故停浆，为防止断桩和缺浆，应使搅拌机钻头下沉至停浆面以下1.0m处，待恢复供浆后再提升喷浆。如因故停机超过3h，应先拆卸输浆管路，清洗后备用，以防止浆液硬结堵管。泵送水泥浆前管路应保持湿润，以便输浆。浆泵应定期拆卸清洗，注意保持齿轮减速箱内润滑油的供给。

(4)施工技术

搅拌桩施工时必须坚持"两喷三搅"的操作顺序，且喷浆搅拌时搅拌头提升速度不宜大于0.5m/min，钻头每转一圈提升(或下降)量以1.0～1.5cm为宜。最后一次提升搅拌宜采用慢速提升，当喷浆口到达桩顶标高处时宜停止提升，搅拌数秒，以保证桩头均匀、密实。水泥土搅拌桩下沉预搅时不宜冲水，当遇到较硬黏土层下沉太慢时可适当冲水，但应考虑冲水成桩对桩身质量的影响。水泥土搅拌桩应连续搭接施工，相邻桩施工间隔时间不得超过12h。如因特殊原因造成相邻桩施工间隔时间超过12h，则应对最后一根桩先进行空钻留出榫头，以待下一批桩搭接；当间隔时间太长，超过24h，与下一根桩无法搭接时，须采取局部补桩或注浆措施。

在双轴水泥土重力式围护墙内套打钻孔灌注围护桩时，钻孔桩应在水泥土重力式围护墙施工结束，未形成强度之前进行套打施工。水泥土重力式围护墙顶部插钢筋和脚手架钢管必须在成桩后2～4h内完成，应确保在墙体内插钢筋和钢管的可行性。水泥土搅拌桩成桩后7d，应采取轻便触探器连续钻取桩身加固土样，检查墙体的均匀性和桩身强度，若不符合设计要求应及时调整施工工艺。水泥土重力式围护墙顶面的混凝土面层应尽早铺筑，并使面层钢筋与水泥土搅拌墙墙体锚固筋(插筋)连成一体，混凝土面层未完成或未达到设计强度时，基坑不得开挖。水泥土重力式围护墙须达到28d龄期或达到设计强度，基坑方可进行开挖。

(5)施工安全

当发现搅拌机的入土切削和提升搅拌负荷太大及电动机工作电流超过额定值时，应减慢升降速度或补给清水；发生卡钻等现象时应切断电源，并将搅拌机强制提升出地面，然后重新启动电动机；当供电电网电压低于350V时，应暂停施工，以保护电动机。

2.7 逆作拱墙及其逆作法施工

2.7.1 逆作拱墙的构造和特点

建筑工程中的深基坑边坡与道路工程中的路堑边坡不同:路堑边坡是呈线状分布的,而建筑工程中的深基坑是呈点状分布的,基坑平面几何形状通常是闭合的多边形。土压力是随深度呈线性增加的分布荷载,没有集中力,因此在基坑四周场地都允许起拱的条件下(基坑各边长 L 的起拱矢高 $f>0.12L$),可以采用闭合的水平拱墙来支挡土压力以维护基坑的稳定。闭合拱墙可以是由几条二次曲线围成的组合拱墙(曲率不连续),也可以是一个完整的椭圆形或蛋形拱墙(曲率连续)。作用在拱墙四周的土压力大部分在拱墙内实现平衡、相互抵消,小部分不平衡力(如两条抛物线交接处的土压力)则由拱脚基础的被动土压力对拱墙提供支承。拱结构以受压为主,能更好地发挥混凝土抗压强度高的材料特性,并且拱墙支挡高度只需在坑底以上,所以这种合理的挡土结构体系自然会带来良好的效果。

拱墙的断面一般为 Z 字形[图 2-29(a)],拱墙的上下加肋梁以提高拱圈的刚度和稳定性。如果基坑较深,一道 Z 字形拱圈的高度不够,则可以分几道叠合起来[图 2-29(b)、(c)],以达到要求的支护高度。

拱墙实际上是一种内支撑。实测结构表明,在许多情况下支撑上的土压力并非随深度增加而增加,因为此力还取决于支撑约束的位移和开挖土方的顺序,所以有时采用上下等厚的拱墙断面。为了施工方便,可不用肋梁并增加拱壁厚度,就形成了厚壁拱[图 2-29(d)]。

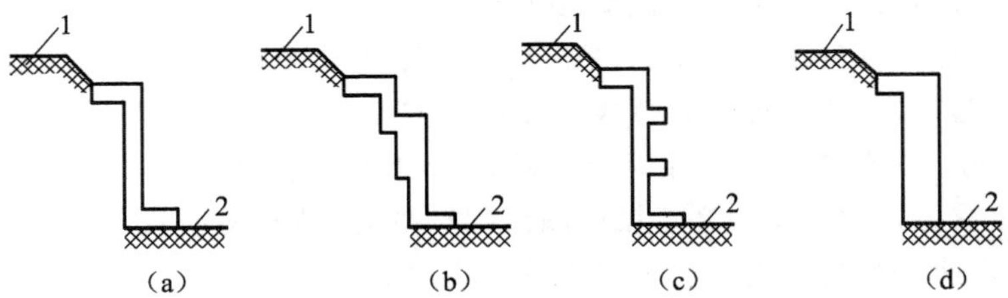

图 2-29 拱墙断面示意图

1—地面;2—基坑底

采用挡土拱圈支护深基坑有如下显著特点。

(1)安全性好

挡土拱圈是以受压为主的结构,拱圈上的弯矩很小,所以挡土结构发生强度破坏或失稳的可能性甚微。同时,拱圈是沿支护高度分道施工的(每道高度为 2m 左右)。第一道拱圈合龙后,再往下挖土施工第二道,每道拱圈分别承受该道拱圈高度内的压力,不相互影响。所以只要第一道挡土拱圈合龙后是安全的,再挖土施工的下一道拱圈挡土结构就也是安全的,不会像挡土墙那样,越往下挖,桩上弯矩越大,挡土墙结构越危险。

(2)节省工期,施工方便

采用拱墙支护基坑时,开工就开始挖土(用挡土墙时要打完桩后才能挖土),拱墙的施工可与基坑同步进行。拱墙独占的工期很少,工期主要取决于挖土的进度。与挡土墙相比,拱墙的施工工期一般可节省 1～3 个月。施工拱墙就像用逆作法形成一条弯曲的地梁,而且只有水平环向配置主筋,施工方便。

(3)节省挡土费用

由于拱墙以受压为主,能充分发挥混凝土受压能力强的性能,而且拱墙只需支护坑壁的适当高度,不必在全高度都支护,故用料很少,经济合理。用拱墙支护的费用仅为用挡土墙的 40%~60%,而且基坑越深,经济效益越好。

拱墙因起拱部位要超挖一些土方,用以之后的回填,故采用拱墙挡土的条件是要有允许临时占用的起拱场地。常用的起拱高度 $f=(0.12\sim0.16)L$,如坑底的平面形状是曲线形、折线形或缺角的矩形时,更有利于布置拱墙。

需要注意的是,拱墙是用于解决支挡土压力的问题,不是用于解决防水的问题,故不能作为防水体系使用。对地下水的处理需要采用降水、设置止水帷幕或在坑内明排等方法解决。

2.7.2 拱墙设计与计算

对于逆作拱墙的结构形式,根据基坑平面形状可采用全封闭拱墙,也可采用局部拱墙。拱墙轴线的矢跨比不宜小于 1/8,基坑开挖深度 h 不宜大于 12m。当地下水位高于基坑底面水位时,应采取降水或截水措施。

①当坑底土层为黏性土时,基坑开挖深度应满足以下抗隆起验算条件:

$$h \leqslant \frac{c(K_p e^{\pi\tan\varphi}-1)}{1.3\gamma\tan\varphi}-\frac{q_0}{\gamma} \tag{2-20}$$

式中 q_0——地面超载;

γ——开挖面以上土体平均重度;

c,φ——基坑底面以下土层的黏聚力和内摩擦角标准值。

当基坑开挖深度范围或者基坑底部土层为砂土时,应按抗渗条件验算土层稳定性。

拱墙结构内力宜按平面闭合结构形式采用杆件有限元法进行分析计算,作用于拱墙上的初始水平力可按相关规程确定;当计算点位移方向指向坑外时,该位移产生的附加水平力可按 m 法确定;土体上任一点的最大水平压力应不超过水平抗力标准值。

②在均布荷载作用下,圆形闭合拱墙结构的轴向压力设计值应按下式计算:

$$N_i = 1.35\gamma_0 R e_a h_i \tag{2-21}$$

式中 R——拱墙外圈半径;

h_i——拱墙分道计算高度;

e_a——在分道高度 h_i 范围内基坑外侧水平荷载标准值的平均值。

2.7.3 拱墙的构造要求

①钢筋混凝土拱墙结构中的混凝土强度等级不宜低于 C25。

②拱墙截面宜为 Z 字形,拱壁的上、下端宜加肋梁。当基坑较深且一道 Z 字形拱墙的支护高度不够时,可由数道拱墙叠合组成;沿拱墙高度应设置数道肋梁,其竖向间距不宜大于 2.5m。当基坑边坡场地较窄时,可不加肋梁但应加厚拱壁。

③拱墙结构水平方向应通长双面配筋,总配筋率不应小于 0.7%。

④圆形拱墙壁厚不应小于 400mm,其他拱墙壁厚不应小于 500mm。

2.7.4 逆作法施工方法和特点

深地下室的常规施工是通过临时支护基坑坑壁,开挖至预定深度后浇底板,并由下而上施工各层地下室结构，待地下室完工后再逐层进行地上结构的施工。

对于有多层地下室结构的情况，上述常规施工方法的工期很长，施工中采用的常规支护结构有局限性或容易发生严重事故。因此，利用地下连续墙采用逆作法施工较深的多层地下室已成为深地下室施工的发展方向，并收到了显著的效果。

相对于顺作法，采用逆作法施工时，每开挖一定深度的土体后即支设模板浇筑永久的结构梁板，用以代替常规顺作法的临时支撑，以平衡作用在围护墙上的土压力。因此，当开挖结束时地下结构也已施工完成。这种地下结构的施工是自上而下进行的，同常规顺作法开挖到坑底后再自下而上浇筑地下结构的施工方法不同，故称为逆作法。逆作施工地下结构的同时进行地上结构的施工，称为全逆作法，如图 2-30 所示；仅逆作施工地下结构而并不同步施工地上结构时称为半逆作法，如图 2-31 所示。由于逆作法的梁板质量较常规顺作法的临时支撑要大得多，因此必须考虑立柱和立柱桩的承载能力问题。尤其是采用全逆作法施工时，地上结构所能同时施工的最大层数应根据立柱和立柱桩的承载力确定。

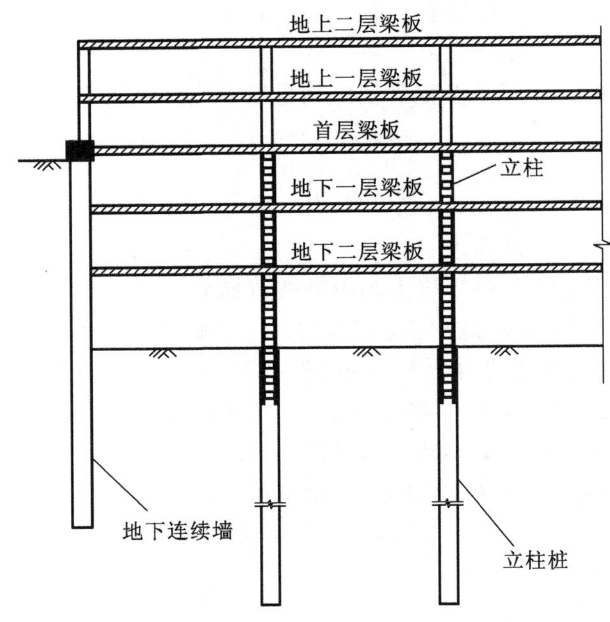

图 2-30 全逆作法示意图

逆作法通常采用支护结构与主体结构相结合。根据支护结构与主体结构相结合的程度，逆作法施工分为两种类型，即周边临时围护体结合坑内水平梁板体系替代支撑的逆作法施工和支护结构与主体结构全面相结合的逆作法施工。

逆作法的主要优点如下：

①因其楼板刚度高于常规顺作法的临时支撑，故基坑开挖的安全度得到提高，且一般基坑的变形较小，因而对基坑周边环境的影响较小；

②当采用全逆作法时，地上和地下结构同时施工，因此可缩短工程的总工期；

③地面楼板施工完成后可以为施工提供作业空间，因此可以解决施工场地狭小的问题；

④逆作法采用支护结构与主体结构相结合，因此不需进行常规顺作法中大量临时支撑的设置和拆除，经济性好，且有利于降低能耗，节约资源。

但逆作法存在如下不足：

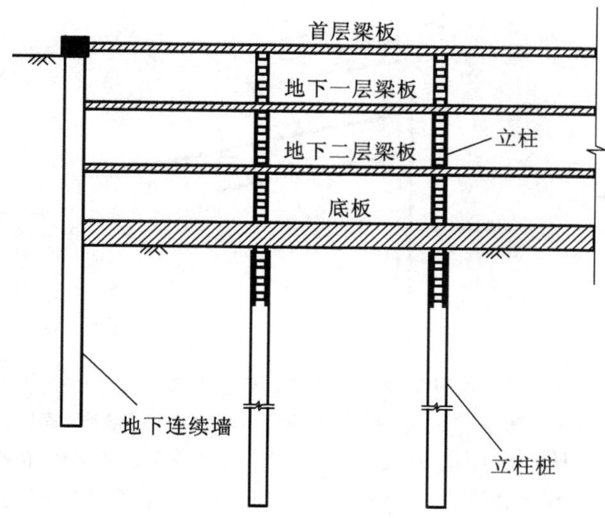

图 2-31 半逆作法示意图

①技术复杂，垂直构件连接处理困难，接头施工复杂；

②对施工技术要求高，如对一柱一桩的定位和垂直度控制要求高，对立柱之间及立柱与连续墙之间的差异沉降控制要求高等；

③采用逆作暗挖，作业环境差，结构施工质量易受影响；

④逆作法设计与主体结构设计的关联度大，受主体结构设计进度的制约。

当工程具有以下特征或技术经济要求时，可以考虑选用逆作法：

①对于大面积的深基坑工程，采用逆作法可节省临时支撑体系的费用；

②基坑周边环境复杂，且对变形敏感时，采用逆作法有利于控制基坑的变形；

③施工场地紧张时，可利用逆作的地下一层楼板作为施工平台；

④工期要求高时，采用地上、地下结构同时施工的全逆作法设计方案可缩短总工期。

2.8 基坑支护新技术

2.8.1 桩锚与土钉、复合土钉联合支护技术

2.8.1.1 桩锚与土钉、复合土钉联合支护的概念

桩锚与土钉、复合土钉联合支护均为独立的支护技术。工程实践中，为了实现对技术、经济与环境安全间的目标控制，常需要将两种或多种支护技术联合应用。

桩锚与其他支护技术的常用联合形式有(图 2-32)：

①浅部(上部)土钉，深部(下部)桩锚支护；

②浅部(上部)复合土钉，深部(下部)桩锚支护；

③桩锚与土钉复合支护。

桩锚支护体系通过施加预应力，使支护结构依靠自身的结构刚度和强度承受土压力，限制坑外土体的变形，从而保持基坑安全、稳定，属于主动支护结构；土钉支护则通过提高土体的强度，使支

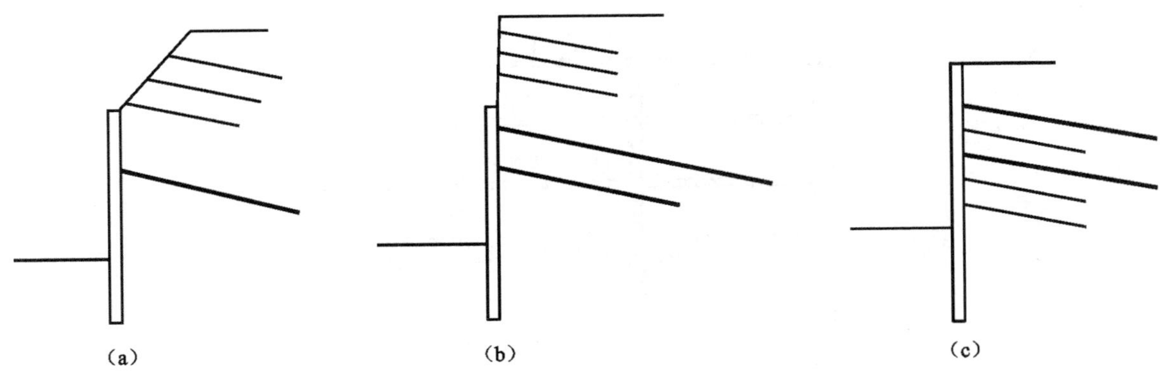

图 2-32　常用联合支护形式

(a)浅部(上部)土钉,深部(下部)桩锚支护;(b)浅部(上部)复合土钉,深部(下部)桩锚支护;(c)桩锚与土钉复合支护

护材料与土体形成共同作用体,从而达到支护的目的。土钉抗力的发挥依赖土体的侧移,伴随基坑侧壁的侧移,土钉逐步发挥相应的抗力。从这个意义上说,土钉属于被动支护结构构件。

图 2-32(c)中,桩锚与土钉复合支护结构往往是以一种支护结构为主,另一种支护结构作为辅助手段存在的,一般可分为两大类,即土钉加桩锚的联合支护结构和桩锚加土钉的联合支护结构。

土钉加桩锚的联合支护结构以土钉为主要支护结构,以桩锚支护结构为辅助结构,桩锚的作用一般是对某些特殊部位进行强度控制,以满足工程的特定要求;桩锚加土钉的联合支护结构是以桩锚结构为控制体系,以土钉支护结构为辅助体系,土钉对桩间土体起加强作用,以增强支护土体的整体性,减小作用于桩锚结构上的土压力,使其满足设计支护要求。

桩锚与土钉、复合土钉联合支护适用于土钉、锚杆支护适用的各种土层。

2.8.1.2　破坏机理

桩锚与土钉、复合土钉联合支护结构的破坏基本上是以桩锚支护结构的破坏为标志的,即若桩锚支护结构失效,则桩锚与土钉、复合土钉联合支护结构将发生破坏。

在桩锚与土钉、复合土钉联合支护结构设计中考虑了土钉的加强作用,计算土压力时可进行一定的折减,支护桩的嵌固深度会较小。当土钉置于锚杆与坑底之间时,由于土钉的加固和锚固作用,支护桩上的弯矩分布相对较均匀,复合支护的作用比较明显,桩身断裂现象基本不会发生。桩锚支护结构的存在,使容易产生于纯土钉支护结构中的内部稳定性破坏问题基本不会发生。

2.8.1.3　设计方法

①土钉或复合土钉支护深度的确定。

根据现场平面尺寸、地下水位、浅层土体岩性、埋深、承载力、土钉施工的可操作性、变形控制要求等确定土钉支护的深度。当对上部支护结构的变形控制要求严格时,应采用复合土钉。

②桩体嵌入深度的确定。

依据一般经验,选择基坑底以下一定深度且具有较好承载力的土层作为桩端持力层,初步确定桩体嵌入深度。

③依经验初步选择桩径、桩间距、锚杆位置。

④进行土钉或复合土钉的设计计算。

⑤进行桩锚支护体系的内力计算与变形计算。

当变形计算结果不满足要求时,应调整桩体嵌入深度、锚杆预加力、桩径等参数并重新计算,直到满足变形要求为止。其中，上部土钉的变形应根据地方工程经验选取并可控。

⑥各种形式的稳定性验算。

桩锚与土钉、复合土钉联合支护结构的稳定性验算与一般情况相同，其稳定性验算要点如下。

对于图 2-33 所示稳定性验算，可将土钉与桩锚复合支护结构看作由土钉加固的一个整体，假定其为具有水平支撑力的重力式挡墙进行整体稳定性分析；应根据施工期间不同开挖深度及基坑底面以下可能出现的滑动面，采用圆弧滑动简单条分法进行整体稳定性验算。

其中，抗滑移验算中取墙背摩擦角 $\delta=0$，抗滑移安全系数 K_s 应满足：

$$K_s = \frac{\mu G + T_1}{E_a} \geqslant 1.3$$

式中 G——联合支护结构挡土墙的自重；

μ——土对挡土墙基底的摩擦系数。

进行抗倾覆验算时，有：

$$K_t = \frac{0.5GB + T_1 h_{T1}}{E_a h_a} \geqslant 1.5$$

式中 B——挡土墙的计算宽度；

h_{T1}——锚杆预应力作用点距倾覆点的垂直距离；

h_a——主动土压力作用点距倾覆点的垂直距离。

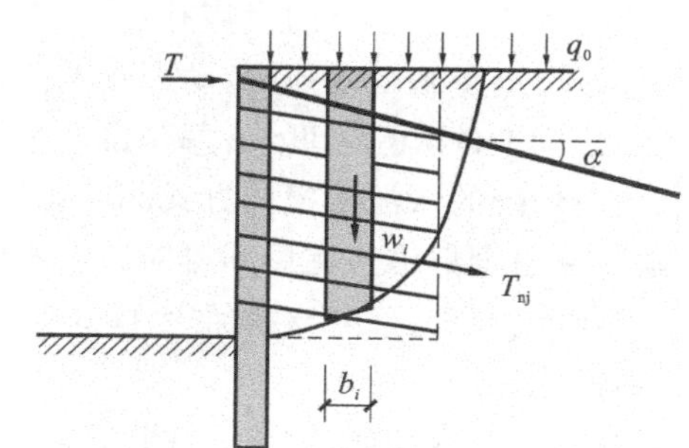

图 2-33 内部稳定性验算示意图

需注意的是，当上部土钉或复合土钉的作用力支护高度大于下部桩锚支护高度时，上部土钉或复合土钉的作用力仍可看作作用在桩锚顶面的均布荷载，但应考虑上部土钉或复合土钉支护体“基底”水平作用力对桩锚支护体抗倾覆与抗滑移稳定性产生的作用效应。

2.8.2 钻孔后注浆连续墙

钻孔后注浆连续墙是指先利用长螺旋钻机成孔，然后利用注浆泵向孔内注入水泥土浆，再在孔内插入 H 型钢或其他受力材料，形成的一种具有挡土、止水两种功能的支护结构。钻孔后注浆连续墙的受力机理与 SMW 工法相仿，均依靠水泥土内插入的芯材受力，水泥土不参与受力计算，其计算模型和方法与 SMW 工法相同。

钻孔后注浆连续墙的成墙结果类似于 SMW 工法，但与其在成墙工艺、水泥土搅拌及成形工艺上有所区别。钻孔后注浆连续墙利用长螺旋钻机钻掘至设计深度后，边提钻边注入在孔外已配制好的水泥土浆，在水泥土初凝之前插入 H 型钢或其他受力材料，重复搭接施工，便会形成一道有一定强度和刚度的连续完整的地下连续墙体。

2.8.2.1 适用范围

钻孔后注浆连续墙适用于多种土层，能在基坑侧壁和基坑底为回填土、黏土、粉土、粉砂及粉土粉砂互层、淤泥(含流塑状态淤泥)、砂层、卵石(粒径小于 6cm)等地层中施工作业。存在地下障碍物的区域应先经过排障处理。

钻孔后注浆连续墙适宜的基坑深度与土层、施工机械有关。目前在已经采用钻孔后注浆连续墙工法施工的基坑支护工程中，基坑开挖深度一般为 5～15m，基坑侧壁和基坑底土质最差的为承载力为 40kPa、处于流塑状态的淤泥。根据对成孔直径和受力芯材断面的调整，或采用扶壁及内支撑或锚杆的配合，其可用于 20m 左右深的深基坑工程。

钻孔后注浆连续墙工法重叠搭接施工可根据地质情况自行调配，参见图 2-34。

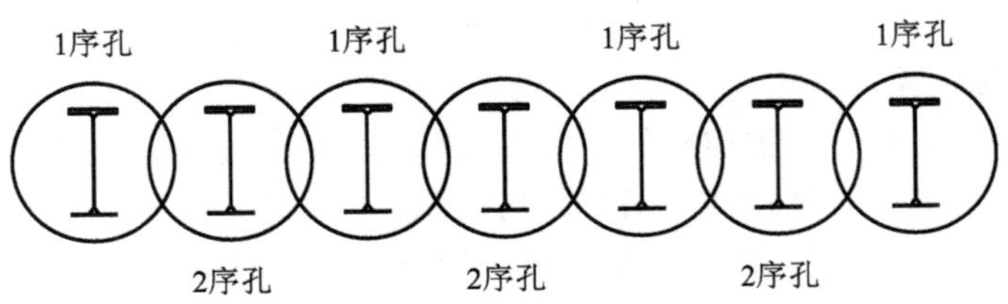

图 2-34 钻孔后注浆连续墙施工工艺平面图

钻孔后注浆连续墙的优势有：

①施工设备施工占地少，动力头在前，距既有建筑物 60cm 即可施工。

②钻机设备成孔速度快，每台设备平均每天可施工 800m 长，效率是传统排桩的 3～4 倍。

③与传统的水泥土搅拌方式相比，其水泥土的成形可做到可视、可控。在水泥土中掺入早强剂等，则连续墙全部施工完后即可对先施工的支护段进行开挖。

④导墙、围檩、部分支撑梁及 H 型钢均为装配式钢结构，安全度高，安装速度快，无须养护，有利于加快施工进度。

⑤挡土、止水功能二合一，工序少，工效高，工期短，成本低。该工法的成本比传统排桩支护低 5%～10%。

2.8.2.2 施工工艺

钻孔后注浆连续墙施工工艺由导墙制作及安装、成孔、水泥土浆制备、注浆、芯材制作及吊放、换撑、受力芯材拔出等工序组成。各个工序紧密相连，互相配合。钻孔后注浆连续墙施工工艺平面图和剖面图分别见图 2-34、图 2-35。

2.8.2.3 施工要点

(1)导墙的制作及安装

①导墙采用装配式工字钢或 H 型钢，工字钢或 H 型钢内边应在同一条直线上，间隔 3m 用钢筋加固，导墙外侧用黏土填实；

②导墙转角连接处要焊接牢固，导墙安装和使用过程中应及时校正定位尺寸，要求平面位置偏差不大于 15mm，倾斜度偏差不大于 1%；

③导墙上的泥土应及时清除干净，以保证定位标志清晰。

(2)钻孔

①钻机就位时严禁碾压或碰撞导墙，并保证垂直度满足要求。

②定位时应复测桩位点，防止因堆积土体的挤压或附近钻孔的扰动造成桩位移位。

③为了保证施工质量和施工安全，钻机作业行走区域内的地基承载力必须满足钻机作业的要求，必要时应铺设钢板或路基箱。

④钻孔时采取分段循环跳钻施工法，根据土质情况确定跳钻间距。钻进时，下钻速度应保证泥土能被及时清除；提钻时禁止反钻，并尽量带出泥土。

(3)水泥土浆的制备

①水泥土浆制备质量的好坏直接影响钻孔后注浆连续墙的质量和安全。制备好的水泥土浆存放在储存池中。

②水泥土浆制备前要经实验室试配。

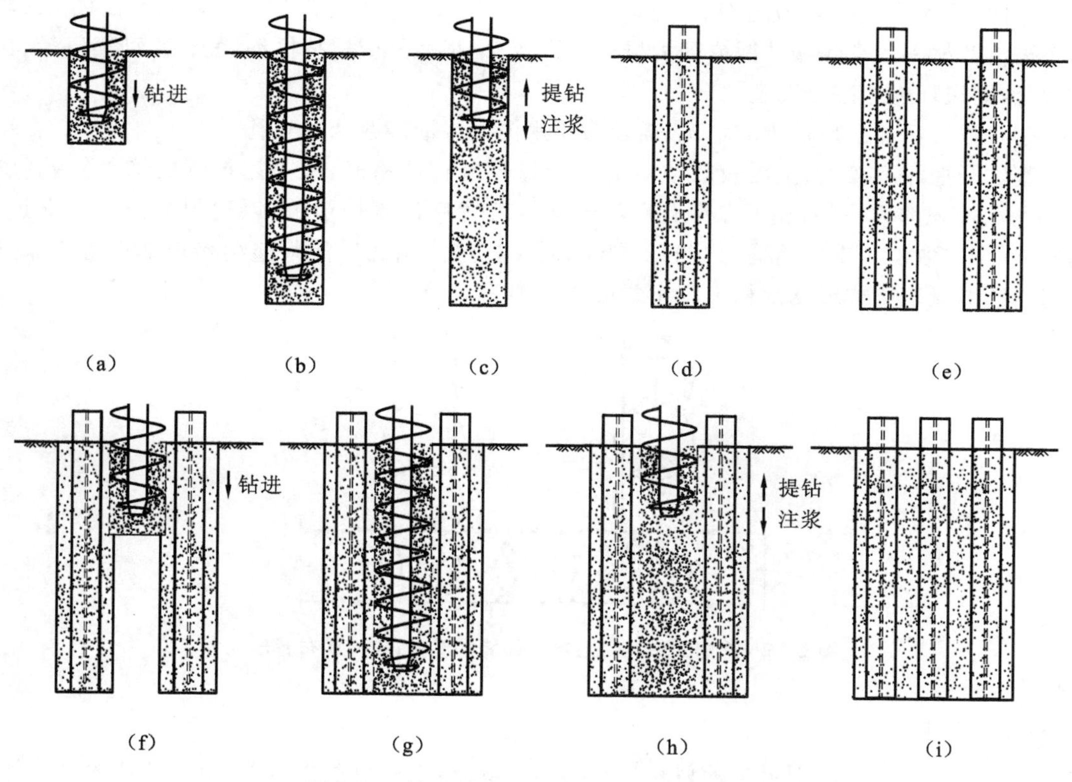

图 2-35 钻孔后注浆连续墙施工工艺剖面图

(a)长螺旋钻机钻进;(b)钻进至设计标高;(c)提钻,同时注入拌制好的水泥土浆;(d)在水泥土初凝之前,插入受力芯材;(e)继续施工1序孔的其他柱;(f)施工2序孔的桩,长螺旋钻机钻进;(g)施工2序孔的桩,钻进至设计标高;(h)施工2序孔的桩,提钻,同时注入拌制好的水泥土浆;(i)在2序孔桩内插入受力芯材,形成连续搭接的钻孔后注浆连续墙

③水泥土浆由水泥土浆搅拌机搅拌,搅拌时间不少于3min。水泥土浆密度用密度计或电子天平测定。浆液应搅拌均匀,随搅随用。

(4)注浆

①提钻注浆时,提钻速度和注浆速度应保持一致,且应保持压力不变,防止出现空孔现象,避免出现缩颈和塌孔。

②水泥土浆应超灌0.8m,灌入量应大于理论值(充盈系数不应小于1.1)。

③注浆成桩后2h应检查孔口水泥土浆沉淀情况,并及时补浆,以防止桩顶出现空孔现象。

④对于间隔时间较短就需要进行2序孔施工的情况,可采用掺入适量早强剂的方法。

(5)芯材安设

①芯材采用竹筋笼时,竹筋笼直径不应小于150mm且应居中放置,四片弧面应向里绑扎成形。

②芯材采用H型钢时,插入时应居中放置,使腹板垂直于支护结构轴线,并保证各H型钢在同一条直线上,然后固定在导墙上。

③作为受力主材的芯材,必须在验收合格后才可进行安装。芯材必须对准桩中心垂直插入,不能插偏、插反;吊装时要控制好芯材顶标高,防止过高或过低。

④受力芯材采用型钢等可回收材料时,应刷减摩隔离剂,以减小回收过程中的阻力。

(6)芯材拔出

①芯材采用型钢等可回收材料时,在地下室施工完毕并回填至标高为±0.00 处后需拔出芯材。

②拔出芯材采用高频振动锤或静力拔桩器进行;吊车型号应根据振动锤质量,型钢质量、长度,场地情况,周边环境等综合确定。

③芯材拔出后如出现带土的情况,需及时用水泥土浆或砂浆回填空孔。

当基坑开挖深度较大、土质较软或对基坑变形控制较严格时,除采用传统的增加钻孔直径和H 型钢断面面积的方法外,还可在钻孔后注浆连续墙背后设置扶壁桩,以达到加强竖向支护结构的刚度,减少或取消内支撑结构的目的。同时,需在扶壁式钻孔后注浆连续墙顶部设置连系梁,其可采用钢筋混凝土结构或钢结构。其布置形式如图 2-36 所示。

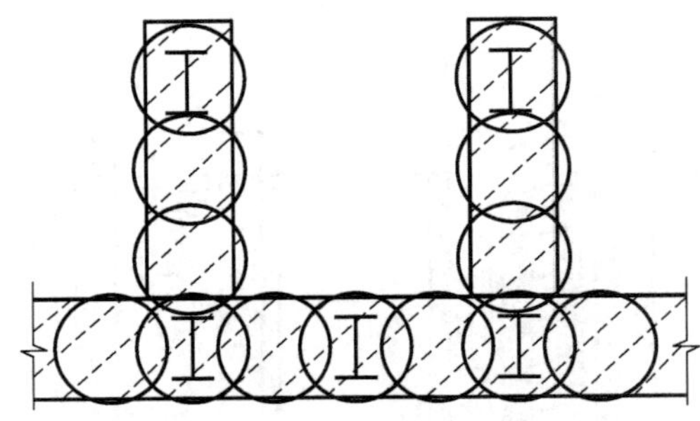

图 2-36 扶壁式钻孔后注浆连续墙扶壁桩、连系梁布置形式

【知识归纳】

基坑开挖是房屋建造的最开始的环节,是房屋建造能否成功的先决条件,因此需要在房屋建造之前对场地的情况有充分的了解,需要对各种类型基坑围护结构的特点有充足的认识。本章对几种常用的基坑围护结构作了简要的介绍,包括具体的支护方法、支护特点及适用条件。之后,本章详细地介绍了包括水泥土重力式围护墙、地下连续墙、灌注桩排桩围护墙、型钢水泥土搅拌墙在内的四种支护方法的设计原理和施工方法。此外,对于工程自身特性良好的场地土,也可采用放坡开挖的形式,但需注意放坡开挖自身的稳定性问题。最后,本章介绍了逆作法施工,并介绍了桩锚与土钉、复合土钉联合支护技术和钻孔后注浆连续墙两种支护新技术,为学生开拓了眼界。

【独立思考】

2-1 基坑支护工程的主要特点是什么?

2-2 简述基坑围护结构的类型及其使用范围。

2-3 如何对放坡开挖的坡面进行保护?

2-4 地下连续墙施工技术有哪些优点和缺点?

2-5 简述地下连续墙的主要施工工艺流程。

2-6 若采用预应力锚杆进行基坑支护,则施工过程中如何对锚杆进行张拉?

2-7 水泥土重力式围护墙的破坏形式有哪几种?请分别叙述。

2-8 简述双轴水泥土搅拌桩的施工工艺流程。

2-9 简述使用逆作拱墙进行基坑支护的特点。

2-10 什么是逆作法施工?其与顺作法施工的差别是什么?其适用于哪些实际工程?

【参考文献】

[1] 朱合华. 地下建筑结构. 2版. 北京:中国建筑工业出版社,2011.
[2] 刘国彬,王卫东. 基坑工程手册. 2版. 北京:中国建筑工业出版社,2009.
[3] 穆保岗,陶津. 地下结构工程. 2版. 南京:东南大学出版社,2012.
[4] 吴能森. 地下工程结构. 武汉:武汉理工大学出版社,2010.
[5] 郑刚. 地下工程. 北京:机械工业出版社,2010.
[6] 中华人民共和国住房和城乡建设部. JGJ 120—2012 建筑基坑支护技术规程. 北京:中国建筑工业出版社,2012.
[7] 中华人民共和国住房和城乡建设部,中华人民共和国国家质量监督检验检疫总局. GB 50007—2011 建筑地基基础设计规范. 北京:中国建筑工业出版社,2011.
[8] 中华人民共和国住房和城乡建设部. JGJ 79—2012 建筑地基处理技术规范. 北京:中国建筑工业出版社,2012.
[9] 中华人民共和国住房和城乡建设部. JGJ 94—2008 建筑桩基技术规范. 北京:中国建筑工业出版社,2008.
[10] 中华人民共和国建设部,中华人民共和国国家质量监督检验检疫总局. GB 50021—2001 岩土工程勘察规范(2009年版). 北京:中国建筑工业出版社,2009.
[11] 中华人民共和国住房和城乡建设部,中华人民共和国国家质量监督检验检疫总局. GB 50108—2008 地下工程防水技术规范. 北京:中国计划出版社,2008.
[12] 中华人民共和国住房和城乡建设部,中华人民共和国国家质量监督检验检疫总局. GB 50330—2013 建筑边坡工程技术规范. 北京:中国建筑工业出版社,2013.

3

浅埋地下工程结构

课前导读

内容提要

本章主要介绍了一般浅埋地下工程结构，如直墙拱形结构、矩形闭合框架和梁板式结构等的结构形式、特点及应用。本章的教学重点及难点为矩形闭合框架的相关计算，包括荷载计算、内力计算、截面设计、抗浮计算等。

能力要求

通过本章的学习，学生应了解几种工程中常见的浅埋地下工程结构，掌握矩形闭合框架的设计要点与计算方法，熟悉矩形闭合框架基本的构造要求，包括配筋形式、混凝土保护层厚度、横向受力筋、纵向分布筋、箍筋、刚性节点构造，以及变形缝的设置及构造等。

3.1 概　　述

埋设在土层中的建筑物，按其埋置深度可分为浅埋地下工程结构和深埋地下工程结构两大类。浅埋地下工程结构是指覆盖土层较薄，不满足压力拱成拱条件[$H \pm (2 \sim 2.5) h_1$，h_1 为压力拱拱高]，或软土地层中覆盖层厚度小于结构尺寸的地下工程结构。作用在结构上的水压力、土压力随埋置深度的增大而增大。确定采用浅埋地下工程结构还是深埋地下工程结构的因素有建筑物的使用要求、工程地质和水文条件、施工能力及防护等级等。

浅埋地下工程结构常采用明挖法施工，比较经济，但在地面环境条件要求比较苛刻的地段也可采用管幕法、箱涵顶进法等暗挖法施工。

3.2 浅埋地下工程结构的主要形式

浅埋地下工程结构的形式很多，主要有以下几种形式：直墙拱形结构、矩形闭合框架和梁板式结构等，或者为以上两种或几种形式的组合结构。

3.2.1 直墙拱形结构

直墙拱形结构，按其拱顶部分的轴线形状可分为半圆拱、割圆拱和抛物线拱等多种形式，如图 3-1 所示。

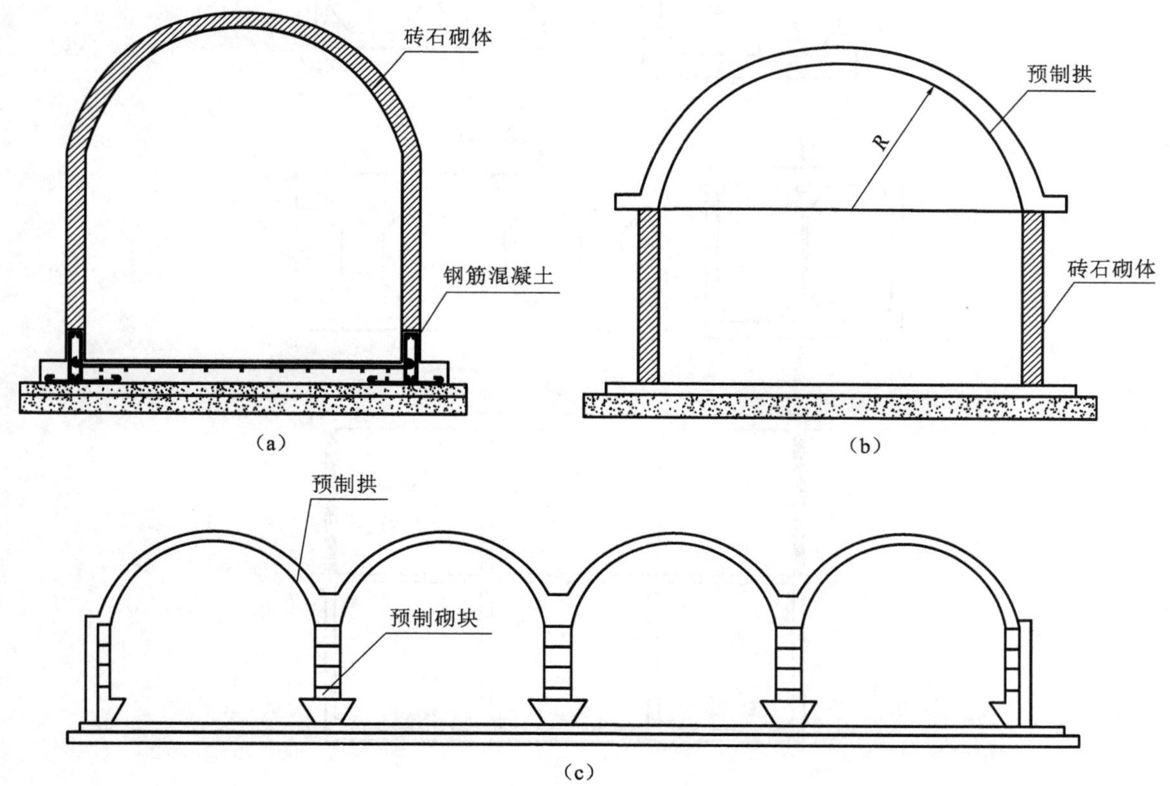

图 3-1　直墙拱形结构

直墙拱形结构在小型地下通道及早期的人防工程中使用广泛，多用在跨度为1.5～4m的结构中。墙体部分通常用砖或块石砌筑；拱体部分视其跨度大小，可以采用砖砌拱、预制钢筋混凝土拱或现浇钢筋混凝土拱，目前以现浇钢筋混凝土拱为主。

从结构受力分析来看，拱形结构主要承受轴向压力，其承受的弯矩和剪力都较小，所以一些抗压性能好的建筑材料（如砖、石、混凝土等）在直墙拱形结构中得到了普遍使用。但直墙拱形结构的空间利用率较矩形闭合框架低。

3.2.2　矩形闭合框架

钢筋混凝土矩形闭合框架在地下工程结构中应用很广泛，主要用于跨度大、整体性和防护等级高的地下工程结构中，在车行立交桥、地铁通道、车站等工程中最为适用。矩形闭合框架具有空间利用率高、挖掘断面经济且易于施工等优点。

在地铁工程中，根据使用要求及荷载、跨度的大小，矩形闭合框架可以分为单跨、双跨、多跨和多层多跨四种。

(1)单跨矩形闭合框架

当跨度较小（一般小于6m）时，可采用单跨矩形闭合框架，如图3-2(a)所示。

(2)双跨和多跨矩形闭合框架

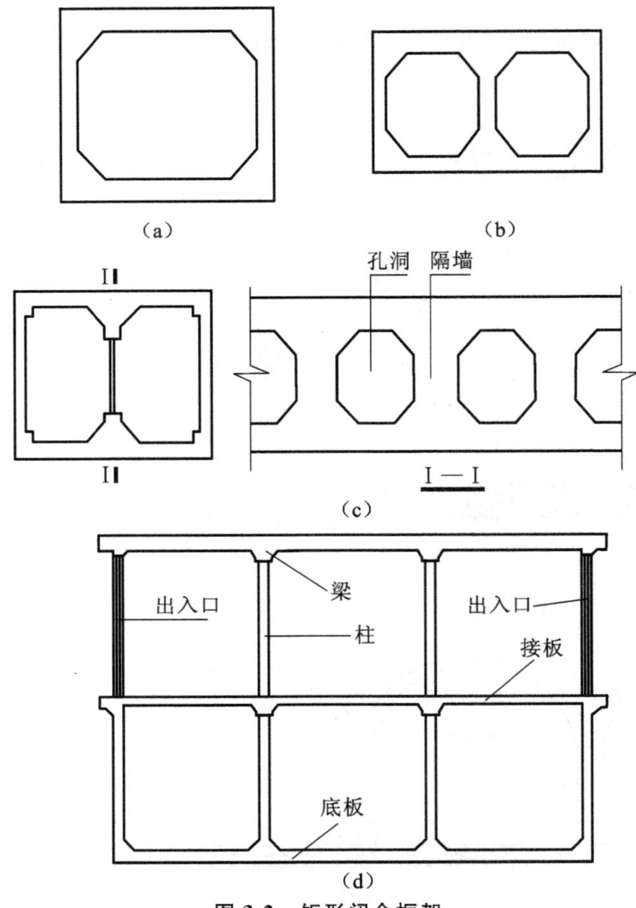

图3-2　矩形闭合框架

(a)单跨矩形闭合框架；(b)双跨矩形闭合框架；(c)双跨开孔矩形闭合框架；(d)双层多跨矩形闭合框架

当结构的跨度较大，或有使用和工艺要求时，矩形闭合框架可设计成双跨或多跨。图 3-2(b)所示为双跨通道。为了改善通风条件和节约材料，双跨和多跨矩形闭合框架的中间隔墙可以开设孔洞，这样还可使结构轻巧、美观，如图 3-2(c)所示。

(3)多层多跨矩形闭合框架

有些地下厂房由于工艺要求必须做成多层多跨矩形闭合框架；地铁车站为了达到换乘的目的，局部也需做成多层多跨矩形闭合框架，如图 3-2(d)所示。

3.2.3 梁板式结构

浅埋地下工程结构中，梁板式结构的使用也很普遍。在地下水位较低的地区或防护等级要求较低的工程中，顶、底板做成现浇钢筋混凝土梁板式结构，而外墙和围墙为砖墙；在地下水位较高或防护等级要求较高的工程中，一般除内部隔墙外，均做成钢筋混凝土箱形闭合框架结构。图 3-3 所示为一梁板式结构地下办公室平面图。

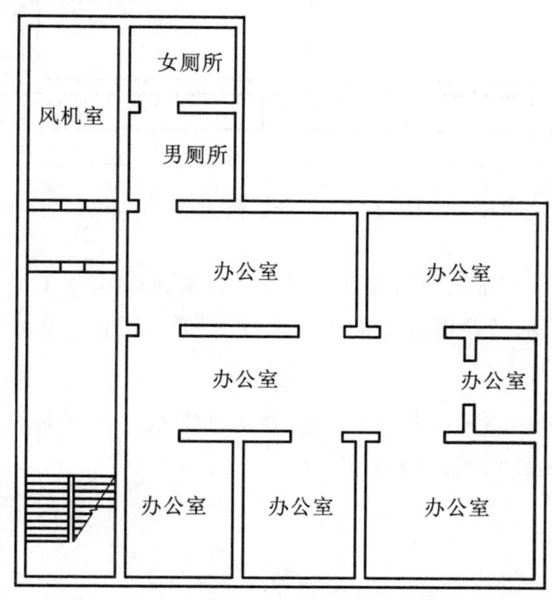

图 3-3 梁板式结构地下办公室平面图

3.3 矩形闭合框架的计算

矩形闭合框架计算通常包括三方面的内容，即荷载计算、内力计算及截面设计，必要时还应进行抗浮计算。

3.3.1 荷载计算

地下工程结构所受的荷载可分为静荷载、活荷载、特殊荷载及地震等偶然荷载四类。静荷载是指长期作用在结构上，且作用点、大小和方向都不变的荷载，如结构自重、土压力及地下水压力等；活荷载是指作用在结构上的使用荷载、设备荷载等；特殊荷载是指常规武器(炮、炸弹)作用或核武器爆炸形成的荷载。特殊荷载的大小按照不同的防护等级和抗震设防等级确定，人防工程的有关规范和抗震有关规范中对其均有明确的规定。处于地震区的地下工程结构，还会受到地震荷载的作用。

(1)顶板荷载

作用于顶板上的荷载包括顶板以上的覆土压力、水压力、顶板自重、路面活荷载 $q_{超}$ 及特殊荷载 $q_{顶}^{t}$,计算简图如图 3-4 所示。

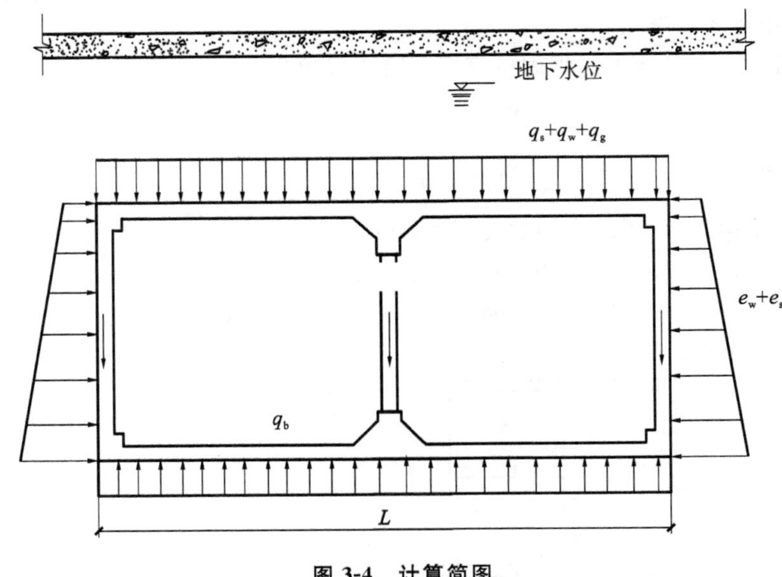

图 3-4 计算简图

①覆土压力。

因为是浅埋地下工程结构,所以计算覆土压力时,只需将结构范围内顶板以上各土层(包括路面材料)的重量之和求出来,然后除以顶板的承压面积即可。覆土压力可用下式计算:

$$q_s = \sum \gamma_i h_i \tag{3-1}$$

式中 γ_i——第 i 层土壤(包括路面材料)的重度,处于地下水位以下时取浮重度 γ_i'($\gamma_i' = \gamma_i - 1$);

h_i——第 i 层土壤(包括路面材料)的厚度。

②水压力。

水压力可用下式计算:

$$q_w = \gamma_w h_w \tag{3-2}$$

式中 γ_w——水的重度,其值等于 1;

h_w——地下水位处至顶板表面的距离。

③顶板自重。

顶板自重可用下式计算:

$$q_g = \gamma d \tag{3-3}$$

式中 γ——顶板材料的重度;

d——顶板的厚度。

则顶板所受的荷载为:

$$q_{顶} = q_s + q_w + q_g + q_{超} + q_{顶}^{t} \tag{3-4}$$

$$q_{顶} = \sum \gamma_i h_i + \gamma_w h_w + \gamma d + q_{超} + q_{顶}^{t} \tag{3-5}$$

(2)底板荷载

一般情况下,人防工程的结构刚度较大,而地基相对较松软,所以假定地基反力为直线分布。作用于底板上的荷载可按下式计算:

$$q_b = q_{顶} + \frac{\sum P}{L} \tag{3-6}$$

式中　$\sum P$——结构顶板以下、底板以上两边墙及中间柱等的重量；

L——结构横断面的宽度。

(3)侧墙荷载

侧墙所受的荷载有土层的侧向土压力、水压力及其他特殊荷载。

①侧向土压力。

$$e_s = \sum \gamma_i h_i \tan^2\left(45° - \frac{\varphi}{2}\right) \tag{3-7}$$

式中　φ——结构埋置处土层的内摩擦角。

此外，地下水位以下土层的 γ_i 取浮重度 γ_i'。

②侧向水压力。

$$e_w = \psi \gamma_w h \tag{3-8}$$

式中　ψ——折减系数，其值依土壤的透水性确定。对于砂土，$\psi=1$；对于黏土，$\psi=0.7$。

h——地下水位处至计算点的距离。

所以，作用于侧墙上的荷载为：

$$q_{侧} = e_s + e_w + q_{侧}^t \tag{3-9}$$

式中　$q_{侧}^t$——作用于侧墙上的特殊荷载。

除上面所述的荷载外，温度变化、沉陷不均匀、材料收缩等因素也会使结构产生内力，但要对其精确地考虑很困难，通常只在构造上采取适当措施，如加配一些构造钢筋，设置伸缩缝和沉降缝等。

处于地震区的地下工程结构还可能受到地震荷载的作用。

3.3.2　内力计算

计算内力时，首先选择合理的计算模型，并初步选择截面尺寸。下面分别加以说明。

(1)计算简图

地下厂房和地铁通道等结构一般纵向很长，横向较短，结构所受的荷载沿纵向大小的变化较小。因此，当不考虑结构纵向不均匀变形时，可将结构变形问题看作平面应变问题。计算时可沿其纵向截取单位长度(如 1m 长)，近似按照矩形闭合框架来计算。为了简便起见，认为杆件等截面(不考虑支托的影响)。图 3-5 所示为一个两孔的矩形闭合框架的计算简图。

一般情况下，框架的顶、底板厚度较内隔墙大得多，中隔墙的刚度相对较小。当侧力不大时，一般将中隔墙视为只承受轴力的二力杆，且计算误差不大。故可以图 3-6 所示计算简图替代图 3-5 所示计算简图。

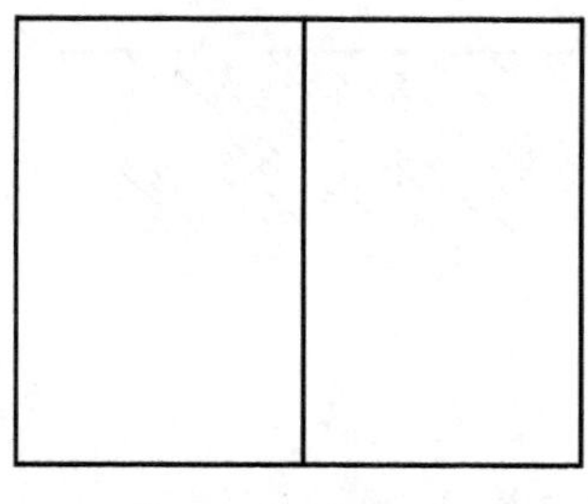

图 3-5　计算简图

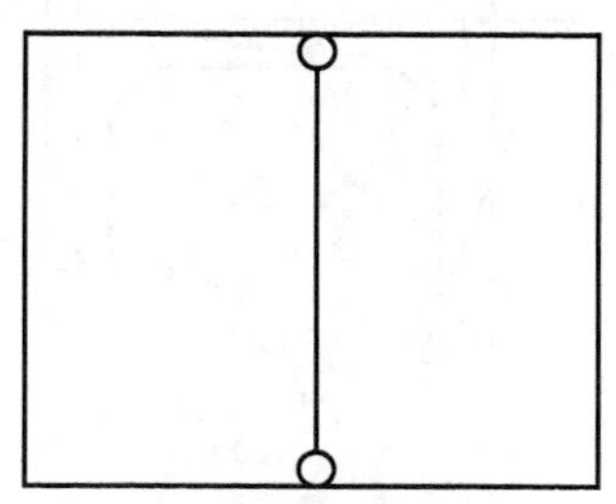

图 3-6　替代计算简图

(2)截面选择

由结构力学可知,计算超静定结构的内力时必须事先知道各杆件的截面尺寸,至少要知道各杆件截面惯性矩的比值,否则无法进行内力计算。但是,确定截面尺寸只有在知道内力之后才能进行。这一矛盾是由杆件系统结构力学理论本身引起的。克服这一矛盾的办法是:在进行内力计算之前,通常先根据以往的经验或近似计算的方法设定各个杆件的截面尺寸,经内力计算后再来验算所设截面是否合适。如不合适,重复上述过程,直至所设截面合适为止。

(3)计算方法

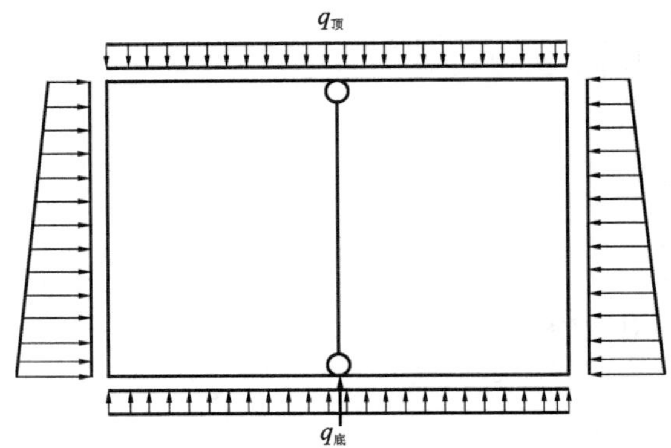

图 3-7 在底板的各个节点上加集中力

①矩形闭合框架一般采用位移法,当不考虑线位移时,以力矩分配法较为简单。

②当荷载上、下方向不平衡时,可在底板的各个节点上加上数值相等的集中力(图 3-7)。

③线位移的数目依据框架的孔数而定,但当荷载、结构均对称时,应相应地减少独立线位移数目。为了简化计算,常不考虑线位移的影响。

(4)设计弯矩、剪力及轴力的计算

用位移法或者力矩分配法求解超静定结构时,直接求得的是节点处的内力(即构件轴线相交处的内力),然后利用平衡条件可以求得各杆件任意截面处的内力(图 3-8)。

①设计弯矩。

由图 3-8(a)可看出,节点弯矩(即构件轴线相交处的内力)比附近截面的弯矩大,此弯矩称为计算弯矩。其对应的截面高度是侧墙的高度。按照最不利截面为弯矩大而截面高度小的截面的原则,侧墙边缘处的截面应为最不利截面。该截面对应的弯矩为设计弯矩[图 3-8(a)]。

对于图 3-8(b)所示隔离体,依平衡条件可得:

$$M_i = M_p - V_p \frac{b}{2} + \frac{q}{2}\left(\frac{b}{2}\right)^2 \tag{3-10}$$

式中 M_i——设计弯矩;

M_p——计算弯矩;

V_p——计算剪力;

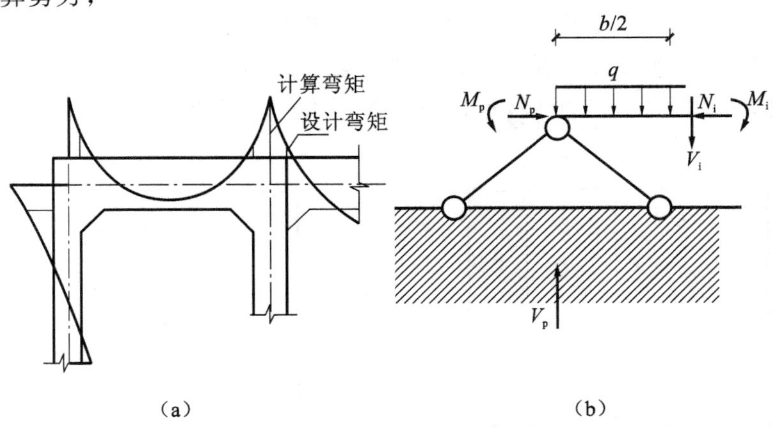

图 3-8 最不利截面内力

b——支座(节点)宽度；

q——作用于杆件上的均布荷载。

设计中可采用以下近似公式计算：

$$M_i = M_p - \frac{1}{3}V_p b \tag{3-11}$$

②设计剪力。

同上，对于剪力，最不利截面仍然位于支座边缘处(图 3-9)。对于图 3-8(b)所示隔离体，可得：

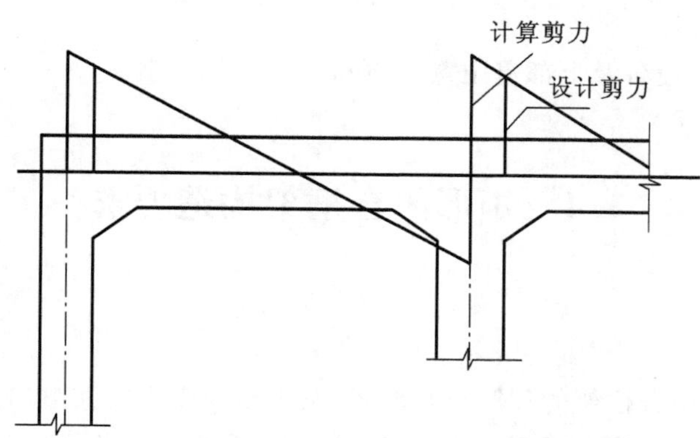

图 3-9 计算剪力与设计剪力

$$V_i = V_p - \frac{q}{2}b \tag{3-12}$$

③设计轴力。

由静荷载引起的设计轴力为：

$$N_i = N_p \tag{3-13}$$

由特殊荷载引起的设计轴力为：

$$N_i^t = N_p^t \xi \tag{3-14}$$

式中 N_p^t——由特殊荷载引起的轴力。

ξ——折减系数，对于顶板，$\xi=0.3$；对于底板和侧墙，$\xi=0.6$。

故设计轴力为：

$$N_i' = N_i + N_i^t$$

3.3.3 截面设计

①矩形闭合框架的构件(顶板、侧墙、底板)均按偏心受压构件进行截面承载力的验算。

②在特殊荷载与其他荷载的共同作用下，按弯矩及轴力对构件进行强度验算时，要考虑材料在特殊荷载作用下强度的提高；而按剪力和扭力对构件进行强度验算时，材料的强度不提高。

③如图 3-10 所示，对于设有支托的框架结构，在进行构件截面承载力验算时，杆件两端的截面计算高度采用 $(h+s/3)$。

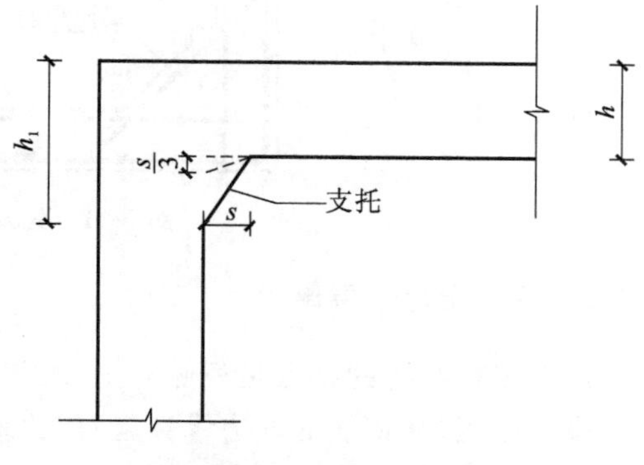

图 3-10 截面计算高度

④当沿结构纵向的覆土厚度、上部建筑物荷载、内部结构形式变化较大，或地层有显著差异时，还应进行结构纵向受力分析。

3.3.4　抗浮计算

为了保证结构不因地下水的浮力而浮起，在设计完成后还需按下式进行抗浮计算：

$$K = \frac{Q_{重}}{Q_{浮}} \geqslant 1.10 \tag{3-15}$$

式中　K——抗浮安全系数；

$Q_{重}$——结构自重、设备及上部覆土重量之和；

$Q_{浮}$——地下水的浮力。

3.4　矩形闭合框架构造要求

3.4.1　配筋形式

图 3-11 所示为矩形闭合框架的配筋分布形式，它由横向受力筋和纵向分布筋等组成。为改善矩形闭合框架的受力条件，一般在角部设置支托，并配支托钢筋。当荷载较大时，需验算其抗剪强度，并配置弯起筋，如图 3-11 所示。

对于考虑动荷载作用的地下工程结构，为提高构件的抗冲击动力性能，构件断面上宜配置双层钢筋。

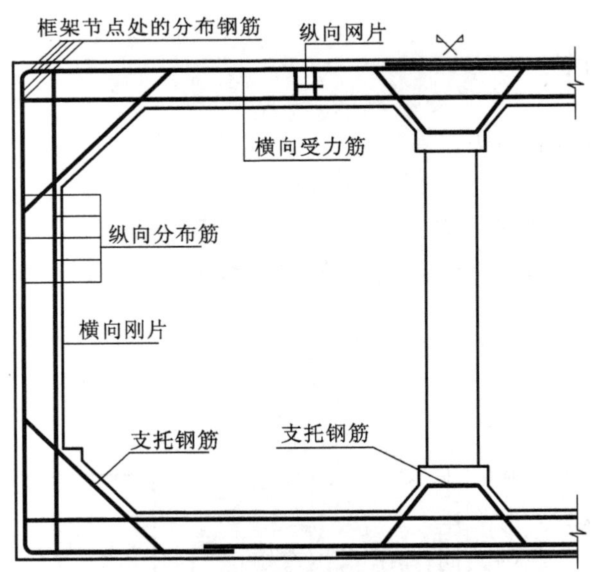

图 3-11　矩形闭合框架的配筋分布形式

3.4.2　混凝土保护层厚度

地下工程结构的特点是外侧与土、水相接触，内侧相对湿度较大。因此，受力钢筋的混凝土保护层最小厚度（从钢筋的外边缘算起）需比地面结构增加 5～10mm，通常可按照《混凝土结构设计规范》(GB 50010—2010)的规定采用，其环境类别应属 b 类。

3.4.3　横向受力筋

钢筋直径选取 32mm 以下；钢筋间距一般不大于 200mm，且不小于 70mm，以方便施工。

3.4.4　纵向分布筋

考虑混凝土的收缩、温差变化、不均匀沉降等因素的作用，必须配置一定数量的构造钢筋。

纵向分布筋的截面面积一般不应小于受力钢筋截面面积的 10%。同时，纵向分布筋的配筋率对顶、底板不宜小于 0.15%，对侧墙不宜小于 0.20%。

3.4.5　箍筋

地下工程结构断面厚度较大，一般可不配置箍筋。当计算需要时，可参照表 3-1 按下述规定配置箍筋：

①矩形闭合框架结构的箍筋间距在绑扎骨架中不应大于 $15d$，在焊接骨架中不应大于 $20d$（d 为受压钢筋中最小直径钢筋的直径），同时不应大于 400mm。

②在受力钢筋非焊接接头长度内，当搭接钢筋为受拉钢筋时，其箍筋间距不应大于 $5d$；当搭接钢筋为受压钢筋时，其箍筋间距不应大于 $10d$（d 为受力钢筋中最小直径钢筋的直径）。

③矩形闭合框架结构的箍筋一般采用"⊏ ⊐"形直钩槽形箍筋。这种箍筋多用于顶、底板，其弯钩必须配置在断面受压一侧。L 形箍筋多用于侧墙。

表 3-1　**箍筋的最大间距**　（单位：mm）

项次	板厚或墙厚	$V \geqslant 0.7f_tbh_0$	$V < 0.7f_tbh_0$
1	$150 < h \leqslant 300$	150	200
2	$300 < h \leqslant 500$	200	300
3	$500 < h \leqslant 800$	250	350
4	$h > 800$	300	500

3.4.6　刚性节点构造

矩形闭合框架转角处的节点构造应保证结构的整体性，即应有足够的强度、刚度及抗裂性。除满足受力要求外，其还要便于施工。

当框架转角处为直角时，应力集中较严重。为缓和应力集中现象，在节点处可加斜托。斜托的垂直长度与水平长度之比以 1∶3为宜。斜托的大小视框架跨度大小而定。

框架节点处钢筋的布置原则如下：

①沿节点内侧不可将水平构件中的受拉钢筋随意弯曲，而应沿斜托另配直线形钢筋（图 3-12），或将此钢筋直接焊在侧墙的横向焊网上。

②对于框架转角部分外侧的钢筋，其弯曲半径 R 必须为所用钢筋直径的 10 倍以上，即 $R \geqslant 10d$。

③为避免在转角部分的内侧产生拉力时内侧钢筋与外侧钢筋无联系，从而使表面混凝土容易剥落，最好在角部配置足够数量的箍筋（图 3-13）。

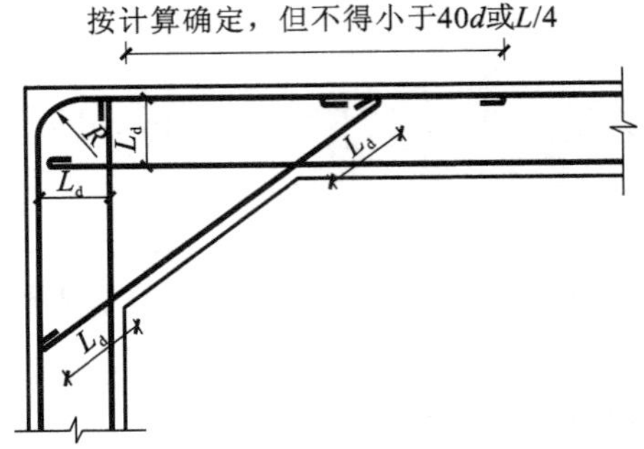

图 3-12　矩形闭合框架节点处钢筋布置图

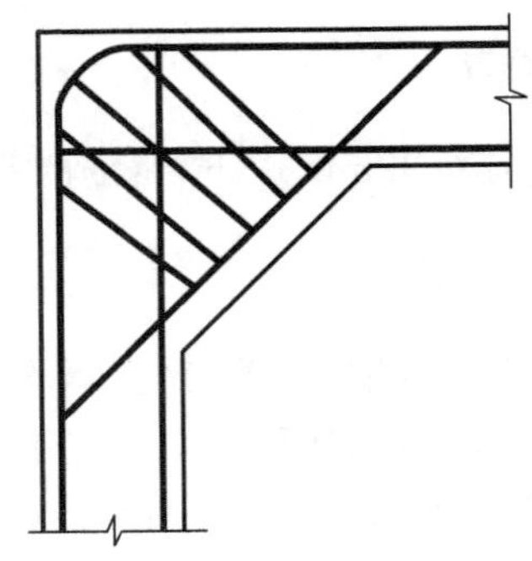

图 3-13　角部箍筋

3.4.7　变形缝的设置及构造

为防止由不均匀沉降、温度变化和混凝土收缩等引起结构破坏，沿结构纵向每隔一定距离需设置变形缝。变形缝的间距为 30m 左右。

变形缝分为两种：一种是为了防止由温度变化或混凝土收缩引起结构破坏而设置的变形缝，称为伸缩缝；另一种是为了防止由不同的结构类型（或结构相邻部分具有不同荷载）或不同地基承载力引起结构不均匀沉降而设置的变形缝，称为沉降缝。

为满足伸缩和沉降需要，变形缝缝宽一般为 20～30mm，缝中填充富有弹性且防水的材料。

变形缝的构造方式很多，主要分三类：嵌缝式、贴附式、埋入式。

（1）嵌缝式

图 3-14 所示为嵌缝式变形缝，其材料可用沥青砂板、沥青板等。为了防止板与结构间有缝隙，在结构内部槽中填沥青胶或环煤涂料（即环氧树脂和煤焦油涂料）等以降低渗水可能性，也可在结构外部贴一层防水层。

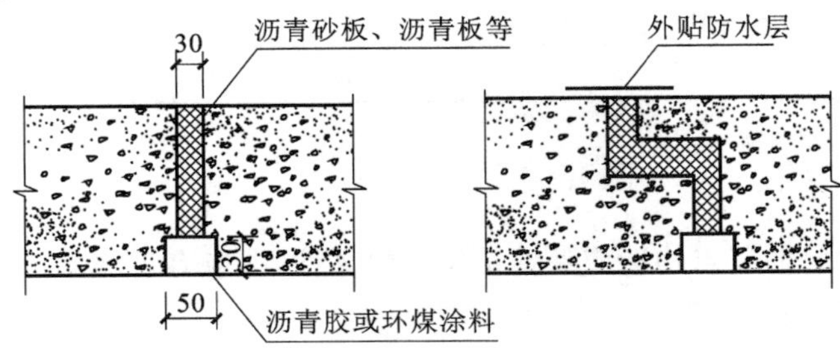

图 3-14　嵌缝式变形缝

（2）贴附式

图 3-15 所示为贴附式变形缝，将厚度为 6～8mm 的橡胶平板用钢板压条及螺栓固定于结构上。

这种方式的变形缝也称为可卸式变形缝。其优点是橡胶平板年久老化后可以拆换，缺点是不易使橡胶平板和钢板压条密贴。这种构造可用于一般地下工程结构中。

（3）埋入式

图 3-16 所示为埋入式变形缝。在浇灌混凝土时，把橡胶或塑料止水带埋入结构中。其优点是防水效果可靠，缺点是橡胶老化问题待改进。这种方法在大型工程中普遍采用。

在有水压且表面温度高于 50℃或受强氧化及油类有机物质侵蚀的地方，可在中间埋设紫铜片止水板，但造价高，如图 3-17 所示。

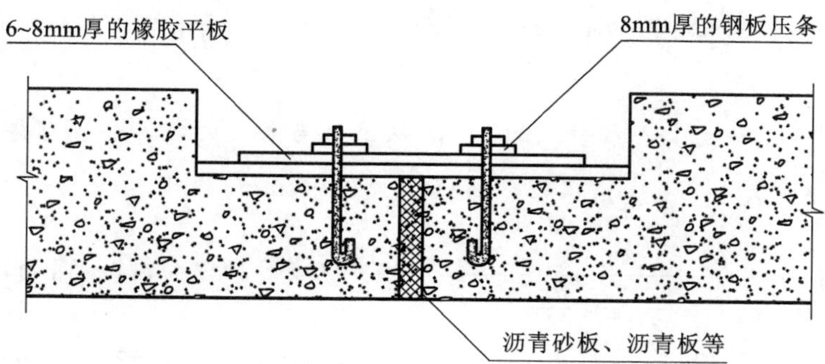

图 3-15 贴附式变形缝

当防水要求很高，承受较大的水压力时，可采用上述三种方式变形缝的组合，称为混合式变形缝。混合式变形缝防水效果好，但施工程序多，造价高。

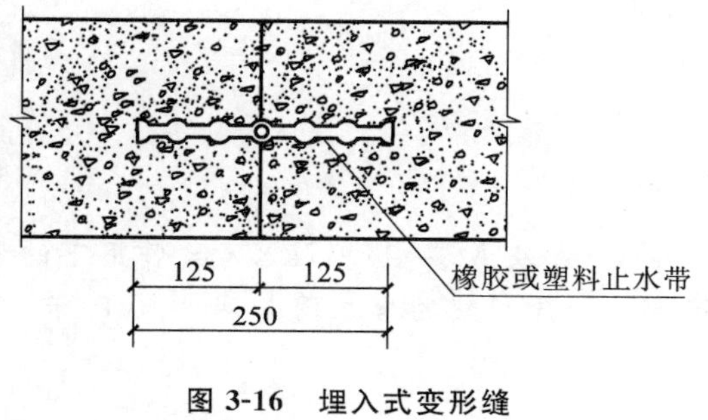

图 3-16 埋入式变形缝

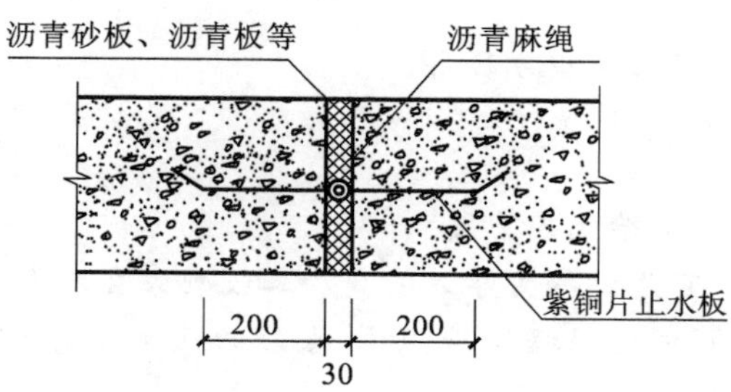

图 3-17 特殊变形缝

3.5 算 例

【例 3-1】 一单跨矩形闭合钢筋混凝土框架通道置于弹性地基上，几何尺寸如图 3-18 所示。横梁承受的均布荷载为 20kN/m²，材料的弹性模量 $E=1.4\times10^4$ Mpa，泊松比 $\upsilon=0.167$；地基的变形模量 $E_0=50$Mpa，泊松比 $\upsilon_0=0.3$。近似按照平面问题计算，绘制此框架弯矩图。

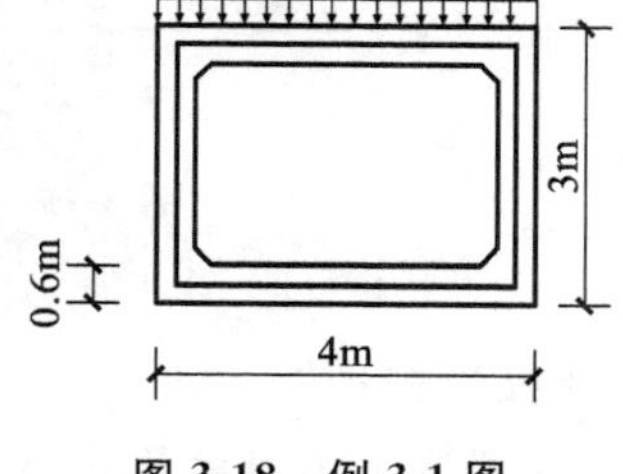

图 3-18 例 3-1 图

【解】 采用二铰刚架简化方法，取基本结构如图 3-19 所示。因结构对称，故可取成组未知力 x，并写出典型方程为：

$$x\delta_{11}+\Delta_{1p}=0$$

(1)求系数 Δ_{1p}

对上部框架，计算 A 点角变 θ'_{Ap}，固定端弯矩 $M^F_{AB}=M^F_{BA}=0$，$M^F_{BC}=26.67\text{kN}\cdot\text{m}$。

$$\theta'_{Ap}=\frac{26.67}{6\dfrac{EJ}{3}+4\dfrac{EJ}{4}}=\frac{8.89}{EJ}\text{（顺时针方向，与 }x\text{ 同向）}$$

对底板：

$$t=10\frac{E_0(1-\upsilon^2)}{E(1-\upsilon_0^2)}\left(\frac{l}{h}\right)^3=10\times\frac{50\times(1-0.167^2)}{1.4\times10^4\times(1-0.3^2)}\times\left(\frac{2.0}{0.6}\right)^3=1.0$$

$$\theta''_{Ap}=-0.252\times\frac{40\times2.0^2}{EJ}=-\frac{40.4}{EJ}\text{（顺时针方向，与 }x\text{ 反向）}$$

$$\Delta_{1p} = \theta'_{Ap} + \theta''_{Ap} = \frac{8.89}{EJ} - \frac{40.4}{EJ} = -\frac{31.51}{EJ}$$

(2)求系数 δ_{11}

对上部框架，因 $M_{AB}=-1$、$M_{BA}=0$、$M_{BC}=0$，从位移与角变的计算公式可得 A 点角变公式为 $\left(Q\frac{K_2}{K_1}=\frac{J_2}{4}\cdot\frac{3}{J_1}=0.75\right)$：

$$\theta'_{A1} = \frac{-(2+0.75)\times(-1)}{6\frac{EJ}{3}+4\frac{EJ}{4}} = \frac{0.917}{EJ}\text{（顺时针方向，与 } x \text{ 同向）}$$

对底板，因为 $t=1$、$\alpha=1$、$\xi=1$，查弹性地基梁有关系数表得系数值 $\overline{M}=-0.952$，则

$$\theta''_{A1} = -0.952\times\frac{1\times2.0}{EJ} = -\frac{1.904}{EJ}\text{（逆时针方向，与 } x_1 \text{ 同向）}$$

$$\delta_{11} = \theta'_{A1} + \theta''_{A1} = \frac{0.917}{EJ} + \frac{1.904}{EJ} = \frac{2.821}{EJ}$$

代入典型方程得：

$$x = \frac{31.51}{2.821} = 11.17$$

(3)绘制内力图

可用结构力学方法叠加二铰刚架在均布荷载 $q=20\text{kN/m}^2$ 及 $M_A=11.17\text{kN}\cdot\text{m}$ 作用下的弯矩图，同时根据 A 点及 D 点处的反力及弯矩计算底板弯矩。此框架的弯矩图如图 3-20 所示。J 为梁柱线刚度。

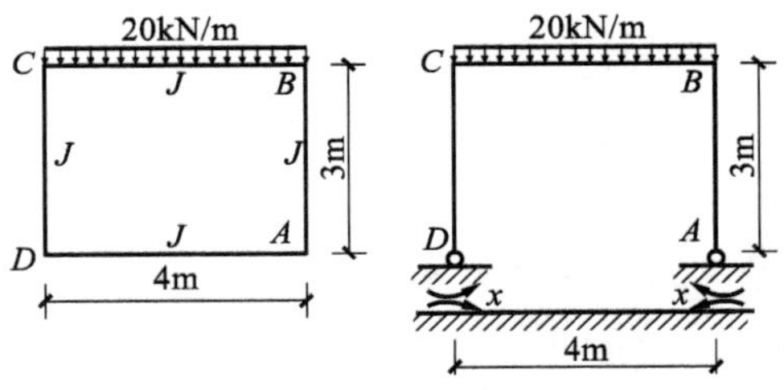

图 3-19 基本结构

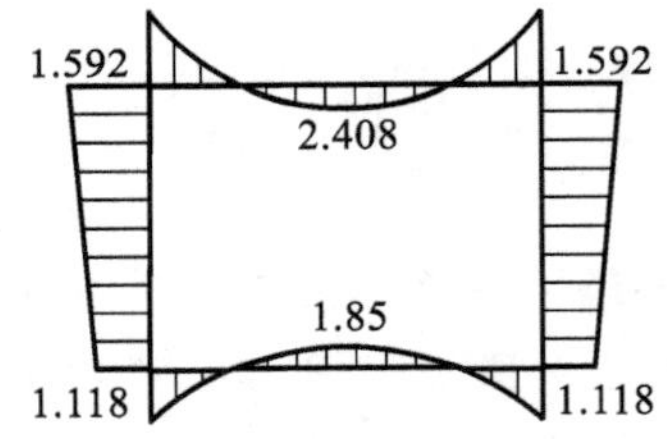

图 3-20 弯矩图(单位:kN·m)

【知识归纳】

浅埋地下工程结构的形式主要有直墙拱形结构、矩形闭合框架和梁板式结构等，或者以上两种或几种形式的组合结构。地下工程结构所受的荷载可分为静荷载、活荷载、特殊荷载及地震等偶然荷载四类。计算矩形闭合框架时，首先选择合理的计算简图，并初步假设截面的尺寸。在配筋设计时，除了按照计算配筋，还要考虑构造配筋。

【独立思考】

3-1 何为浅埋式地下工程结构？

3-2 浅埋式地下工程结构上有哪些荷载作用？如何计算？

3-3 矩形闭合框架的计算原理是怎样的？如何简化？

3-4 一双跨对称矩形闭合框架的几何尺寸及作用荷载如图 3-21 所示。底板厚度为 0.5m，材料的弹性模量 $E=2.0\times10^7\text{kN/m}^2$，地基的弹性模量 $E_0=5000\text{kN/m}^2$。设为平面变形问题，绘出

此框架弯矩图。

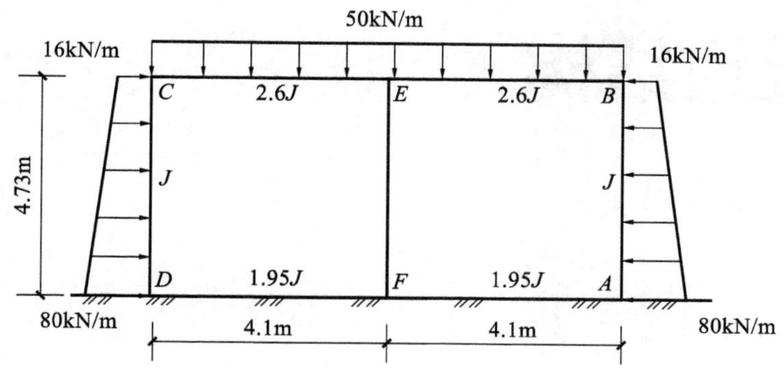

图 3-21　独立思考 3-4 图

【参考文献】

[1] 张子新,孙钧.二十一世纪上海大都市发展与地下空间开发. 地下空间,1999(2):126-130.
[2] 孙钧,侯学渊.地下结构.北京:科学出版社,1987.
[3] 孙钧.地下工程设计理论与实践.上海:上海科学技术出版社,1996.
[4] 刘建航,侯学渊.软土市政地下工程施工技术手册.北京:中国建筑出版社,1990.
[5] 谷兆祺,彭守拙,李仲奎.地下洞室工程. 北京:清华大学出版社,1994.
[6] 龚维明,童小东,缪林昌,等.地下结构工程.南京:东南大学出版社,2004.
[7] 张庆贺.地下工程.上海:同济大学出版社,2005.

4

盾构隧道结构

课前导读

内容提要

本章的主要内容包括盾构机及盾构推进，装配式圆形衬砌结构构造，衬砌内力计算与管片截面设计方法等。本章的教学重点为盾构推进、装配式圆形衬砌结构、衬砌内力计算与管片截面设计方法，教学难点为管片截面设计方法。

能力要求

通过本章的学习，学生应熟悉盾构推进方法、装配式圆形衬砌结构，掌握盾构推进技术、装配式圆形衬砌管片构造、衬砌内力计算方法、管片截面设计方法。

4.1 概　　述

盾构隧道专指利用盾构机进行隧道开挖、衬砌拼装等作业的隧道。盾构机是一种钢制活动防护装置或活动支撑，是在含水软弱地层及城市居民区修建隧道的一种专业施工机械。盾构机头部开挖地层，尾部装配预制管片，可以迅速地拼装成隧道永久衬砌结构。盾构机推进主要依靠内部设置的千斤顶。

盾构机是19世纪初期发明的，在开挖英国伦敦泰晤士河水底隧道中首次得到成功应用。盾构机主要由五部分组成：壳体、掘进系统、排土系统、衬砌拼装系统和辅助注浆系统。盾构机的壳体由切口环、支撑环和盾尾三部分组成，并与外壳钢板连成一体；排土系统主要由切削土体的刀盘、泥土仓、螺旋出土器、皮带传送机、泥浆运输车等部分组成。

盾构法与其他隧道施工方法相比，具有如下特点：

①在盾构机壳体的掩护下进行土体开挖和衬砌作业有足够的安全性；

②盾构隧道施工不影响地面交通和河道通航；

③施工不受气候条件影响；

④具有对环境影响较小等优点，但对断面尺寸多变区段的适应能力差。

4.2 盾构机及盾构推进

4.2.1 盾构机简介

盾构机（图4-1）是一种隧道专用掘进机械，具有开挖切削土体、输送土碴、拼装衬砌、测量导向纠偏等功能。目前，其已广泛用于地铁、铁路、公路、市政、水电、煤矿等隧道工程中。

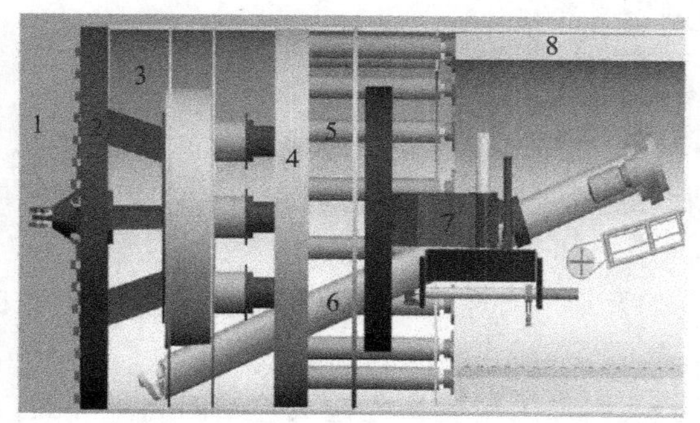

图4-1　盾构机构造示意图

1—土体；2—刀盘；3—平衡仓；4—压力墙；5—千斤顶；6—土体输送机；7—管片拼装机；8—管片结构

盾构机的基本工作原理就是一个柱体的钢制组件沿隧洞轴线边向前推进，边对土壤进行挖掘。护盾对未衬砌的隧洞段起着临时支撑作用，承受周围水、土层的压力。挖掘、排土、衬砌等作业均在护盾的掩护下进行。

4.2.2 盾构推进

4.2.2.1 盾构开挖

(1)敞开式开挖

手掘式及半机械式盾构机均为敞开式开挖。这种方式适用于地质条件好,开挖面在掘进中能维持掌子面稳定或在有辅助措施时能维持掌子面稳定的情况。其开挖程序一般是从顶部开始逐层向下挖掘。若土质较差,可以借助支撑千斤顶加撑板对开挖面进行临时支撑。根据其切口长度,每环可分多次开挖和推进。

(2)网格式开挖

采用网格式开挖时,由网格梁与隔板将开挖面分成许多格子。开挖面的支撑作用是由土的黏聚力和网格厚度范围内的阻力产生的。盾构推进时,克服了这项阻力,土体就会从格子里呈条状被挤出来。要根据土的性质调节网格的开挖面积。采用网格式开挖时,在所有千斤顶缩回后会产生较大的盾构后退现象,导致地表沉降,因此施工时要防止盾构后退。

(3)挤压式开挖

全挤压式和局部挤压式开挖由于不出土或只部分出土,对土层有较大的扰动,在进行线路设计时应尽量避开地面建筑物。局部挤压式开挖时,要严格控制出土量,以减小和控制地表变形。全挤压式开挖时,盾构把四周一定范围内的土体挤密。由于只有上部有自由面,因此大部分土体被挤向地表,小部分土体则被挤向盾尾及盾构下部,建筑空隙自然得到充填。

(4)机械切削开挖

机械切削开挖适用于各类土层,尤其适用于极易坍塌的砂性土层长隧道,可连续掘进挖土。开挖时,由旋转刀盘切削产生的渣土经过刀盘上的预留槽口进入泥土仓,经提升和流入漏斗后,通过皮带传送机运至出土车。目前采用的泥水平衡盾构、土压平衡盾构是这种开挖方式的典型例子。

4.2.2.2 盾构偏向及纠偏

(1)盾构偏向的原因

盾构操作主要是使盾构运动轨迹始终在设计轴线容许偏差范围内,以达到隧道衬砌拼装在理想位置上的目的。盾构在地层中推进时导致偏向的因素很多,主要有以下几种。

①地质条件因素。

其指由于地层土质不均匀及地层有卵石或其他障碍物,造成正面及四周的阻力不一致。

②机械设备因素。

其指各千斤顶工作不同步,因加工精度误差造成伸出阻力不一致;由于盾构外壳形状存在误差,设备在盾构内安置偏向某一侧,使千斤顶安装后轴线不平行。

③施工操作因素。

部分千斤顶使用频率过高,导致衬砌环缝的防水材料压密量不一致,累积后使推进后座面不正,挤压式开挖推进时有明显上浮;盾构下部土体如过量流失,则会引起盾构下沉。

(2)盾构的纠偏

①千斤顶编组的调整。

调整千斤顶编组,使千斤顶合力与外力合力组成一个有利于纠偏的力偶,从而调整高程位置及平面位置。

②盾构纵坡的控制。

采用变坡法或稳坡法控制纵坡来调整盾构高程，以及盾构与已成管片端面间的间隙。

③开挖面阻力的调整。

当调整千斤顶编组无法达到纠偏目的时，可调整开挖面阻力，也就是人为地改变阻力的合力作用点位置，从而得到一个理想的纠偏力偶，以达到控制盾构轴线的目的。

④盾构自转的控制。

当盾构有轻微自转时，可用盾构内的举重臂、转盘等大型旋转设备的使用来纠正；当自转量较大时，可采用压重的方法使其形成一个纠偏旋转力偶。

4.2.2.3 衬砌壁后压浆

为防止地表沉降，必须将盾尾和衬砌之间的建筑空隙及时压浆充填。压浆可以改善隧道衬砌的受力状态，增强衬砌的防水性能，有利于盾构推进纠偏，是盾构施工中的关键工序。

(1)压浆材料

常用压浆材料拌制成的浆体要满足下列要求：

①和易性要好。

②凝结时间要合适。

③有一定的强度。

④收缩率要小。

⑤具有一定的抗渗能力。

目前通常采用无水泥的压浆材料，它是用石灰、膨润土(或黏土)、磨细粉煤灰和砂配置而成的。

(2)压浆设备

隧道内的压浆设备由压浆泵、软管、连接管片压浆孔的旋塞注浆嘴、管路接头、阀门等组成。目前，压浆泵一般采用活塞式压浆泵或自吸式压浆泵。

(3)压浆方法

①二次压注法。

二次压注法即当盾构推进一环后，立即用风动压注机通过衬砌管片的压注孔向衬砌壁后的建筑空隙中注入豆粒砂，以防止地层坍塌。继续推进5～8环后，再用压浆泵将水泥类浆体灌入砂间空隙，使之固结。二次压注法施工烦琐，压注豆粒砂不易保证建筑空隙密实，尤其是拱顶部分，灌注水泥类浆体时也难填满砂间空隙。此外，采用二次压注法后地表沉降略大，后期常需进行补充压浆，但对保护盾尾密封装置有利。

②一次压注法。

若地层条件较差，盾尾空隙一出现就会发生坍塌，则希望盾尾空隙内始终保持一定的压力。在这种情况下宜采取一次压注法，即盾尾空隙出现后立即压注水泥砂浆，并保持一定压力。一旦出现压浆故障，盾构也要暂停推进。这种工艺对盾尾密封装置要求较高，容易发生盾尾漏浆，须采取有效的堵漏措施。

4.3 装配式圆形衬砌

装配式圆形衬砌一般是由分块的预制管片在盾尾拼装而成的。按照管片所在位置及拼装顺序的不同，管片可划分为标准块、邻接块和封顶块。根据工程需要，组成衬砌的预制构件有铸铁、钢、混凝土、钢筋混凝土管片之分。我国目前广泛使用的是钢筋混凝土管片。与整体式现浇衬砌相比，装配式圆形衬砌的特点在于：

①安装后能立即承受荷载。

②管片生产工厂化，质量易于保证；管片安装机械化，方便快捷。

③在其接缝处防水需要采取特别有效的措施。

近年来，国外研究出在盾尾后现浇混凝土的挤压式衬砌工艺，即盾尾浇捣而未硬化的混凝土处于高压作用下作为盾尾推进的后座，盾尾在推进过程中不产生建筑空隙，空隙由注入的混凝土直接填充。挤压式衬砌工艺的特点是：

①自动化程度高，施工速度快；

②整体式衬砌结构可以达到理想的受力、防水和使用效果；

③采用钢纤维混凝土能提高薄形衬砌的抗裂性能；

④在渗透性较大的砂砾层中要达到防水要求还有困难。

4.3.1 装配式圆形衬砌管片的分类

(1)钢筋混凝土管片

①箱形管片一般用于较大直径的隧道，单块管片质量较小，管片强度不如平板形管片，在盾构顶力作用下易开裂(图 4-2)。

②平板形管片(图 4-3)用于直径较小的隧道，单块管片质量较大，对盾构千斤顶顶进力具有较强的抵抗能力，正常运营时对隧道通风阻力较小。

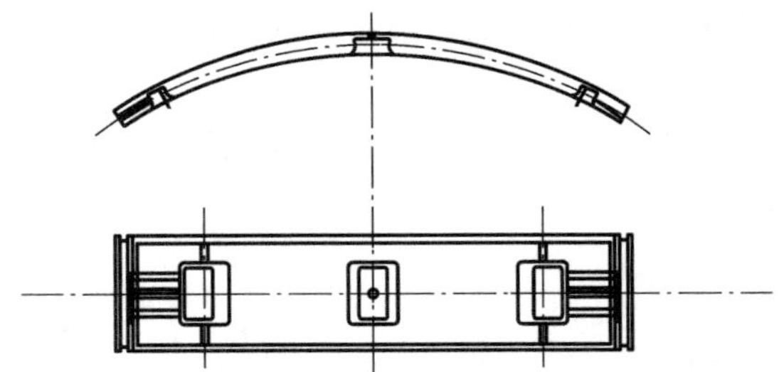

图 4-2 箱形管片(钢筋混凝土管片)

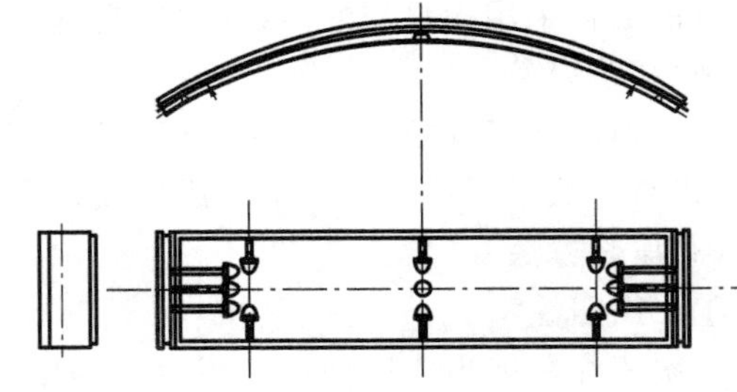

图 4-3 平板形管片(钢筋混凝土管片)

(2)铸铁管片(图 4-4)

国外在饱和含水不稳定地层中修建隧道时较多采用铸铁管片。最初采用的铸铁管片材料为灰口铸铁，第二次世界大战后逐步改用球墨铸铁，其延性和强度接近钢材，因此管片质量较轻，耐蚀性好，机械加工后精度高，能有效地防渗抗漏。其缺点是金属消耗量大，机械加工量大，价格昂贵。近十年来，其已逐步被钢筋混凝土管片取代。由于铸铁管片具有脆性破坏的特性，故不宜用作承受冲击荷载的隧道衬砌结构。

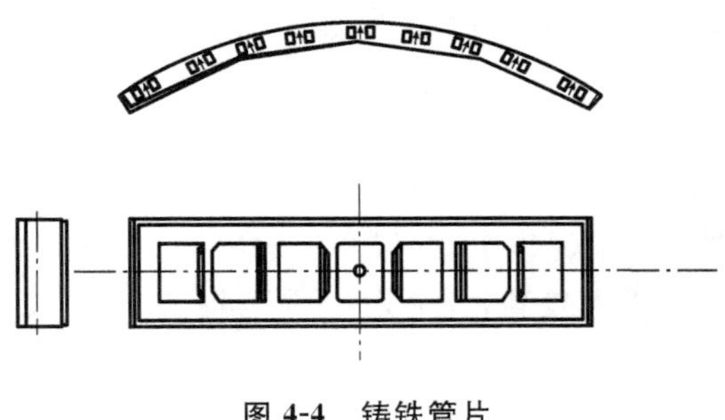

图 4-4 铸铁管片

4.3.2　装配式圆形衬砌管片的构造

4.3.2.1　环宽与厚度

(1)环宽

根据国内外实践经验,无论是钢筋混凝土管片还是铸铁管片,环宽一般为 300～2000mm,常用的是 750～1000mm。环宽过小会导致接缝数量的增加,进而加大隧道防水的困难;过大的环宽虽对防水有利,但会使盾尾长度增大而影响盾构的灵敏度,也会使单块管片质量增大。一般来说,大隧道的环宽可以比小隧道的大一些。

盾构在曲线段推进时还必须设有楔形管片,楔形管片尺寸按隧道曲率半径计算。

(2)厚度

管片厚度一般为 250～600mm。

4.3.2.2　分块

单线地下铁道隧道一环衬砌一般可分成 6～8 块管片,双线地下铁道隧道衬砌一般可分成 8～10 块管片。小断面隧道可分成 4～6 块管片。衬砌圆环的分块主要依管片制作、运输、安装等方面的实践经验而定。但也有少数从受力角度考虑采用 4 等份管片,把管片接缝设置在内力较小的 45°或 135°处,使衬砌圆环具有较好的刚度和强度,接缝构造也相应得到简化。管片的最大弧长、弦长一般较少超过 4m,管片越薄,其长度应越短。

4.3.3　装配式圆形衬砌管片的拼装

(1)拼装形式

衬砌圆环的拼装形式有通缝拼装、错缝拼装两种。所有衬砌圆环的纵缝环环对齐的拼装形式称为通缝拼装;而环件纵缝相互错开,犹如砖砌体一样的拼装形式称为错缝拼装。

衬砌圆环采用错缝拼装较普遍,其优点在于能加强圆环接缝刚度,约束接缝变形,圆环可近似地按匀质刚度考虑。当管片制作精度不够高时,采用错缝拼装形式容易使管片在盾构推进过程中被顶碎。另外,在错缝拼装条件下,衬砌圆环、纵缝相交处呈丁字形,而通缝拼装条件下则为十字形,在接缝防水方面丁字缝比十字缝较易处理。

(2)环、纵向连接

环向螺栓根据衬砌接缝的内力情况可设置成单排或双排。一般在直径较大的隧道内,按内力设计的管片厚度较大,常在管片的纵向接缝上设置双排螺栓,外排螺栓抵抗负弯矩,内排螺栓抵抗正弯矩,每一排螺栓配有 2～3 只螺栓;对小直径隧道则采用单排螺栓,单排螺栓孔一般设置在距隧道内侧 $h/3$(h 为衬砌厚度)处。

设置纵向螺栓的目的是使隧道衬砌结构具有抵抗隧道纵向变形的能力,一块管片设 3～4 个纵向螺栓。纵向螺栓孔设置在距隧道内侧$(1/4\sim1/3)h$ 处。

环、纵向螺栓孔一般比螺栓直径大 3～6mm,螺栓一般采用高强度合金钢直螺栓。

4.4　衬砌内力计算与管片截面设计

隧道建设费用中,隧道衬砌费用往往占整个隧道工程造价的 40%～50%。为此,隧道衬砌结构设计必须遵守安全可靠、经济合理的原则。

4.4.1 衬砌内力计算方法

圆形隧道衬砌内力的计算方法较多。在饱和含水层中，因内摩擦角 φ 值很小，主动与被动土压力几乎是相等的，结构变形不能产生很大的抗力，故常假定结构可以自由变形，不受地层约束，认为衬砌圆环只是在外部荷载及与之平衡的底部地层反力的作用下工作(假定地层反力沿衬砌圆环水平投影均匀分布)。结构承载能力由其材料性能及截面尺寸大小决定。

装配式圆形衬砌根据不同的防水要求选择不同的连接构造，无论采用错缝拼装还是采用通缝拼装都按整体考虑。事实上，接缝处的刚度远远小于无缝断面的刚度，与整体式等刚度圆形衬砌差异较大。日本采用接头刚度折减系数法，对于铸铁管片，$\eta=0.9\sim1.0$；对于钢筋混凝土管片，$\eta=0.5\sim0.7$(η 为接头刚度折减系数)。但为了便于计算，特别是早期的铸铁(钢筋混凝土)管片采用纵向双排螺栓、错缝拼装连接，仍近似地将这种圆环视为整体式等刚度均质圆环。

简而言之，在饱和含水地层中，上述按整体式等刚度自由变形均质圆环计算的方法尽管存在着一些问题，但仍然得到了较为普遍的应用，是一种常用方法。

(1)按自由变形均质圆环计算内力

在饱和含水软土地层中，主要出于工程上的防水要求，由装配式圆形衬砌组成的衬砌圆环接缝必须具有一定的刚度，以减小接缝变形量。由于相邻环间错缝拼装，并设置了一定数量的纵向螺栓或在环缝上设有凸凹榫槽，使纵缝刚度有了一定的提高，因此圆环可以近似认为是均质刚性圆环。

由于荷载具有对称性，故整个圆环为二次超静定结构。按结构力学原理，可解出其各个界面上的 M、N 值。圆环断面内力见表 4-1。

表 4-1 **断面内力表**

荷载	荷重位置	内力		p
		$M/(\mathrm{t\cdot m})$	N/t	
自重	$0\sim\pi$	$gR_H^2(1-0.5\cos\alpha-\alpha\cos\alpha)$	$gR_H(\alpha\cos\alpha-0.5\cos\alpha)$	g
竖向土压力	$0\sim\frac{\pi}{2}$	$qR_H^2(0.193+0.106\cos\alpha-0.5\sin^2\alpha)$	$gR_H(\sin^2\alpha-0.106\cos\alpha)$	q_1
	$\frac{\pi}{2}\sim\pi$	$qR_H^2(0.693+0.106\cos\alpha-\sin\alpha)$	$gR_H(\sin\alpha-0.106\cos\alpha)$	
均布底部竖向力	$0\sim\frac{\pi}{2}$	$p_RR_H^2(0.057-0.106\cos\alpha)$	$0.106p_RR_H\cos\alpha$	p_R
	$\frac{\pi}{2}\sim\pi$	$p_RR_H^2(-0.443+\sin\alpha-0.106\cos\alpha-0.5\sin^2\alpha)$	$p_RR_H(\sin^2\alpha-\sin\alpha-0.10\cos\alpha)$	
水压力	$0\sim\pi$	$-R_H^2(0.5-0.25\cos\alpha-0.52\sin\alpha)$	$R_H^2(1-0.25\cos\alpha-0.52\sin\alpha)+HR_H$	
均布主动土压力	$0\sim\pi$	$p_1R_H^2(0.25-0.5\cos^2 a)$	$p_1R_H\cos^2\alpha$	p_1
三角形主动土压力	$0\sim\pi$	$p_2R_H^2(0.25\sin^2\alpha+0.083\cos^3\alpha-0.063\cos\alpha-0.125)$	$p_2R_H\cos\alpha(0.063+0.5\cos\alpha-0.25\cos^2\alpha)$	p_2

注：R_H 为衬砌计算半径，m；α 为计算断面与圆环垂直轴间的夹角。

(2)考虑围岩侧向弹性抗力时的圆环内力计算

圆环仍按均质等刚度圆环考虑。荷载分布详见图 4-5。围岩抗力分布在水平直径上下各 45°范围内。在水平直径处，有：

$$p_k=ky(1-\sqrt{2}\,|\cos\alpha|) \tag{4-1}$$

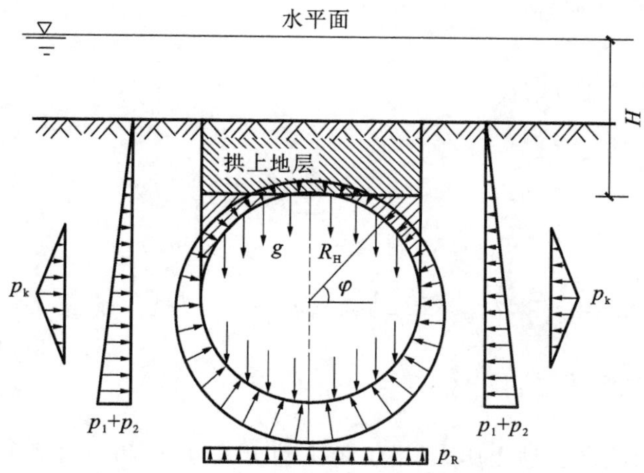

图 4-5 计算简图

圆环水平直径处受荷后最终的半径变形值为：

$$y=\frac{(2q-p_1-p_2+\pi q)R_H^4}{24(\eta EJ+0.045kR_H^4)} \tag{4-2}$$

式中 η——圆环刚度折减系数。

由 p_k 引起的圆环内力 M、N、Q 参见表 4-2。将由 p_k 引起的圆环内力和由其他衬砌外荷载引起的圆环内力叠加，即得最终的圆环内力。

表 4-2 **由 p_k 引起的圆环内力**

内力	$0\leqslant\alpha\leqslant\frac{\pi}{4}$	$\frac{\pi}{4}\leqslant\alpha\leqslant\frac{\pi}{2}$
M	$(0.2346-0.3536\cos\alpha)p_kR_H^2$	$(-0.3487+0.5\cos^2\alpha+0.2357\cos^3\alpha)p_kR_H^2$
N	$0.3536\cos\alpha p_kR_H$	$(-0.707\cos\alpha+\cos^2\alpha+0.707\sin^2\alpha\cos\alpha)p_kR_H$
Q	$0.3536\sin\alpha p_kR_H$	$(\sin\alpha\cos\alpha-0.707\cos^2\alpha\sin\alpha)p_kR_H$

(3)按多铰圆环计算圆环内力

在围岩能明确地提供弹性抗力的条件下，装配式圆形衬砌圆环可按多铰圆环计算。多铰圆环的接缝构造可分为设置螺栓，不设置螺栓而代以各种几何形状的榫槽等形式。

按多铰圆环计算有多种方法，典型方法为日本山本法。山本法的计算原理为多铰衬砌圆环在主动土压力和被动土压力作用下产生变形，圆环由不稳定结构逐渐转变成稳定结构，变形过程中铰不发生突变。这样，多铰衬砌圆环在地层中就不会发生破坏，能发挥结构机能。其基本假设为：

①适用于圆环结构。

②衬砌圆环在转动时，管片或砌块视作刚体。

③衬砌圆环外围土压力按均布变形式分布，土压力的计算要满足对衬砌圆环稳定性的要求，土压力的作用方向全部指向圆心。

④计算中不计圆环与土壤介质间的摩擦力，这在结构稳定性方面是偏于安全的。

⑤土压力和变位间的关系按文克勒公式建立。

4.4.2 衬砌荷载计算

作用在衬砌圆环上的荷载分为基本荷载(基本使用阶段)、临时荷载(施工阶段)和特殊荷载。

(1)基本荷载(衬砌环宽按 1m 考虑)

荷载计算简图如图 4-5 所示。

①垂直荷载。

垂直荷载 q 由以下三部分组成。

竖向土压力为：

$$q_1 = \sum_{i=1}^{u} \gamma_i h_i \tag{4-3}$$

拱背土压力为：

$$q_2 = 2\left(\gamma R_{\mathrm{H}}^2 - \frac{\gamma \pi R_{\mathrm{H}}^2}{4}\right) = 2\gamma R_{\mathrm{H}}^2\left(1 - \frac{\pi}{4}\right) = 0.43\gamma R_{\mathrm{H}}^2 \tag{4-4}$$

此外，还包括地面超载 q_3。

②水平荷载。

水平荷载 p 即地层侧向主动土压力，由均匀主动土压力 p_1 和三角形主动土压力 p_2 组成。

均匀主动土压力为：

$$p_1 = q_1 \tan^2\left(45° - \frac{\varphi}{2}\right) - 2c\tan\left(45° - \frac{\varphi}{2}\right) \tag{4-5}$$

三角形主动土压力为：

$$p_2 = 2\gamma R_{\mathrm{H}} \tan^2\left(45° - \frac{\varphi}{2}\right) \tag{4-6}$$

式中，γ、φ、c 分别取各个土层该值的加权平均值。

③水压力。

水压力按静水压力考虑，具体如下。

顶部垂直向下的水压力为：

$$q'_{\mathrm{w}} = \gamma_{\mathrm{w}} H \tag{4-7}$$

底部垂直向上的水压力为：

$$q''_{\mathrm{w}} = \lambda_{\mathrm{w}}(H + 2R_{\mathrm{H}}) \tag{4-8}$$

侧向水平水压力为：

$$p_{\mathrm{w}} = \lambda_{\mathrm{w}}[H + (1 - \cos\theta)R_{\mathrm{H}}] \tag{4-9}$$

④衬砌自重。

$$g = \gamma_{\mathrm{Re}}\delta$$

式中 γ_{Re}——钢筋混凝土的重度，一般取 2.5～2.6；

δ——管片厚度，m，当采用箱形管片时可折减。

⑤均布底部竖向力。

$$p_{\mathrm{k}} = q_1 + \pi g + \left(1 - \frac{\pi}{4}\right)\gamma R_{\mathrm{H}} - \frac{\pi}{2} R_{\mathrm{H}} \gamma_{\mathrm{w}} \tag{4-10}$$

(2)临时荷载

施工阶段临时荷载是随盾构推进而产生的，一般来自千斤顶顶进力和壁后注浆压力。装配式圆形隧道衬砌在施工阶段有它自身的受力特点。在达到基本使用阶段前，装配式圆形隧道衬砌保持着承受装配中由其自重作用产生力的受力状态，特别是为了改善衬砌结构的工作条件和防止地表出现大量沉降，通过向衬砌背后的建筑空隙内注浆使其固定下来。临时荷载与基本使用阶段所产生的内力之和不能超过容许值。

对于常见的由下向上装配的衬砌圆环，在装配时可支撑于盾构底面相当于一块管片长度的弧面上。此时拱顶截面处产生的内力最大。

$$M = \frac{WR_{\mathrm{H}}}{2\pi\sin\alpha}[\alpha(1+\cos\alpha) - 1.5\sin\alpha] \tag{4-11}$$

$$N = \frac{W}{2\pi\sin\alpha}(0.5\sin\alpha - \alpha\cos\alpha) \tag{4-12}$$

式中 W——1m 宽隧道衬砌圆环的质量；

α——1/2 支撑弧面长度所对应的中心角；

R_{H}——隧道衬砌半径，m。

4.4.3 管片截面设计

衬砌圆环属于偏心受压构件，管片的截面设计包括断面尺寸、强度、配筋和裂缝宽度限制计算。

4.4.3.1 管片纵向接缝计算

对于由装配式圆形衬砌管片组成的隧道衬砌，接缝是结构较关键的部位。从试验来看，结构破坏大都开始于薄弱的接缝处。因此，接缝构造、接缝变形量与防水要求及接缝强度计算在整个结构计算中占有一定的地位。但影响接缝计算的因素很多，故只能采用一种近似的计算方法，而实际的接缝承载能力必须通过接头试验和整环试验求得。

(1)接缝张开的验算

最终的接缝应力由管片拼装时螺栓预加应力在接缝上产生的预应力和接缝处受外荷载作用后在接缝上下边缘产生的应力两部分组成。

①管片拼装时螺栓预加应力 δ_1 在接缝上产生的预应力 δ_{c1}、δ_{c2} 的关系为：

$$\frac{\delta_{c1}}{\delta_{c2}} = \frac{N}{F} \pm \frac{Ne_0}{W} \tag{4-13}$$

式中 N——由螺栓预加应力 δ_1 引起的轴向力；

e_0——螺栓位置与承载截面中心轴间的偏心距，mm；

F——管片接头截面面积，mm^2；

W——管片截面模量，mm^3。

②接缝处受外荷载作用后在接缝上下边缘产生的应力 δ_{a1}、δ_{a2} 的关系为：

$$\frac{\delta_{a1}}{\delta_{a2}} = \frac{N}{F} \pm \frac{Ne_0}{W} \tag{4-14}$$

式中 N——由外荷载引起的轴向力，N；

e_0——由外荷载引起的偏心距，cm。

最终接缝处的应力为：

上边缘

$$\delta_l = \delta_{a1} + \delta_{c1} \tag{4-15}$$

下边缘

$$\delta_b = \delta_{a2} + \delta_{c2} \tag{4-16}$$

设 δ_t 为拉应力，则接缝变形量为：

$$\Delta l = \frac{\delta_t}{E} l \tag{4-17}$$

式中 E——防水涂料的抗拉弹性模量，MPa；

l——涂层厚度，mm。

当 δ_t 为拉应力，但小于接缝涂料与接缝面间的黏结力，或其变形量 Δl 在涂料和橡胶密封垫的弹性变形范围内时，接缝不会张开，或虽有一定张开但不致影响接缝防水使用要求。

这种接缝张开验算，对负弯矩大偏心接头处需要慎重对待。

(2)接缝强度计算

计算接缝强度时，近似地把螺栓看作受拉钢筋，并按钢筋混凝土截面进行计算。一般先假定螺栓直径、数量和位置，然后计算中性轴，按偏心受压构件对接缝强度进行验算。

对于纵向接缝中环向螺栓的位置，在只设单排螺栓时，其位置大致在管片厚度的 1/3 处；设双排螺栓时，内、外排螺栓的位置距管片内、外两侧各不小于 100mm。

箱形管片端肋厚度可近似地按三边固定、一边自由的钢筋混凝土双向板进行计算。一般端肋厚度大致略大于或等于环肋宽度。试验表明，由于环向螺栓集中分布在端肋中间一定宽度范围内，端肋具有一定的柔性，故往往中间部位变形小，两侧变形大。螺栓也是两侧受力大，中间受力稍小。端肋在承受正弯矩且临近破坏时，往往在螺栓孔附近端肋与环肋交界处出现裂缝。随着荷载的增加，螺栓附近出现八字形裂缝，裂缝宽度不断增加，直至螺栓破坏。

平板形管片纵向接缝上的螺栓钢盒是接缝上的主要受力构件，螺栓在受力后通过钢盒将力传至管片上。螺栓钢盒特别是端板应与螺栓等强，螺栓钢盒的端板也可近似地按三边固定、一边自由的双向板进行计算。从试验资料及已有使用资料来看，钢盒端板的厚度大致为螺栓直径的 65%～75%。

由于螺栓钢盒用钢量较大(占整个衬砌用钢量的 20%～25%)，在大直径隧道中所占比例更大，不太经济，故常用箱形管片做衬砌。

4.4.3.2　管片环缝计算

随着盾构机不断地向前推进，隧道衬砌愈拼愈长。由于隧道纵向长度范围内围岩性质不同，埋深不同，施工工艺不同，以致对地层的扰动程度不同，故拼装成的隧道衬砌沿隧道纵向长度的施工质量不一样。衬砌密封情况不好会引起隧道底、中部漏水、漏泥，从而引起隧道不均匀沉降和环间的相互错动，使其在纵向发生较大变形。管片环缝构造设计和计算是要使隧道在纵向具有足够的抗弯强度，尤其是纵向螺栓的选择要确保环间连接良好，并能将邻环纵向接缝上的部分内力传到对应的衬砌断面上，使衬砌圆环能达到匀质刚度的要求。但由于管片环缝属空间结构，受力复杂，较难计算，故常按构造要求设置。

4.5　算　　例

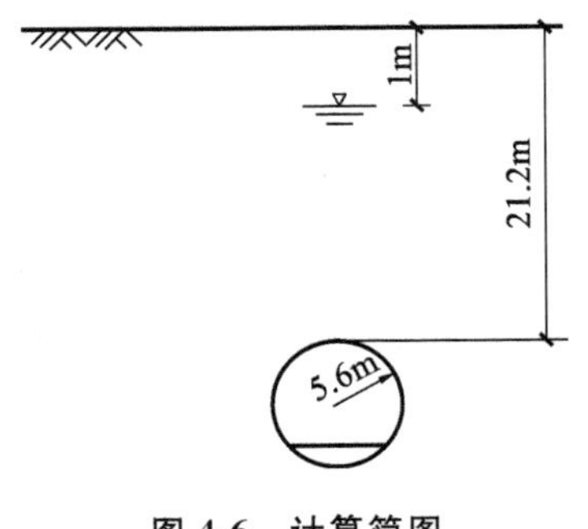

图 4-6　计算简图

【例 4-1】　某隧道的外径为 11.2m，内径为 10.1m，覆土深度为 21.2m。地下水位考虑在地面以下 1m 处。隧道内设置一道下拉杆，以加强其抵抗特殊荷载的能力。隧道两侧土壤介质的内摩擦角 $\varphi=17.5°$。隧道在基本使用阶段不考虑下拉杆的作用；在基本荷载和特殊荷载的组合阶段，则考虑下拉杆作用(图 4-6)。试进行衬砌内力计算和设计。

【解】　重心位置值 Z(图 4-7)：

$$Z=\frac{30\times100\times40+2\times23\times25\times12.5}{30\times100+2\times23\times25}=32.4(\text{cm})$$

$$R_H = 5.05 + 0.324 = 5.374(\text{m})$$

在基本荷载和特殊荷载的组合阶段，考虑在外层管片内部再敷设 200mm 厚内衬钢筋混凝土层（图 4-8）。

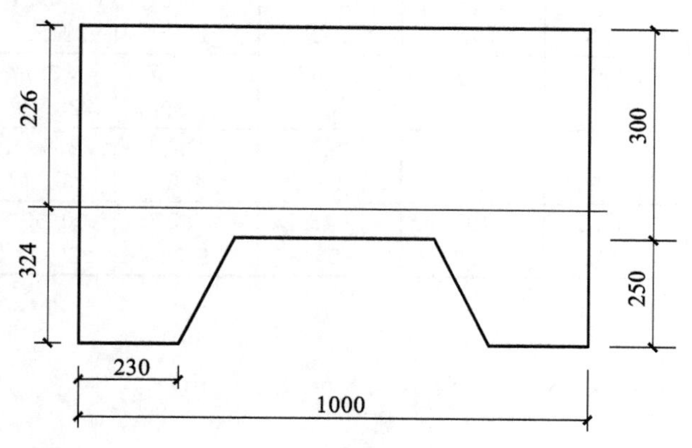

图 4-7　重心计算图

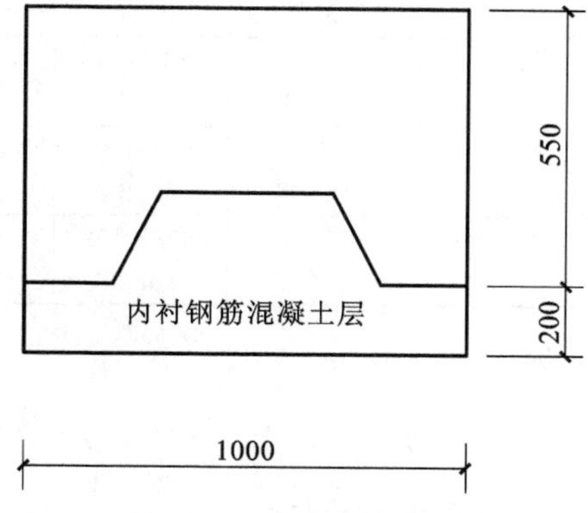

图 4-8　内衬钢筋混凝土层

计算半径 R_H：

$$R_H = \left(\frac{10.1}{2} - 0.2\right) + \frac{0.2 + 0.55}{2} \times 4.85 + 0.375 = 5.225(\text{m})$$

$$R_H^2 = 27.3\text{m}^2$$

$$R_H^3 = 142.64\text{m}^3$$

$$R_H^4 = 745.3\text{m}^4$$

$$EJ = 3.3 \times 10^5 \times 0.03516 = 1.16 \times 10^4(\text{t} \cdot \text{m}^2)$$

(1)基本荷载作用下的内力计算

①竖向土压力。

$$q_1 = 1 \times 1.8 + 20.2 \times 0.8 = 1.8 + 16.16 = 18(\text{t/m}^2)$$

②均布主动土压力。

$$p_1 = 18\tan^2\left(45° - \frac{17.5°}{2}\right) = 18 \times 0.5376 = 9.68(\text{t/m}^2)$$

③三角形主动土压力。

$$p_2 = 10.74 \times 0.8 \times 0.53763 = 4.54(\text{t/m}^2)$$

④自重。

$$g = 2.6 \times 0.55 = 1.43(\text{t/m}^2)$$

计算的 M、N 见表 4-3。

表 4-3　　**M、N 表**

截面位置	内力	自重	竖向土压力	水压力	均布主动土压力	三角形主动土压力	均布底部竖向力	拱背土压力	每米内力
0°	M/(t·m)	20.65	155.43	−38.8	−69.9	−13.77	−21.2	4.56	36.97
	N/t	−4	−10.25	130.21	52.02	7.64	8.53	−1.01	183.14
15°	M/(t·m)	18.02	136.14	−34.86	−60.41	−12.37	−19.65	4.21	31.08
	N/t	−3.5	−3.42	126.86	48.54	7.37	8.24	−0.89	183.2
45°	M/(t·m)	5.84	9.36	−7.09	0	−2	−7.78	1.66	0.01
	N/t	1.94	41.11	124.31	25.53	5.05	6.03	−0.33	203.64

续表

截面位置	内力	自重	竖向土压力	水压力	均布主动土压力	三角形主动土压力	均布底部竖向力	拱背土压力	每米内力
75°	$M/(\mathrm{t\cdot m})$	−15.8	−127.92	30.55	60.41	13.94	12.82	−4.21	−30.21
	N/t	8.7	87.6	115.11	3.48	1.11	2.2	3.7	221.9
90°	$M/(\mathrm{t\cdot m})$	−22.5	−159.59	44.23	69.9	16.39	24.62	−6.77	−33.72
	N/t	11.8	96.73	114.77	0	0	0	4.89	228.19
135°	$M/(\mathrm{t\cdot m})$	−12.8	−46.31	24.18	0	2	38.5	−2.84	2.66
	N/t	15.08	75.65	118.5	25.5	7.17	−22.7	4.2	233.4
180°	$M/(\mathrm{t\cdot m})$	61.94	305.15	−116.4	−69.9	−19.01	−145.8	14.55	30.53
	N/t	4	10.25	144.65	52.02	16.76	−8.53	1.02	220.17

⑤拱背土压力。

$$q_2 = 2\left(1-\frac{\pi}{4}\right)R_H^2.\gamma = 0.43R_H^2\cdot\gamma = 0.43\times28.88\times0.8 = 9.9(\mathrm{t/m})$$

⑥均布底部竖向力。

$$p_k=18+\pi\times1.43-\frac{\pi}{2}\times5.37+\left(1-\frac{\pi}{4}\right)\times5.37\times0.8=15(\mathrm{t/m^2})$$

(2)特殊荷载作用下的内力计算

$$M_1=1$$

$$M_2=-r\cos\varphi$$

$$M_3=\begin{cases}0 & (\varphi\leqslant\theta)\\ r(\cos\theta-\cos\varphi) & (\theta<\varphi\leqslant\pi)\end{cases}$$

式中，$\theta=106.7°$。

$$\sin\theta=0.958,\quad \sin^2\theta=0.918,\quad \sin^3\theta=0.879$$

$$\cos\theta=-0.287,\quad \cos^2\theta=0.0824,\quad \cos^3\theta=-0.024$$

$$\pi-\theta=3.1416-1.8617=1.28$$

$$\text{拉杆长度}=\sqrt{5.225^2-1.5^2}=5.005(\mathrm{m})\quad(\text{半根拉杆})$$

设拉杆采用2M42，则：

$$E_aF_a=2.1\times10^6\times2.1^2\times\pi=29.09\times10^6(\mathrm{kg})=29.1\times10^3\,\mathrm{t}$$

$$\frac{EJl}{E_aF_a}=\frac{11.6\times10^4\times5.005}{2.91\times10^4}\approx20$$

$$R_H=5.225\mathrm{m}$$

$$\delta_{11}=\frac{\pi r}{EJ}$$

$$\delta_{22}=\frac{\pi r^3}{2EJ}$$

$$\delta_{33}=\frac{r^3}{EJ}\left[\cos^2\theta(\pi-\theta)+1.5\cos\theta\sin\theta+\frac{1}{2}(\pi-\theta)\right]=0.3331\frac{r^3}{EJ}$$

$$\delta_{12}=\delta_{21}=0$$

$$\delta_{13}=\delta_{31}=\frac{R_H^2}{EJ}[\cos\theta(\pi-\theta)+\sin\theta]=0.59\frac{R_H^2}{EJ}$$

$$\delta_{23}=\delta_{32}=\frac{R_H^3}{EJ}\left[1.5\sin\theta\cos\theta+\frac{1}{2}(\pi-\theta)\right]=0.5\frac{R_H^3}{EJ}$$

$$\Delta_{1q} = -\frac{R_{\mathrm{H}}^3}{EJ}(\pi q + 3\pi p)$$

$$\Delta_{2q} = -\frac{R_{\mathrm{H}}^4}{2EJ}(-\pi p)$$

$$\Delta_{3q} = -\frac{R_{\mathrm{H}}^4}{EJ}\left\{\left[\frac{1}{2}(\pi-\theta)\cos\theta + \frac{1}{2}\sin\theta\cos^2\theta + \frac{1}{3}\sin^3\theta\right]q + \left[(\pi-\theta)\cos\theta + \cos\theta\sin\theta + \frac{1}{2}(\pi-\theta)\cos\theta - \frac{1}{6}\sin\theta\cos^2\theta + \frac{5}{3}\sin\theta + (\pi-\theta)\right]p\right\}$$

$$= -\frac{R_{\mathrm{H}}^4}{2EJ}(0.149q + 2.037p)$$

解方程：

$$\begin{cases} \pi R_{\mathrm{H}} x_1 + 0.59R_{\mathrm{H}}^2 x_3 - R_{\mathrm{H}}^3(\pi q + 3\pi p) = 0 \\ \dfrac{\pi R_{\mathrm{H}}^3}{2}x_2 + 0.59R_{\mathrm{H}}^3 x_3 + \dfrac{\pi R_{\mathrm{H}}^4}{2}p = 0 \\ 0.59R_{\mathrm{H}}^2 x_1 + 0.5R_{\mathrm{H}}^3 x_2 + (0.333R_{\mathrm{H}}^3 + 20)x_3 - \dfrac{R_{\mathrm{H}}^4}{2}(0.149q + 2.037p) = 0 \end{cases}$$

得

$$\begin{cases} x_1 = 18.8p + 8.8q \\ x_2 = 4.67p + 0.63q \\ x_3 = 1.7p - 2q \end{cases}$$

圆环各截面上的 M、N 分别计算如下。

$0 \leqslant \varphi \leqslant Q$ 时：

$$M = M_q + x_1 - x_2 R_{\mathrm{H}}\cos\varphi$$
$$N = N_q + x_2\cos\varphi$$
$$Q = Q_q - x_2\sin\varphi$$

$Q < \varphi \leqslant \pi$ 时：

$$M = M_q + x_1 - x_2 R_{\mathrm{H}}\cos\varphi - x_3 R_{\mathrm{H}}(\cos Q - \cos\varphi)$$
$$N = N_q + (x_2 - x_3)\cos\varphi$$
$$Q = Q_q - (x_2 - x_3)\sin\varphi$$

不同截面位置处的 M、N 值见表 4-4。

表 4-4　　**不同截面位置处的 M、N 值**

截面位置	M	N
0°	$5.5q-5.6p$	$4.67p+0.63q$
15°	$4.71q-4.8p$	$4.34p+0.96q$
45°	$0.38q-0.36p$	$2.22p+2.16q$
75°	$4.99q-0.36p$	$0.21p+5.03q$
90°	$5.15q-4.85p$	$5.225q$
135°	$-0.1q-0.03p$	$3.58p+1.81q$
180°	$4.61q-5.07p$	$4.08p+1.37q$

设 $q=10\mathrm{t/m^2}$，$p=4\mathrm{t/m^2}$，则 M、N 计算结果见表 4-5。内力组合见表 4-6。

表 4-5　　$q=10t/m^2, p=4t/m^2$ 时的 M、N 值

截面位置	$M/(t \cdot m)$	N/t
0°	55－22.4＝32.6	18.68＋6.3＝24.98
15°	47.1－19.2＝27.9	17.36＋9.6＝26.96
45°	3.8－1.44＝2.36	8.88＋21.6＝30.48
75°	49.9－1.44＝48.46	0.84＋50.3＝51.14
90°	51.5－19.4＝32.1	52.25
135°	－1－0.12＝－1.12	14.32＋18.1＝32.42
180°	46.1－20.28＝26.12	16.32＋13.7＝30.02

表 4-6　　内力组合

截面位置	基本使用阶段		特殊荷载阶段		组合	
	$M/(t \cdot m)$	N/t	$M/(t \cdot m)$	N/t	$M/(t \cdot m)$	N/t
0°	36.97	183.14	32.6	24.98	69.57	208.12
15°	31.08	183.20	27.9	26.96	60.08	210.16
45°	0.01	203.64	－2.08	30.48	－2.07	234.16
75°	－30.21	221.9	－27.9	51.14	－58.19	273.04
90°	－33.72	228.19	－27.9	52.25	－61.62	280.04
135°	2.66	223.4	－0.88	43.04	1.78	266.44
180°	30.53	220.17	26.12	30.02	56.65	250.19

(3)截面选择

①接头验算。

a.负弯矩接头(图 4-9,75°断面处,不考虑纵向荷载传递)。

$$M=-58.19\text{t}\cdot\text{m},\qquad N=273.04\text{t}$$

$$e_0=\frac{M}{N}=\frac{58.19}{273.04}=0.213(\text{m})$$

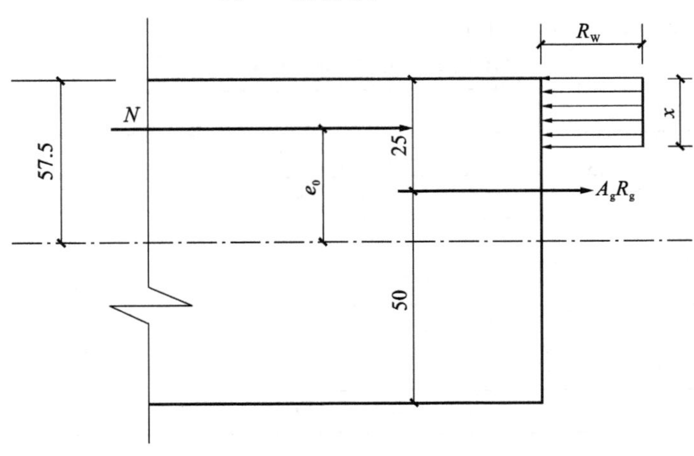

图 4-9　负弯矩接头(75°断面处)验算

$$\sum x = 0 \Rightarrow N + A_g R_g = R_W bx$$

$$2.73 \times 10^3 + 22.8 \times 10^3 \times 3.6 = 290 \times 100x$$

$$x = \frac{355.1}{29} = 12.2(\text{cm}) < 0.55h_0$$

式中　A_g——3M36 螺栓的有效面积，$A_g = 3 \times 7.6 = 22.8(\text{cm}^2)$；

R_g——45 钢的设计强度，$R_g = 3600\text{kg/cm}^2$。

$$\sum M = 0$$

$$NKe_0 + A_g R_g (57.5 - 25) = R_W bx\left(57.5 - \frac{x}{2}\right)$$

$$N(Ke_0 - 35.5) = 100 \times 12.2 \times 290 \times \left(25 - \frac{12}{2}\right)$$

$$273 \times 10^3 \times (21.3K - 32.5) = 6780 \times 10^3$$

$$K = \frac{10111}{5815} = 1.74$$

$K \geqslant 1.1$，满足要求。

b. 正弯矩接头(图 4-10，15°断面处)。

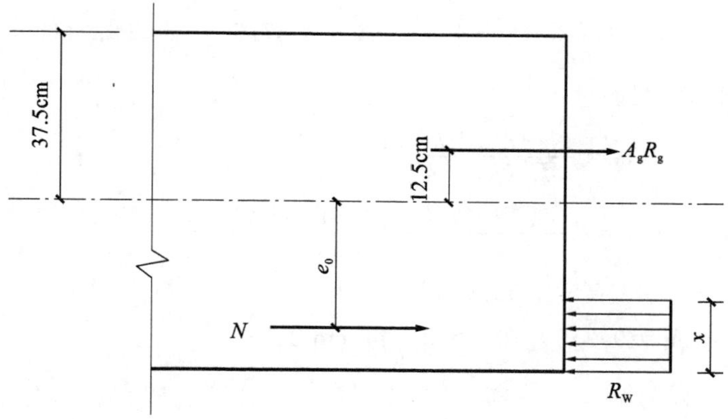

图 4-10　正弯矩接头(15°断面处)验算

$$M = 60.08\text{t} \cdot \text{m}, \quad N = 210.16\text{t}$$

$$e_0 = \frac{M}{N} = \frac{60.08}{210.16} = 0.286(\text{m})$$

求中性轴位置值 x，则

$$\sum x = 0 \Rightarrow 210.16 \times 10^3 + 22.8 \times 10^3 \times 3.6 = 290 \times 100x$$

$$x = \frac{291.46}{29} = 10.1(\text{cm}) < 0.55h_0$$

$$N(Ke_0 + 12.5) = 10.1 \times 100 \times 290 \times (50 - 5)$$

$$210.16 \times 10^3 \times (28.6K + 12.5) = 10.1 \times 100 \times 290 \times 45$$

$$K = \frac{13200 - 2630}{6008} = \frac{10570}{6008} = 1.75$$

$K \geqslant 1.1$，满足要求。

②钢筋选择。

取 0°断面(图 4-11)处的 M、N 进行计算。

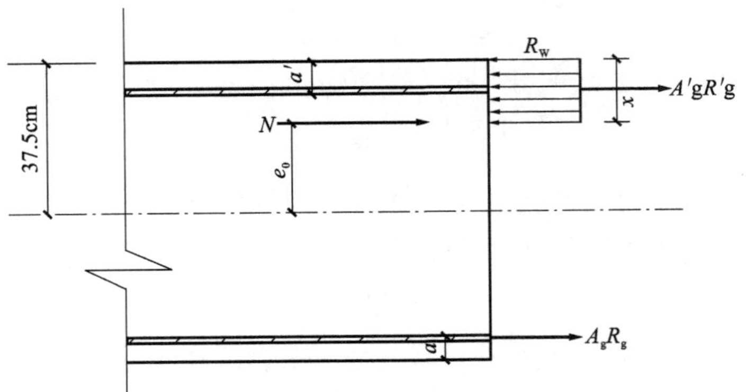

图 4-11 M 和 N(0°断面处)计算图

$$M=69.57\text{t}\cdot\text{m},\quad N=208.12\text{t}$$

$$e_0=\frac{69.57}{208.12}=0.334(\text{m})>0.3h_0=0.3\times70=21(\text{cm})$$

属于大偏心。

取 $K=1.1,a=d=5\text{cm}$,则:

$$e=Ke_0+\frac{h}{2}-a=1.1\times33.4+37.5-5=69.24(\text{cm})$$

当 $x=0.55h_0$ 时,求 A_g'。

$$\begin{aligned}A_g'&=\frac{Ne-0.4bh_0^2R_W}{R_g'(h_0-a')}\\&=\frac{208.12\times10^3\times69.24-0.4\times100\times70^2\times290}{3400\times(70-5)}\\&=-2.507(\text{cm}^2)\end{aligned}$$

计算值为负值,故 $A_g'=0.2\%\times100\times70=14(\text{cm}^2)$。

$$\sum MA_g=0\Rightarrow Ne=bxR_W\left(h_0-\frac{x}{2}\right)+A_g'R_g'(h_0-a')$$

$$208.12\times10^3\times69.24=100x\times290\left(70-\frac{x}{2}\right)+14\times3400\times(70-5)$$

$$14410=2030x-14.5x^2+3094$$

$$14.5x^2-2030x+11316=0$$

$$x^2-140x+780.4=0$$

$$x=\frac{140-\sqrt{140^2-4\times780.4}}{2}=6(\text{cm})<2a'=10\text{cm}$$

对 A_g' 取矩,得:

$$\sum MA_g'=0$$

$$A_g=\frac{Ne'}{R_g(h_0-a')}=\frac{208.44\times10^3\times4.25}{3.4\times10^3\times65}=4(\text{cm}^2)$$

式中

$$e=1.1\times33.4-37.5+5=41.75-37.5=4.25(\text{cm})$$

因为

$$A_g < 0.2\frac{bh_0}{100}$$

故 A_g 取 $0.2bh_0/100=14\text{cm}^2$。

90°负弯矩断面由于计算方法与0°正弯矩断面计算方法相似，故不再重复。

【知识归纳】

盾构隧道的设计分为三个阶段：第一阶段为隧道的方案设计，以确定隧道的线路、线形、埋置深度及隧道的横断面形状与尺寸等；第二阶段为衬砌结构与构造设计，其中包括管片的分类、厚度、分块、接头形式、管片孔洞、螺孔等；第三阶段为衬砌内力的计算及管片截面设计。

【独立思考】

4-1 盾构法隧道衬砌管片形式有哪些？举出三种常见型号并简述其各自特点和使用条件。

4-2 盾构法隧道结构的水、土压力如何计算？试分析地层抗力对隧道结构内力的影响。

4-3 装配式圆形衬砌管片拼装方式有哪几种？各有何优缺点和适用条件？

4-4 进行盾构法隧道衬砌结构断面选择时应验算哪些内容？在验算时应注意什么？

4-5 盾构法隧道衬砌结构的防水、抗渗可以采取哪些措施？

4-6 某隧道的外径为10m，内径为9m，覆土深度为21m，不考虑地下水影响，隧道量测土体的内摩擦角 $\varphi=17.5°$，$\gamma=18\text{kN}\cdot\text{m}^{-3}$，$c=35\text{kPa}$；衬砌结构 $\gamma_c=25\text{kN/m}^3$。试计算隧道衬砌结构所承受的地层荷载(不计算土体侧向抗力)。

【参考文献】

[1] 刘建航，侯学渊．盾构法隧道．北京：中国铁道出版社，1991.

[2] 廖少明，黄钟晖．关于盾构法隧道采用错缝拼装技术的探讨．现代隧道技术，2001(6)：19-23.

[3] 廖少明，侯学渊．软土盾构法隧道设计与施工的最新研究进展．地下工程，1998(5)：406-412.

[4] 黄绍铭，高大钊．软土地基与地下工程．2版．北京：中国建筑工业出版社，2005.

[5] 上海市水利工程研究院，同济大学．软土水利基坑工程的设计与应用．北京：中国水利水电出版社，2002.

5

顶管工程结构

课前导读

内容提要

本章的主要内容包括顶管的分类、顶管机、顶管管道、顶管工程设计、中继环和施工关键技术。本章的教学重点为顶管的分类、顶管机、顶管管道、顶管工程设计、中继环和施工关键技术，教学难点为顶管工程设计。

能力要求

通过本章的学习，学生应熟悉顶管机和顶管管道，掌握顶管的分类、顶管工程设计、中继环和施工关键技术。

5.1　概　　述

顶管技术是指用顶管掘进机成孔，然后将管道从顶进工作坑顶入以形成连续衬砌的管道非开挖铺设技术。顶管施工对管段的截面形状没有特殊要求，以圆形截面居多，也可以是其他形状。

顶管技术是由美国首先提出并采用的管道非开挖铺设技术，最早应用于1896年美国北太平洋铁路铺设工程中。我国首次采用顶管施工的项目是1953年应用内径为1200mm的手掘式顶管机穿越了京包铁路，后来上海地区在1956年开始进行顶管试验，最初采用的都是手掘式顶管，设备比较简陋。1964年前后，上海一些单位开始进行大口径机械式顶管的各种试验。当时口径为2m的钢筋混凝土管的一次顶进距离可达120m，开创了我国使用中继站的先河。此后，又进行了多种口径、不同形式的机械顶管试验。顶管施工随着城市建设的发展已经越来越普及，应用的领域越来越广泛。顶管技术最初主要用于下水道施工，近年来已运用到自来水管、城市排水管道、煤气管、动力电缆、通信电缆和发电厂循环水冷却系统等管道的施工中。

现代顶管技术是20世纪80年代在发达国家兴起并形成的新技术。该技术是对传统地下管线进行开挖、铺设、更换、修复的一次革命，自正式进入工程施工领域至今，在短短的30余年时间内，以其独到的技术特征与优势，以其对环境、城镇交通的较小影响和危害，以其效率和成本等方面的优势，日益受到重视和提倡，取得了很好的社会和经济效益。

顶管施工时，先在工作井内设置支座，并安装主千斤顶，在工具管后铺设管道。然后工具管在千斤顶推力作用下向土层中掘进，掘出的泥土由螺旋输送机或土泵排出。推进一节管道后，千斤顶缩回，吊装下一节管道，继续顶进。如此往复，直至施工完毕。管道铺设完毕后，工具管由接收井吊至地面。顶管施工时，边开挖地层，边顶进管道，边将管段接长，直至到达接收井。顶管施工基本原理如图5-1所示。

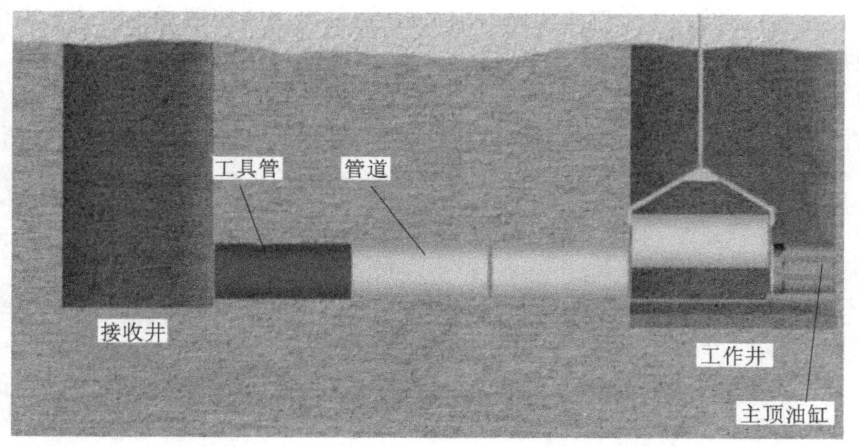

图5-1　顶管施工基本原理

5.2　顶管的分类

顶管的分类方法很多，目前主要依据管径大小、推进管道前工具管或掘进机的作业形式、管材、顶进轨迹等进行分类。

按所顶进管道口径的大小，顶管可分为大口径、中口径、小口径和微型顶管四种。大口径顶管是指直径在 2m 以上的顶管，人能在这样口径的管道中站立和自由行走。大口径的顶管设备比较庞大，管子自重也较大，顶进时施工比较复杂；中口径顶管是指管径为 1.2～1.8m 的顶管；小口径顶管的管径为 0.5～1m；微型顶管通常指管径在 0.4m 以下的顶管。

按推进管道前工具管来分，若推进管前只有一个钢制的带刃口的具有挖土保护和纠偏功能的工具管，人在工具管内挖土，则这种顶管称为手掘式顶管；如果工具管内的土是被挤进来再做处理的，则这种顶管称为挤压式顶管。

按掘进机的作业形式分，顶管可分为手掘式顶管、半机械顶管、机械顶管。在工具管内部没有掘进机械，完全依靠人工掘进的顶管称为手掘式顶管；在推进管前的钢制壳体内有掘进机械的顶管称为半机械或机械顶管。

按掘进机的种类，可把掘进机械分成泥水式、泥浆式、土压式和岩石掘进机，顶管也被区分为泥水式、泥浆式、土压式和岩石顶管。这四种顶管中，泥水式和土压式顶管使用得最为普遍，其掘进机的结构形式也最为多样。

按管材划分，顶管可分为钢筋混凝土管顶管、钢管顶管及其他管材的顶管。

按顶进轨迹划分，顶管可分为直线顶管和曲线顶管。曲线顶管技术相当复杂，是顶管施工的难点之一。

5.3 顶　管　机

顶管机由切削工具管（顶管机前面部分）和盾尾两部分组成。切削工具管通过导向油缸支撑于盾尾上，其作用是控制顶进方向并提供切削刀盘和挖掘机的工作空间，同时作为岩土的破碎场所。顶管机有时也由三部分组成。此时第二部分称为中部工具管（顶管机中部）；第三部分称为盾尾，作为顶管机和顶进管道之间的过渡部分。

对于较大直径的顶管机，为了安放所需的施工机械，可以将紧接着顶管机的管道作为顶管机的后续部分来使用。

手掘式顶管机即非机械的开放式（或敞口式）顶管机。在施工时，采用手工的方法来破碎工作面的土层。破碎下来的泥土或岩石可以通过传送带、手推车或轨道式的运输矿车来输送。

目前，市场上有很多不同类型的顶管机。其主要区别在于土压力与地下水压力的平衡方式及工作面的掘进方式不同。顶管机分为以下两种基本类型：

①开放式（或敞口式）顶管机。

这种顶管机在工作面与后续管道之间没有压力密封区，其优点在于工作人员可方便地进入工作面。

②密闭式顶管机。

其也称为封闭式顶管机。这种顶管机的开挖面与作业室之间设有压力隔板。根据顶管机所使用平衡介质的不同，其又分为气压平衡顶管机、泥水平衡顶管机和土压平衡顶管机。

5.3.1 泥水平衡顶管机

与泥水盾构机相似，泥水平衡顶管机是以压力泥水使开挖面保持稳定，并以泥浆形式输送被开挖土体的一类顶管机。这类顶管机的前端装有一个可进行全断面切削地层的刀盘，内部装有用于进、排泥水的管道。在泥水平衡顶管施工中，要使开挖面保持稳定，就必须在泥水仓中充满一定压力的泥水。泥水在开挖面上形成一层不透水的泥膜，可以阻止泥水向开挖面渗透。同时，泥水本身又有一定的压力，可以用来平衡地下水压力和土压力。泥水平衡顶管机使开挖面上土体保持平衡的方式有以下两种：

①对深覆土及渗透系数小的软地层，以单一的泥水压力与开挖面的土压力、地下水压力相抗衡。泥水压力过大和过小都不利于保持开挖面稳定，通常以使泥水压力比开挖面地下水压力高 0.01～0.02MPa 为宜。

②对浅覆土及地下水位高、渗透系数大的砂砾地层，由刀盘和泥水共同发挥作用，以与开挖面的土压力和地下水压力相抗衡。

泥水平衡顶管机最适宜用在开挖面难以稳定，滞水砂层，含水量高的松软黏土层及隧道上方有水体的场合。

泥水平衡顶管系统可分为以下五个系统：

①顶进系统(包括顶管机、中继间、主顶装置)；

②综合管理系统；

③泥水输送系统；

④泥水分离处理系统；

⑤砾石破碎处理系统。

与泥水盾构机相似，泥水平衡顶管机是在刀盘附近安装隔板形成泥水压力室，将加压的泥水送入泥水压力室，以谋求开挖面的稳定，同时将旋转刀盘切削下来的土、砂以泥水形式用流体输送方式输送到地面。在地面调整槽中，将泥水调整到适合地层地质状态后由泥水输送泵加压经管路输送到开挖面处的泥水压力室。泥水在稳定开挖面的同时，使刀盘切削下来的土、砂形成浓泥浆，再由排泥泵经管路输送到地面。被输送到地面的泥水，根据土、砂颗粒的直径，通过一级分离和二级分离设备将土、砂与水分离，脱水后弃碴。分离后的水，经调整槽进行再次调整后，使其成为优质泥水，再次输送到开挖面，如此循环。排出的土、砂量由排泥量测定装置进行测定。

泥水平衡顶管机具有以下优点：

①适用的土质范围比较广，在地下水压力很高及变化范围较大的条件下也适用。

②对围岩扰动比较小。

③泥水平衡顶管施工时的总推力比较小，在黏土层中施工时表现得尤为突出，适用于长距离顶管。

④采用泥水管道输送弃土不存在吊土、搬运土方等工作，较为安全。

⑤在较软的黏土层中，泥水压力大于其主动土压力，可以防止开挖面失稳。

在泥水平衡顶管施工过程中，应注意以下几个问题：

①停止掘进时，要防止泥水从土层中或洞口及其他地方流失，避免开挖面失稳。

②在顶进过程中，要经常检查泥水的浓度和相对密度是否正常，避免开挖面失稳；注意进、排泥泵的流量及压力是否正常，应防止因排泥泵的排量过小而造成排泥管淤积和堵塞。

5.3.2 土压平衡顶管机

土压平衡顶管机的基本原理与土压平衡盾构机相同，其通过顶管机前方的刀盘切削土体并搅拌，使泥土充满泥土仓，形成被动土压力，使开挖面土体保持稳定。开挖时靠伸入泥土仓内的螺旋输送机进行排土作业。土压平衡顶管机适用于淤泥质黏土、黏土、亚黏土、粉砂土和有地下水的地层。其用于砂土时需进行砂土改良，添加一定量的黏土或膨润土，以提高其流塑性。

土压平衡顶管根据在整个开挖面上挖土装置的布置和工作情况，可分为全断面切削和局部断面切削两大类。其按对原土的改良与否，则可分为加泥式和不加泥式两种。加泥式土压平衡顶管对地层的适应性较强，不加泥式土压平衡顶管对地层的适应性会受到一定的限制。根据对土压力和地下水压力的平衡状态，土压平衡顶管可分为全断面平衡式和局部平衡式两种。局部平衡式是指在整个开挖面上仅靠局部范围内的碴土压力与外部土、水压力平衡。在整个开挖面上，碴土压力的分布是非均匀的。土压平衡顶管机的刀盘可分为单刀盘和多刀盘两种。单刀盘土压平衡顶管机的切削断面可达到100%，泥土仓内的土压力等于顶进面上的压力，反映出的土压力较多刀盘土压平衡顶管机准确。因此，其地面变形量要小于多刀盘土压平衡顶管机。当机头发生扭转滚动时，它可通过改变刀盘的旋转方向进行纠正，在纠正机头扭转滚动方面要优于多刀盘土压平衡顶管机。

与泥水平衡顶管机相比，土压平衡顶管机切削的碴土无须经过泥水沉淀和分离就可直接运送，设备和工艺较简单，可节省一套地面泥水分离处理设备，设备投入费用较低。土压平衡顶管不需要丰富的水源，可减少对周围环境的污染，适用于缺少水源、施工场地狭小的市区顶管施工。

土压平衡顶管机通过控制螺旋输送机的出土量及顶进速度来控制顶进面的被动土压力。顶进面被动土压力和前方土体静止土压力保持一致时，开挖面土压力处于平衡状态。此时排土量约等于掘削土量。在土压平衡状态下顶进，可防止地面产生沉降和隆起。

5.3.3 微型顶管机

微型顶管机的管道口径很小，人无法进入管子里，必须靠远距离自动控制系统进行操作。微型顶管机的管道直径一般为150～400mm，最小的只有75mm。微型顶管机常用于在建筑物密集、交通繁忙的市区铺设电缆管道和市政管道。

顶管机的性能比较见表5-1。

表5-1 **顶管机的性能比较**

顶管机类型 / 地质条件		开放式		多刀盘土压平衡式		单刀盘土压平衡式		泥水平衡刀盘可伸缩式		泥水平衡偏心破碎式		岩盘掘进机	
淤泥质黏土	掘进速度	适用	慢	适用	一般	适用	较快	适用	快	适用	快	适用	快
	耗电量		小		较大		一般		较大		较大		较大
	劳动力		较少		一般		一般		多		多		多
	环境影响		小		小		小		大		大		大
砂性土	掘进速度	不适用	慢	适用	一般	适用	较快	适用	快	适用	快	适用	快
	耗电量		小		较大		一般		较大		较大		较大
	劳动力		较少		一般		一般		多		多		多
	环境影响		小		小		小		大		大		大
黄土	掘进速度	适用	慢	不适用		适用	较快	适用	较快	不适用		适用	快
	耗电量		小				一般		一般				较大
	劳动力		较少				一般		一般				多
	环境影响		小				小		小				大
强风化岩	掘进速度	适用	慢	不适用		不适用	较快	适用		适用	快	适用	快
	耗电量		小				一般				较大		较大
	劳动力		较少				一般				多		多
	环境影响		小				小				大		大

续表

<table>
<tr><th colspan="2">顶管机类型
地质条件</th><th colspan="2">开放式</th><th>多刀盘土压平衡式</th><th>单刀盘土压平衡式</th><th>泥水平衡刀盘可伸缩式</th><th colspan="2">泥水平衡偏心破碎式</th><th colspan="2">岩盘掘进机</th></tr>
<tr><td rowspan="4">岩石</td><td>掘进速度</td><td rowspan="4">含水量小适用</td><td>慢</td><td rowspan="4">不适用</td><td rowspan="4">不适用</td><td rowspan="4">不适用</td><td rowspan="4">不适用</td><td>快</td><td rowspan="4">适用</td><td>快</td></tr>
<tr><td>耗电量</td><td>小</td><td>较大</td><td>较大</td></tr>
<tr><td>劳动力</td><td>较少</td><td>多</td><td>多</td></tr>
<tr><td>环境影响</td><td>小</td><td>大</td><td>大</td></tr>
</table>

5.4 顶管管道

顶管施工中管材的选择十分重要，其对于施工成本和管道使用寿命（一般为 30～100 年）中的使用性能都将产生重要影响。管材必须满足如下基本要求：

①能够抵抗管道内、外的侵蚀；

②能够承受一定的静、动荷载；

③能够承受管道内、外部的压力；

④具有良好的过流性能；

⑤成本较低。

在顶管和微型隧道施工中，应采用厚壁管道，以便承受较大的顶进力。为了使管道在大部分情况下都能够承受一定的静荷载和动荷载，管道应具有较大的强度和较高的质量。因此，除了满足对管材的正常要求之外，顶管施工的管材还应具备以下特征：

①较强的轴向承载能力；

②紧密的配合尺寸；

③端部要平整、垂直；

④管道长度方向上应保证平直度；

⑤防水接头应设置在管道壁内，不允许突出管道的内外壁；

⑥管道接头应具有传递轴向荷载的能力，在发生一定角度的偏斜时仍应具有防水能力。

施工中所采用的管道长度通常以 2.0～3.0m 为宜，有时也采用 1.0～1.25m 较短的管节。大直径的管道一般应采用较长的管节，这样可以相对减少管接头的个数，提高施工效率，但是要加大工作坑的尺寸和施工费用；采用短管节则正好相反。在通常情况下，建议采用的单根管节长度不要超过顶管机或微型隧道掘进机的机身长度，因为在出现小的偏斜或进行轻微纠偏时，较长的管节不容易适应顶管机或微型隧道掘进机位置的变化，同时较长的管节增加了与周围土层的接触面积，从而需要较大的顶进力。

采用顶管和微型隧道掘进技术铺设的管段和管接口既适用于压力管道，又适用于重力管道。适用于顶管和微型隧道的管材类型和传统开挖法基本相同。

5.5 顶管工程设计

5.5.1 前期资料收集

①附有标明坐标、管线走向、与拟铺设管线有关设施和现状地形等的管线工程总平面布置图；

②管线类型、基底高程、管径(或断面尺寸)、输送方式、设计示意图和可能采取的施工方案，以及地下埋设物的分布概况等资料；

③城市管线工程勘察结果，要求查明沿线各地段的地质、地貌、地质结构特征；

④各类土层的性质及其空间分布资料，对管线地基进行工程地质评价，为地基基础和穿越工程设计、地基处理与加固、不良地质现象的防治、施工开挖与排水设计等提供工程地质依据和必要的设计参数。

5.5.2 顶管顶进力估算

5.5.2.1 直线顶进时的顶进力计算

在计算初始顶进力和单位长度管道上所受的摩阻力时，采用下述直线顶进时的顶进力计算公式：

$$F = F_0 + fL \tag{5-1}$$

式中 F——顶进力，kN。

L——顶进长度，m。

f——单位长度管道上的摩阻力，kN/m，$f = \frac{1}{8}\alpha B_c^{0.5} N^{0.125} gS + 0.1W$，$g$ 为重力加速度，取 g=9.8m/s^2；α 为考虑砾石含量的摩阻力系数，$\alpha = 0.6 + \frac{R_g}{100}$，$R_g$ 为砾石含量，%；B_c 为顶进管道外径，m；S 为顶进管道的外周长，$S = \pi B_c$，m；W 为单位长度管道的重量，kN/m。

F_0——初始顶进力(迎面阻力)，具体计算式为：

$$F_0 = (p_w + p_e)\pi \frac{B_c^2}{4} \tag{5-2}$$

式中 p_w——掘进机舱内的压力，等于地下水压力加上 20.0kN/m^2；

p_e——切削土的摩擦力，p_e=10.0aN，a=0.5(岩石除外)，N 为标准贯入指数，当 N>50 时，取 N=50，当 N=0 时，取 N=1。

5.5.2.2 曲线顶进时的顶进力计算

曲线顶进时，应分别计算其直线段和曲线段的顶进力，累加即得总的顶进力。直线段的顶进力仍然按照式(5-1)来计算，而曲线段的顶进力则可按照下式进行计算：

$$F_n = K^n F_0 + \frac{F_1[K^{(n+1)} - K]}{K - 1} \tag{5-3}$$

式中 F_n——顶进力，kN；

K——曲线顶管的摩擦系数，$K=\dfrac{1}{\cos\alpha-k\sin\alpha}$，其中 α 为每一根管节所对应的圆心角，k 为管道和土层之间的摩擦系数，$k=\tan\dfrac{\varphi}{2}$；

n——曲线段顶进施工所采用的管节数量；

F_0——开始进行曲线段顶进时的初始推力，kN；

F_1——作用于单根管节上的摩阻力，kN。

在曲线段的顶进力计算完毕后，如要接着计算其后直线段的顶进力，可按下式进行计算：

$$F_m=F_n+fL \tag{5-4}$$

式中　F_m——曲线段后直线段的顶进力，kN；

L——直线段的顶进长度，m。

5.5.2.3　顶进力计算公式

顶管施工中，影响顶进力的因素主要有土层性状、顶管尺寸、埋深和管材、注浆效果和施工因素等。从受力分析角度出发，顶进力计算公式如下。

(1)顶进力计算的理论公式

顶进力计算的理论公式为：

$$R_f=K[f(2P_V+2P_H+P_B)+P_A] \tag{5-5}$$

式中　R_f——计算顶进力，kN；

P_V——管顶的竖向土压力，kN；

P_H——管侧土压力，kN；

P_B——全部欲顶进的管段重量，kN；

f——管壁与土间的摩擦系数；

P_A——管端部的贯入阻力，kN；

K——安全系数，一般取 1.2。

管顶的竖向土压力的计算公式为：

$$P_V=K_P\gamma HD_1L \tag{5-6}$$

式中　K_P——竖向土压力系数，如图 5-2 所示；

γ——土的重度，kN/m^3；

H——管顶覆土深度，m；

D_1——顶入管节外径，m；

L——顶进管段长度，m。

管侧土压力用下式计算：

$$P_H=\gamma\left(H+\frac{D_1}{2}\right)D_1L\tan^2\left(45^\circ-\frac{\varphi}{2}\right) \tag{5-7}$$

式中　φ——土的内摩擦角，(°)。

顶进施工前应沿管线进行钻探，取土样进行试验，求出有关的各项性质指标。管壁与土间的摩擦系数值可参阅表 5-2。

管段重量 P_B 用下式计算：

$$P_B=GL \tag{5-8}$$

式中　G——管节单位长度重量，kN/m；

L——顶进总长度，m。

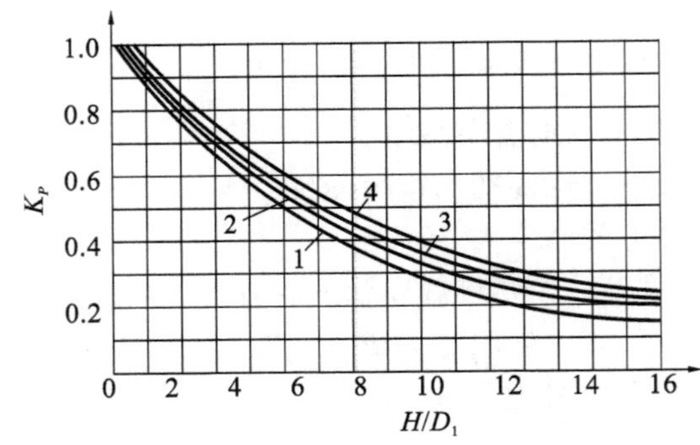

图 5-2 H/D_1-K_P 关系图

1—黏土和耕植土(干燥)；2—砂土、硬黏土、耕植土(湿的或者饱和的)；3—塑性黏土；4—流塑性黏土

表 5-2 **管壁与土间的摩擦系数**

土的种类	钢筋混凝土管			钢管		
	干燥	潮湿	一般值	干燥	潮湿	一般值
软土		0.20	0.20		0.20	0.20
黏土	0.40	0.20	0.30	0.40	0.20	0.30
砂黏土	0.45	0.25	0.35	0.38	0.32	0.34
粉土	0.45	0.30	0.38	0.45	0.30	0.37
砂土	0.47	0.35	0.40	0.48	0.32	0.39
砂砾土	0.50	0.40	0.45	0.50	0.50	0.50

从理论上计算顶进力是比较复杂的，即使算出也不精确，故一般采用经验值。顶进力与土的种类及其物理性质有关，也受工作面上操作方法的影响。

(2)顶进力计算的经验公式

顶进钢筋混凝土管时，顶进力值可用下列经验公式估算：

$$R_f = nGL \tag{5-9}$$

式中 n——土质系数；

G——管节单位长度重量，kN/m；

L——顶进管段长度，m。

土质系数 n 是依管顶土的种类判断其能否形成卸力拱而定的，见表 5-3。

表 5-3 **土质系数 n 值**

土的种类、含水量及工作面稳定状态	n 值
软土、黏砂土、含水量不大的粉土、砂土，挖土后能短期或暂时形成上拱时	1.5～2
密实砂土、含水量大的粉土、砂土、砂砾土，挖土后不能形成土拱，但塌方不严重时	3～4

(3)管段允许顶进力计算公式

钢管允许顶进力可按下式计算：

$$F = \frac{\pi}{K}\sigma_T t(d + t) \tag{5-10}$$

式中 F——钢管允许顶进力,kN;

K——安全系数,取 $K=4$;

σ_T——钢材的屈服应力,kPa,对于 Q235 钢,$\sigma_T=210MPa$;

t——钢管的壁厚,m;

d——钢管内径,m。

钢筋混凝土管允许顶进力可按下式计算:

$$F=\frac{\pi}{K}\sigma(t-L_1-L_2)(d+t) \tag{5-11}$$

式中 F——钢筋混凝土管允许顶进力,kN;

K——安全系数,取 $K=5\sim6$;

σ——混凝土抗压强度,kPa;

t——混凝土管的壁厚,m;

L_1——密封圈槽底与外壁间的距离,m;

L_2——木垫片至内壁的预留距离,m;

d——钢筋混凝土管内径,m。

【例 5-1】 某工程顶进直径为 1910mm 的钢筋混凝土管,顶进长度为 30m,管顶覆土深度为 5m,土重度 $\gamma=17kN/m^3$,土的摩擦角 $\varphi=20°$,摩擦系数 $f=0.25$,求最大顶进力值。

【解】 设钢筋混凝土管外径 $D_1=1910mm$,管节单位长度重量 $G=20kN/m$,则:

$$\frac{H}{D_1}=\frac{5}{1.91}=2.6$$

由图 5-2 查得 $K_P=0.7$,又知 $\gamma=17kN/m^3$,$L=30m$,故管顶的竖向土压力为:

$$P_V=K_P\gamma HD_1L=0.7\times17\times5\times1.91\times30=3409(kN)$$

管侧土压力为:

$$\begin{aligned}P_H&=\gamma\left(H+\frac{D_1}{2}\right)D_1L\tan^2\left(45°-\frac{\varphi}{2}\right)\\&=17\times\left(5+\frac{1.91}{2}\right)\times1.91\times30\times\tan^2\left(45°-\frac{20°}{2}\right)\\&=2842(kN)\end{aligned}$$

管段全长总重为:

$$P_B=GL=20\times30=600(kN)$$

全管段长的总摩阻力值为:

$$\begin{aligned}F&=f(2P_V+2P_H+P_B)\\&=0.25\times(2\times3409+2\times2842+600)=3280(kN)\end{aligned}$$

如果管端无刃脚,则 A 为管段截面面积:

$$A=\frac{D_1^2-D^2}{4}\pi=\frac{1.91^2-1.64^2}{4}\times3.1416=0.753(m^2)$$

取黏性土 $R_A=500kN/m^2$,则贯入阻力为:

$$P_A=R_AA=500\times0.753=380(kN)$$

总顶进力值为总摩阻力与贯入阻力之和,并考虑安全系数为 1.2,则总顶进力为:

$$R_f=K(F+P_A)=1.2\times(3280+380)=1.2\times3660=4400(kN)$$

5.5.3　顶管工作井设计

在顶管施工中，虽然不需要开挖地层，但必须在顶进管道的两端及沿线开挖若干个工作井。工作井分为顶进工作井和接收井。顶进工作井是安放所有顶进设备的场所，是顶管掘进机或工具管的始发井，也是承受主顶油缸反作用力的构筑物；接收井则是接收顶管掘进机或工具管的场所。

工作井按其结构可分为钢筋混凝土井、钢板桩井、瓦楞钢板坑等。在土质条件好、顶管口径比较小和顶进距离不长的情况下，工作井可采用放坡开挖式，只不过在工作井中需浇筑一堵后座墙。

工作井的尺寸是指工作井的平面尺寸和深度。矩形工作井的底部尺寸及深度应采用下列公式计算：

$$B = D_1 + S \tag{5-12}$$

$$L = L_1 + L_2 + L_3 + L_4 + L_5 \tag{5-13}$$

$$H_1 = h_1 + h_2 + h_3 \tag{5-14}$$

$$H_2 = h_1 + h_3 \tag{5-15}$$

式中　B——矩形工作井的底部宽度，m；

D_1——管道外径，m；

S——操作宽度，可取 2.4～3.2m；

L——矩形工作井的底部长度，m；

L_1——顶管掘进机长度，m；

L_2——管节长度，m；

L_3——输土工作间长度，m；

L_4——千斤顶长度，m；

L_5——后座墙的厚度，m；

H_1——工作井地面至井底的深度，m；

H_2——接收井地面至井底的深度，m；

h_1——地面至管道底部外缘的深度，m；

h_2——管道外缘底部至导轨地面的高度，m；

h_3——基础及其垫层的厚度(不应小于该处井室基础及垫层厚度)，m。

5.5.4　后座墙后围岩稳定性验算

后座墙的主要功能是在顶进过程中自始至终地承受工作井顶管前进时的后坐力。后座墙的最小强度应保证其在设计顶进力的作用下不被破坏，要求其自身的压缩回弹量为最小，以利于充分发挥工作井的顶进效率。在设计和安装后座墙时，应使其满足如下要求：

(1)要有充分的强度

其应在顶管施工中能承受工作井千斤顶的最大反作用力而不致发生破坏。

(2)要有足够的刚度

当受到工作井千斤顶的反作用力时，后座墙材料被压缩而产生变形，卸荷后要能恢复原状。

(3)表面要平直

后座墙表面应平直，并垂直于顶进管道的轴线，以免偏心受压，使顶进力损失，并发生质量、安全事故。

(4)材质要均匀

后座墙材料的材质要均匀一致，以免承受较大的后坐力时造成后座墙材料被压缩而不均匀，并出现倾斜现象。

(5)结构简单，装拆方便

装配式或临时性后座墙都要求采用普通材料，装拆方便。

后座墙后围岩稳定性验算主要有以下几种方法。

第一种方法在计算后座墙反力过程中，忽略了钢制后座的影响，假定主顶油缸施加的顶进力通过后座墙均匀地作用在工作井后的土体上，为确保后座在顶进过程中的安全，后座的反力或土抗力 R 应为总顶进力 P 的 1.2～1.6 倍，R 可采用下式计算：

$$R=\alpha B\left(\gamma H^{2}\frac{K_{P}}{2}+2cH\sqrt{K_{P}}+\gamma hHK_{P}\right) \tag{5-16}$$

式中 R——顶进力的反力，kN；

α——系数，取 $\alpha=1.5\sim2.5$；

B——后座墙的宽度，m；

γ——土的容重，kN/m^3；

H——后座墙的高度，m；

K_P——竖向土压力系数；

c——土的黏聚力，kPa；

h——地面到后座墙顶部土体的高度，m。

第二种方法在计算后背土的承载能力时引入了土抗力系数 K_r。此时，后背土的承载能力可按下式进行计算：

$$R_c=K_rBH\left(h+\frac{H}{2}\right)\gamma K_P \tag{5-17}$$

式中 R_c——后背土的承载能力，kN；

K_r——后座墙的土抗力系数，其值可以通过图 5-3 查得；

B——后座墙的宽度，m；

γ——土的容重，kN/m^3；

H——后座墙的高度，m；

K_P——竖向土压力系数；

h——地面到后座墙顶部土体的高度，m。

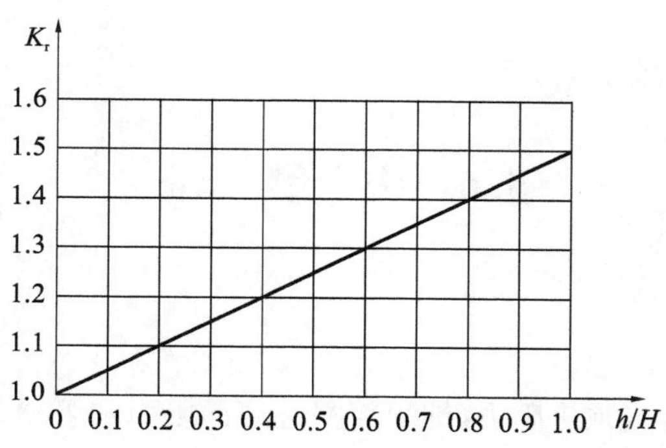

图 5-3 土抗力系数

竖向土压力系数与土的内摩擦角有关，其计算式如下：

$$K_P = \tan^2\left(45° + \frac{\varphi}{2}\right) \tag{5-18}$$

不同土的 K_P 值见表 5-4。

表 5-4 **不同土的主动和竖向土压力系数值**

土的名称	φ/(°)	竖向土压力系数 K_P	主动土压力系数 K_A	K_P/K_A
软土	10	1.42	0.70	2.03
黏土	20	2.04	0.49	4.16
砂黏土	25	2.46	0.41	6.00
粉土	27	2.66	0.38	7.00
砂土	30	3.00	0.33	9.09
砂砾土	35	3.69	0.27	13.67

【例 5-2】 某工程设置的后座墙高度 H 为 3.5m，宽度 B 为 4m，后座墙顶到地面的高度 h 为 3m，没有板桩支撑。后背土为砂土，$\gamma=19\text{kN/m}^3$，内摩擦角 φ 为 30°。问其能否承受 6000kN 的顶进力？

【解】

$$\frac{h}{H}=\frac{3}{3.5}=0.86$$

由图 5-3 查得，当 $h/H=0.86$ 时，$K_r=1.42$。从表 5-4 中查得 $\varphi=30°$时，$K_P=3.00$，则：

$$\begin{aligned} R_c &= K_r BH\left(h+\frac{H}{2}\right)\gamma K_P \\ &=1.42\times4\times3.5\times\left(3+\frac{4}{2}\right)\times19\times3.0 \\ &=5353(\text{kN}) \end{aligned}$$

因 $R_c<6000\text{kN}$，故不满足要求。

考虑改变后座墙尺寸，将宽度加大至 4.5m，代入公式，得：

$$\begin{aligned} R_c &= K_r BH\left(h+\frac{H}{2}\right)\gamma K_P \\ &=1.42\times4.5\times3.5\times\left(3+\frac{4}{2}\right)\times19\times3.0 \\ &=6055(\text{kN}) \end{aligned}$$

现 $R_c>6000\text{kN}$，故安全。

确定后座墙尺寸为 3.5m×4.5m。

5.6 中 继 环

5.6.1 中继接力原理

在长距离的顶管工程中，当顶进阻力(即顶管掘进迎面阻力和管壁外围摩阻力之和)超过主千斤顶的容许总顶进力、管节容许的极限压力或工作井后座墙后背土体极限反推力三者之一，无法一次达到顶进距离要求时，应采用中继接力顶进技术，实施分段顶进，使顶入每段管道的顶进力降到允许顶进力范围内。

采用中继接力顶进技术时，将管道分成数段，在段与段之间设置中继环，如图 5-4 所示。中继环将管道分成前后两个部分，中继油缸工作时，后面的管段成为受压后座，前面的管段被推向前方。中继环按先后次序逐个启动，可实现管道分段顶进，由此可达到减小顶进力的目的。采用中继接力顶进技术后，管道的顶进长度不再受后座墙后背土体极限反推力大小的限制。只要增加中继环的数量，就可增加管道顶进的长度。中继接力顶进技术是长距离顶管施工中不可缺少的技术措施。

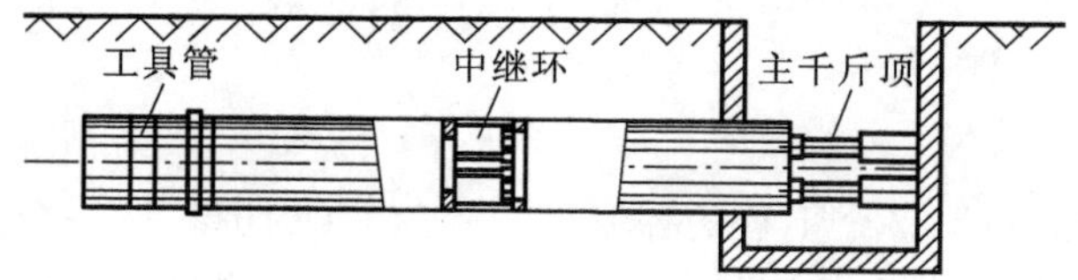

图 5-4 中继环示意图

中继环的安装位置应通过顶进力计算确定，第一组中继环主要考虑工具管的迎面阻力和管壁摩阻力，并应有较大的安全系数；其他中继环则考虑克服管壁的摩阻力，可预留适当的安全系数。

5.6.2 中继环的构造

中继环必须具备足够的刚度及良好的水密性，并且要加工精确，安装方便。其主体结构由以下几部分组成：

①短冲程千斤顶组（冲程为 150～300mm，规格、性能要求一致）；

②液压、电气与操作系统；

③壳体和千斤顶紧固件、止水密封圈；

④承压法兰片。

液压操作系统应视现场环境条件布置，可采用管内分别控制或管外集中控制。中继环的壳体直径和管道外径相同，并使壳体有较好的水密性及在管节中的移动有较好的润滑性，滑动一端的盈余管道采用特殊管节相连接。

用于钢管管道的中继环构造如图 5-5 所示，其前、后管段均设置环形梁。前环形梁上均布中继油缸，两环形梁间设置替顶环，供中继油缸拆除时使用。前、后管段间是套接的，其间有橡胶密封圈，以防止泥水渗漏。前、后环形梁在顶进结束后割除。

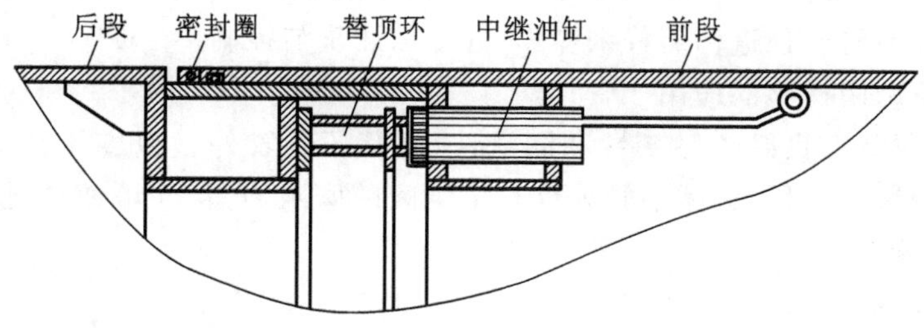

图 5-5 用于钢管管道的中继环构造

5.6.3 中继环的自动控制

中继环从工具管向工作井依次按 1#、2# 等编号。工作时，首次启动 1# 中继环，其后面的管段即成其顶推后座；等该中继环顶推行程达到允许行程后，停止 1# 中继环，启动 2# 中继环……直到最后启动工作井主千斤顶，将整个管道向前顶进一定长度。

中继环是根据控制指令启动或停止操作的，它严格按照预定的程序动作。当置于管道中的中继环数量超过3个时，假如总共有5个中继环，则1#中继环的第二循环可与4#中继环的第一循环同步进行，2#中继环的第二循环可与5#中继环的第一循环同步进行，以此类推。因此，只有前三个中继环的工作周期占用实际的顶进时间，其余中继环的动作不再影响顶管速度。应用中继环自动控制程序可解决长距离顶管的中继环施工工效问题。

5.7 施工关键技术

（1）顶管测量技术

依据城市测量控制点布置整个工程的控制网，在工作井周围布设一个高精度的控制网，用以测放、检查和修正工作井井区和井下的测量点，如轴线点、井下的测量起始点和后视点等。

将测量平台置于井下顶管轴线上，靠近后座墙处，通过控制网将顶管测量起始点测放其上，并在井中布设2～3个稳固的后视点，以便相互校核。顶管测量起始点对顶管测量精度至关重要，故井下测量平台要单独设置，不应与管道、设备、后座墙接触，不应受顶管操作影响，以保持其稳定性。

（2）顶管出洞技术

顶管出洞是指顶管机和第一节管子从工作井中破出洞口封门进入土中，开始正常顶管前进的过程。其是顶管施工中的关键工序，也是容易发生事故的工序。

顶管时既要求顶管机和管道能从工作井内穿过出洞口进入土中并沿设计轴线顶进，又要求井外泥水不能流入井内，故要求在工作井出洞口处安装可靠的密封装置。一般是在出洞口预埋钢环或螺栓，用钢环夹压橡胶止水圈。橡胶止水圈内径略小于管节外径，紧紧地包裹住管子外壁，阻止泥水流入井内。管径较大、埋深较大的出洞口外侧土（水）压力较大时，橡胶止水圈应安装2～3道，以确保安全。必要时出洞口处还需辅以井点降水、土体加固等措施，以保万无一失。

工作井施工与出洞口封门拆除不可避免地会使洞口外土体受到扰动，从而可使顶管出洞时迎面阻力及周围摩阻力都较小。而使顶管出洞的主千斤顶顶进力是巨大的，易造成各千斤顶行程不等，这足以使顶管机顶头和第一节管子偏离设计轴线。此时，扰动过的土体难以对顶管机顶头产生较大反力，也难以对顶管机顶头起到导向约束作用，故对产生的偏差很难纠正。因此，出洞顶进时，一定要不断地测量，以保证顶管机顶头和第一节管子位置正确。出洞和初顶时，顶管机顶头和后续几节管子最好用螺杆连成整体，这在约束导向能力很差的软土中尤为重要。顶管机顶头与第一节管子顶出后，后续几节管子顶进仍需仔细操作，并加强测量与控制。

（3）膨润土泥浆减阻措施的应用

优质膨润土泥浆具有良好的触变性和润滑性，将其压到管外壁包裹住管子，形成一层触变性好、摩擦系数小的泥浆套，可大大减小管外壁与土壤间的摩阻力，从而可使顶进力一定的中继站或主顶站顶进更长的管道。

（4）曲线顶管技术

曲线顶管主要是利用顶管机内安装的四组八个用于曲线转弯的千斤顶不同步顶进来实现的。千斤顶左右对称布置。

顶管曲线的形成，一靠曲线千斤顶的行程差，二靠土对顶管机顶头及管节的反作用力。一般在较硬的土中，只要顶管机顶头沿设计曲线顶进，后续管道就会沿顶管机顶头轨迹曲线前进。但若土质太软，土对后续管道不能形成足够的反力，使后续管间的缝隙不能形成左右两侧的管缝差，则曲线顶管就难以成功。此时，需在后续的若干节管子端部与顶管机顶头转弯千斤顶对应位置埋入转弯千斤顶盒，在需要张开管缝时放入小千斤顶强行顶开曲线外侧的管缝，使管间接缝形成与顶管机顶头一致的管缝差，并在张开的缝中嵌入胶合板填充。顶管机顶头与这些形成管缝差的后续管节形成“组合弯道”，再往后的管节就会沿“组合弯道”的轨迹顶进，形成整个管道的曲线顶进。

(5)顶进过程中的压力平衡

无论采用何种工艺施工，顶管操作时都必须使机头与开挖面土体的压力保持动态平衡。这对顶管质量和地面的影响至关重要。机头对开挖面的压力(即气压力、泥浆压力或土压力)不足时，开挖面会发生滑移或坍塌，造成地面沉降；机头对开挖面的压力过大时，产生的挤压作用则可能使地面隆起。

保持机头顶进与排土同步进行，且机头切入的土量与取土设备排出的土量大致相等，才能保持机-土界面的压力平衡。顶管施工只有在界面压力保持为这种动态平衡状态的条件下，才能保证对地面的影响最小，顶管质量最好，工作效率最高。

(6)顶管机旋转

顶管机在顶进过程中会发生旋转，将影响管内设备的使用，甚至会使液体外溢。

顶管时控制刀盘的旋转方向，将刀盘向机体旋转的反向转动，使顶管机受反向扭矩，从而可纠正机体。顶进过程中，不断正、反旋转刀盘，顶管机的旋转就可得到有效控制。

还可以采取配重法，在顶管机顶头内摆放配重，即若顶管机向左旋转，则在机内右侧摆放配重；若向右旋转，则配重摆放在机内左侧。因顶管机内设备已考虑了重量对称分布，故所用配重的数量较少，配重一般用废铁板等。

(7)管节接头漏浆

管节接头渗漏多出现在膨润土压浆孔处(因膨润土泥浆压浆压力过大而挤入管内)，施工中应予以避免。其万一出现，可用专用止水钢环止水。

(8)地面沉降或隆起

地面沉降或隆起值的大小体现了顶管水平的高低。控制地面沉降与隆起的主要技术措施有：控制出土量与顶进速度，避免超量出土或顶管机过量顶进，使出土与顶进压力始终处于动态平衡状态；加强膨润土泥浆压浆，泥浆在顶管中起润滑与支护双重作用。在管外壁与土间始终充满膨润土泥浆，可约束管周围土体不挤向管外壁。

【知识归纳】

顶管法一般用于修建中小型地下市政管道。顶管法是采用具有顶进、牵引功能的设备，以顶管工作井作承压壁，将管子按设计高程、方位、坡度逐根顶入土层直至到达目的地的一种修建隧道或地下管道的施工方法。一般使用泥水平衡顶管机、土压平衡顶管机和微型顶管机三种顶管机。顶管工程设计的步骤为：前期资料收集、顶管顶进力估算、顶管工作井设计和后座墙后围岩稳定性验算。顶进阻力超过主千斤顶的容许总顶进力、管节容许的极限压力或工作井后座墙后背土体极限反推力三者之一，无法一次达到顶进距离要求时，应采用中继接力顶进技术，实施分段顶进。

【独立思考】

5-1 试阐述中继接力顶进技术的原理。

5-2 为保证顶管工程的成功实施，需要解决好哪些关键问题？

5-3 顶管工程中的顶进力如何估算？

5-4 工作井后座墙后围岩的稳定性如何验算？

【参考文献】

[1] 同济大学，天津大学，哈尔滨建筑工程学院，等．土层地下建筑结构．北京：中国建筑工业出版社，1982.

[2] 张子新，孙钧．二十一世纪上海大都市发展与地下空间开发．地下空间，1999(2)：126-130.

[3] 孙钧，侯学渊．地下结构．北京：科学出版社，1987.

[4] 张庆贺．地下工程．上海：同济大学出版社，2005.

[5] 龚维明，童小东，缪林昌，等．地下结构工程．南京：东南大学出版社，2004.

[6] 上海市教育委员会组，曾进伦，王聿，等．地下工程施工技术．北京：高等教育出版社，2001.

6 沉井结构

课前导读

◹ 内容提要

本章的主要内容包括沉井结构的概念、特点，沉井的分类和构造，沉井结构设计计算方法，沉井法施工工艺和沉井施工新技术等内容。本章的教学重点和难点为沉井的构造、沉井设计施工过程中的计算和验算。

◹ 能力要求

通过本章的学习，学生应了解沉井结构的特点，掌握沉井的构造要求和设计计算方法，熟悉沉井法的施工工艺，并了解一些沉井施工新技术。

6.1 概　　述

6.1.1 沉井结构的概念、特点及应用

沉井结构是以其施工方式命名的，是将已建的“井”通过某种方法“沉”到地下或水下一定位置后修筑而成的一种地下工程结构。沉井基础(sunk well foundation)是以沉井法施工的地下结构物，是深基础的一种形式。具体来说，先将准备置于地下一定深度处的建筑物或建筑物基础在地表制作成一个井筒状的结构物(沉井)，然后在井壁的围护下，通过从井内不断挖土，借助井体自重及其他辅助措施使其逐渐下沉，达到预定设计标高后进行封底，构筑内部结构。

沉井结构的特点是：躯体结构刚度大，断面面积大，承载力高，抗渗能力强，耐久性能好，内部空间可有效利用；施工场地占地面积小，可靠性良好；适用土质范围广(在淤泥土、砂土、黏土、砂砾等土层中均可施工)；施工深度大，施工时周围土体变形较小，因此对邻近建筑物的影响小，适合近接施工；作为基础，其埋置较深，稳定性和抗震性能好，能承受较大的荷载。

沉井结构在大型地下构筑物和深基础方面有着极为广泛的应用，如作为永久性地下构筑物使用的地下储油罐、地下气罐、地下泵房、地下水池、地下沉淀池、地下车库、地下防空洞、地下变电站、地下料坑等多种地下设施。此外，其在盾构隧道施工中可作为临时性工作井(为盾构机械的搬入、组装、进发、到达、解体，管片及其他材料的运入，泥水处理设备的设置，挖掘土砂及其他废料的运出等作业提供场地)，也可作为永久性工作井，如隧道通风井、排水井、地下铁道施工盾构设备的接收井、采矿用竖井等。另外，其可作为大型构造物的深基础使用，如高层和超高层建筑物基础、各种桥梁基础、城市高架路基础、轻轨线路基础、水闸基础、港口基础、护堤基础、冶金高炉基础及各种重型设备基础等。大型浮运沉井还可用来建造海上石油开采平台。图6-1所示为2012年竣工通车的泰州长江大桥中塔水中沉井基础，其长约58m，宽44m，下沉深度达70m，为国内最大的水中沉井基础。

图6-1　泰州长江大桥中塔水中沉井基础

6.1.2 沉井分类

沉井的分类方法很多，常见的有以下几种。

①按沉井下沉方式，沉井可分为陆地沉井（包括在浅水中先筑岛制作的沉井）和浮式沉井（用于水中的沉井）。

②按沉井构造形式，沉井可分为独立沉井（多用于独立深基础或独立深井构筑物）和连续沉井（多用于隧道工程）。

③按沉井断面形状，沉井水平断面形状有圆形、方形、矩形、椭圆形、圆端形、多边形及多孔井字形等，见图 6-2；竖直断面形状有直壁柱形，内、外阶梯形及锥形，见图 6-3。

④按沉井制作材料，沉井可分为混凝土沉井，钢筋混凝土沉井，钢、砖、石及组合式沉井等。

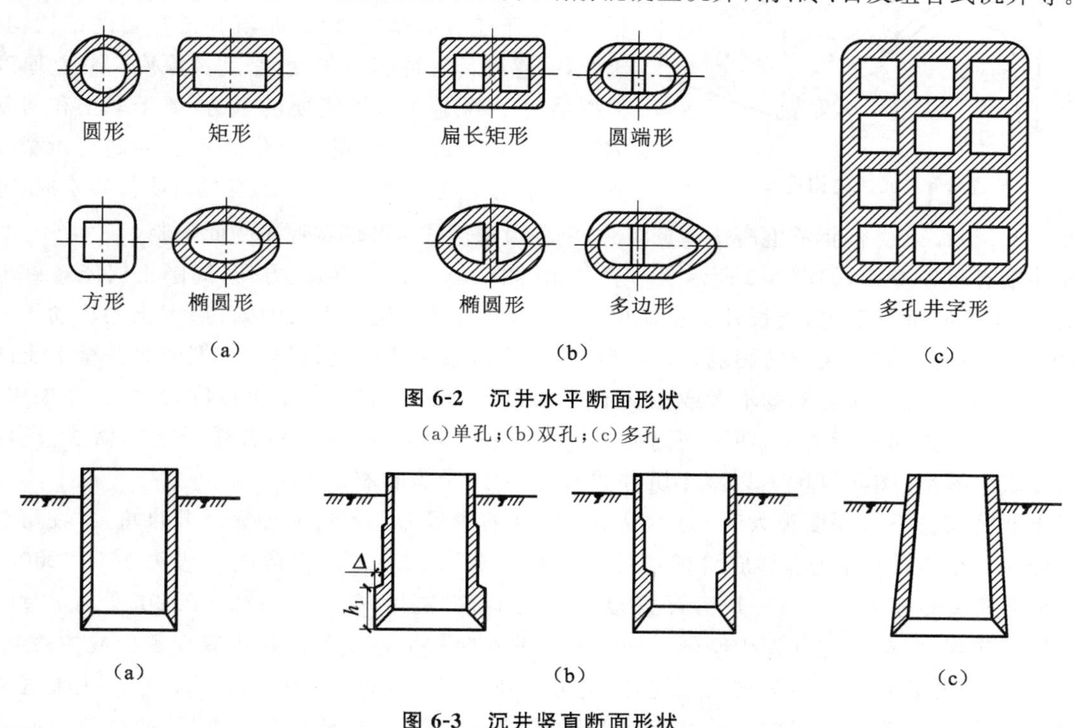

图 6-2 沉井水平断面形状

(a)单孔；(b)双孔；(c)多孔

图 6-3 沉井竖直断面形状

(a)直壁柱形；(b)内、外阶梯形；(c)锥形

6.1.3 沉井设计原则

①沉井的平面尺寸及其形状与高度，应根据墩台的底面尺寸、地基承载力及施工要求确定。设计时力求结构简单对称，这可使受力合理，施工方便；长短边之比越小越好，以保证下沉时的稳定性。

②沉井棱角处宜做成圆角或钝角，这可使沉井在平面框架受力状态下减少应力集中，减小井壁摩擦面积，便于吸泥（不致形成死角）。沉井顶面襟边的宽度不应小于沉井全高的 1/50，且不得小于 200mm，浮式沉井需另加 200mm。

③为了便于沉井制作和井内挖土、出土，一般沉井应分节制作。每节高度不宜大于 5m，且不宜小于 3m。沉井底节高度除应满足拆除支承时沉井的纵向抗弯要求外，在松软土层中下沉的沉井底节高度不宜大于 0.8b(b 为沉井宽度)。当沉井高度小于 8m，在地基土质情况和施工条件都允许时，沉井也可一次浇筑成型。

6.2 沉井构造

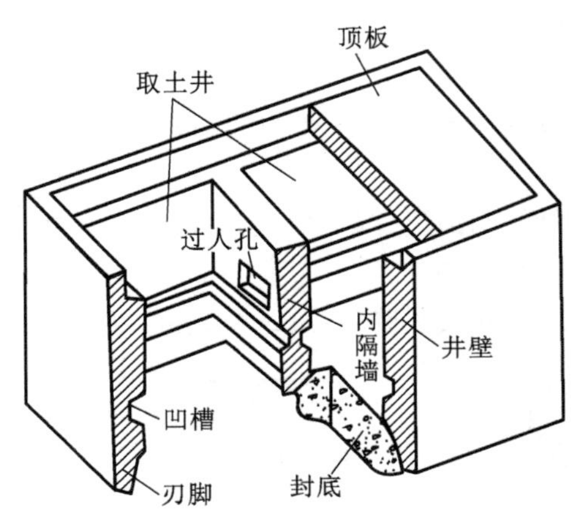

图 6-4 沉井的构造

沉井主要由井壁，刃脚，内隔墙，取土井，凹槽，射水管组、探测管、气管和压浆管，封底及顶板，底梁和框架等部分组成，如图 6-4 所示。

6.2.1 井壁

井壁即沉井的外壁，是沉井承受其自重及井外水、土压力的主要部分。它既是沉井施工过程中的围护结构，又是今后地下工程结构的外墙，是沉井最重要的结构构件。因此，井壁应具有足够的强度、刚度及厚度。井壁厚度应根据结构强度、施工下沉需要的重力、便于取土和清基等因素而定。设计时通常先假定井壁厚度，再进行承载力验算，井壁厚度一般为 0.4～1.2m；有战时防护要求时，井壁厚度可达 1.5～1.8m。但钢筋混凝土薄壁沉井、钢模薄壁浮式沉井的壁厚不受此限制。

外井壁有多种形式，如图 6-5 所示。竖直井壁[图 6-5(a)、(b)]施工方便，周围土层能较好地约束井壁，易于控制垂直下沉，接长井壁也简单。此外，竖直井壁沉井下沉时，对周围土的扰动影响范围小，可以减少对四周建筑物的影响，故特别适用于市区较密集的建筑群间。但竖直井壁上土的摩阻力较大，一般在沉井入土深度不大或在软土层中采用。当土质松软，下沉深度较大时，考虑水、土压力随着深度增大而不断增大，使不同高程井壁受力差异较大，故往往将井壁外侧仍做成竖直形，内侧则做成阶梯形[图 6-5(b)]，以减小沉井的截面尺寸，节省材料。

当土层密实且下沉深度很大时，为了减小井壁处的摩阻力又不过分加大沉井自重，常在每节沉井接缝处做一个或几个台阶，形成阶梯形井壁[图 6-5(c)、(d)]。台阶宽度一般为 100～200mm。最下一级台阶宜设于 $h=(1/4\sim1/3)H$ 高度处(H 为沉井高度)，或 $h=1.2\sim2.2$m 处。h 过小不能起到导向作用，容易使沉井发生倾斜。施工时一般在阶梯面形成的槽孔中灌填黄砂或护壁泥浆，以减小摩阻力，并防止土体破坏过大。此外，也可把外井壁做成锥形[图 6-5(e)]。在软土地区施工沉井时，如果沉井自重较大或软土地基承载力极小，则沉井下沉速度可能过快，易造成偏位或超沉等。这时可将外井壁做成倒锥形[图 6-5(f)]，其斜率根据下沉条件系数验算和施工经验确定。井壁内根据需要还常埋设有射水管、探测管、气管和压浆管等。

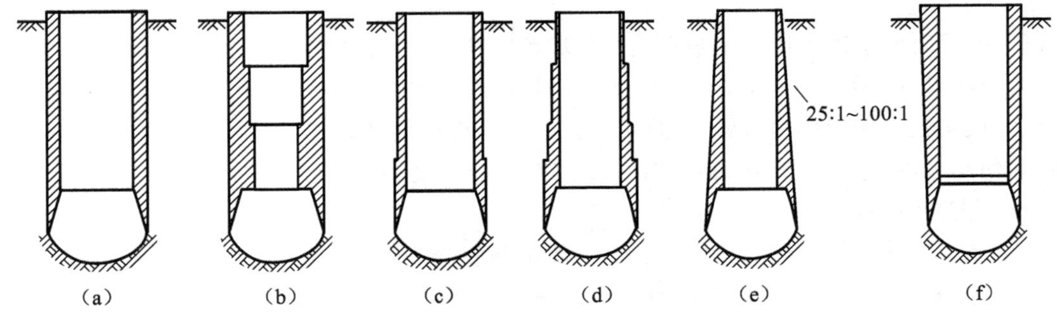

图 6-5 外井壁形式

(a)，(b)竖直形；(c)，(d)阶梯形；(e)锥形；(f)倒锥形

6.2.2 刃脚

刃脚为井壁下端做成刀刃状的尖角部分，如图6-6(a)所示。其作用是减小沉井的下沉阻力，使之能在自重作用下切土下沉。刃脚是沉井下沉过程中切土受力最集中的部分，所以必须有足够的强度，以免破损，一般采用混凝土强度等级不低于C20的钢筋混凝土结构制成。刃脚底的水平面称为踏面。踏面宽度依土层的软硬程度及井壁的厚度而定，一般为100～300mm，如为软土地基可适当放宽。刃脚内侧斜面倾角一般为45°～60°。当沉井下沉较深且土质较坚硬时，刃脚面常以型钢(角钢或槽钢)加强[图6-6(b)]，以防刃脚损坏。在坚硬地基上且需要用爆破方法清除刃脚下部障碍物时可采用钢板刃脚，并不设踏面而直接做成尖角[图6-6(c)]。刃脚斜面高度应视井壁的厚度而定，并考虑施工中便于挖土和抽拔刃脚下的垫木，一般干封底时刃脚高度取0.6m左右，湿封底时取1.5m左右。

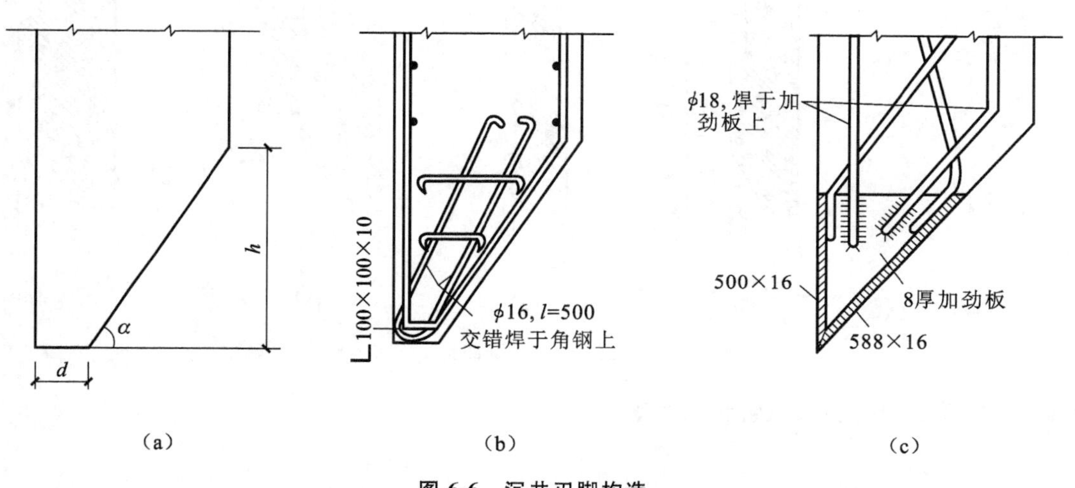

图6-6 沉井刃脚构造

(a)混凝土刃脚；(b)设角钢的刃脚；(c)尖刃脚

6.2.3 内隔墙

内隔墙为沉井内的分隔墙。在制作沉井时，可在井内依建筑使用功能确定的主要承重体系布置内隔墙。其主要作用是增加沉井刚度和自重，减小外壁计算跨度，同时将整个沉井分隔成多个取土井，以便均衡地控制挖土下沉的方向及进行施工中的纠偏。

内隔墙布置应对称、整齐，以保证沉井自重分布均匀。内隔墙间距一般不超过5～6m，厚度一般为0.5～1.0m。由于内隔墙既要对刃脚悬臂起支撑作用，又不宜受到土的支撑，妨碍沉井下沉，因此一般要求内隔墙的底面比井壁刃脚踏面高出0.5～1.0m。但当沉井穿越极软弱土层时，为防止沉井“突沉”，内隔墙底面也可与井壁刃脚踏面齐平。

内隔墙下部应设过人孔，以便于施工人员在各取土井之间往来。过人孔的尺寸一般为0.8m×1.2m、1.1m×1.2m。

6.2.4 取土井

取土井大小依取土方法而定。井孔尺寸除应满足使用要求外，还应保证挖土机具可在井孔中自由升降，不受阻碍。如用挖泥斗取土，则井孔的最小边长应大于挖泥斗张开尺寸再加0.5～1.0m，一般不小于2.5m。取土井的布置应力求简单、对称，以利于沉井均匀下沉，便于校正倾斜和偏移。

在沉井下沉完毕并封底后，如作基础用，则取土井可用素混凝土、片石混凝土或片石填砌，在无冰冻地区也可以采用粗砂或砂砾填砌；当作用在墩台上的外力不大时，也可采用空心沉井。但在以砂砾填心的沉井和空心沉井的顶面均需浇筑钢筋混凝土顶板，顶板厚度由计算确定。

6.2.5 凹槽

凹槽位于刃脚上方的内侧井壁上，如图 6-7 所示。其作用是使封底混凝土与井壁更好地连接以形成整体，以便将封底底面反力更好地传递给井壁，使沉井成为空间结构受力体系。同时，在特殊情况下还可在凹槽处浇筑钢筋混凝土盖板，将沉井改为沉箱。凹槽高约 1.0m，近似等于封底混凝土厚度，以保证封底工作顺利进行，凹入深度为 0.15～0.25m，其底面距刃脚踏面高度一般大于 2.5m。

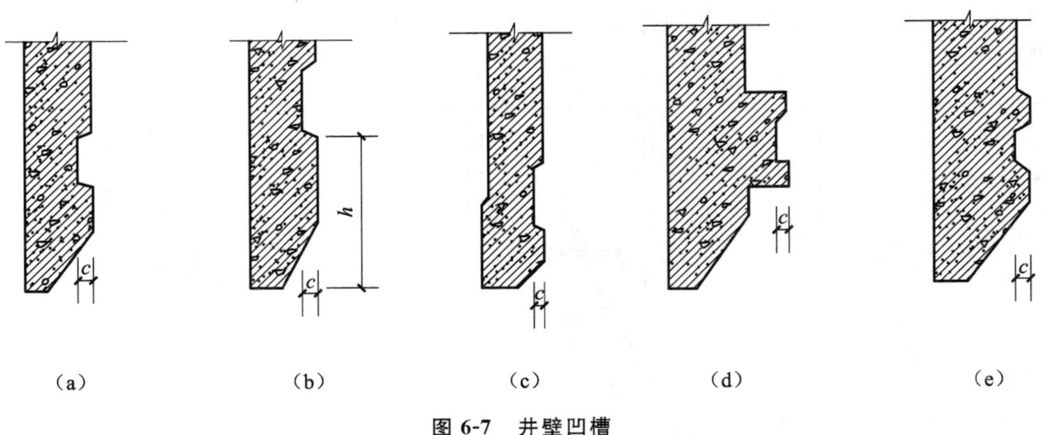

图 6-7 井壁凹槽

6.2.6 射水管组、探测管、气管和压浆管

(1)射水管组

当沉井下沉较深，土的摩阻力预计较大，下沉会有困难时，可在井壁中埋设射水管组，管口设在刃脚下端和井壁外侧。射水管应均匀布置在井壁横向四周，并将其连成沿沉井平面中轴线对称的互相独立的 4 组。这样通过调节每组射水管中高压水的压力大小和水量就可调整沉井的下沉方向和下沉速度。高压水的压力一般不小于 0.6MPa，每一射水管的排水量不小于 200L/min。下沉中必要时可向射水管组中压入高压水，把井壁四周和刃脚下的土冲松，以减小摩阻力和端部阻力。

(2)探测管

在平面尺寸较大且不排水下沉较深的沉井中可设置探测管，其一般采用直径为 200～500mm 的钢管或在井壁中预留管道。其作用是探测刃脚和内隔墙底面下的泥面标高，清基射水或破坏沉井正面土层以利于下沉；沉井水下封底后，其可用作刃脚和内隔墙下封底混凝土的质量检查孔。

(3)气管

当采用空气幕下沉沉井时，可沿井壁外缘埋设内径为 25mm 的硬塑料管作为气管。当下沉困难时，可向预先埋设在井壁四周的气管中压入高压空气。此高压空气由井壁上的喷气孔喷出，沿井壁外表面上升逸出地面，从而在井壁周围形成一层松动的含有气体与水的液化土层。此含气液化土层如同幕帐一般围绕着沉井，故称为空气幕，可起到减小沉井下沉阻力的作用。

(4)压浆管

压浆管在采用泥浆套技术下沉沉井时使用。压浆管的布置方法有外管法和内管法两种。外管法是在井壁内侧或外侧布置管径为 38～50mm 的压浆管，间距为 3～4m，一般用于薄壁沉井；内管法是在井壁内预留孔道，其间距为3～4m，一般用于厚壁沉井。采用内管法或井壁内侧外管法时，压浆管的射口宜设在沉井底节台阶顶部，射口方向与井壁周围部分需成45°斜角；在射口处应设射口围圈，以防止压浆时直接冲射上壁和减少压浆出口处的淤塞，射口围圈一般可用短角钢制作。

6.2.7 封底及顶板

当沉井下沉到设计标高，基底经技术检验满足设计要求并对坑底进行清理后，为防止地下水渗入井内，使用混凝土浇筑底板，其称为封底。封底可分为湿封底（水下浇筑混凝土）和干封底两种。当井中的渗水量上升速度小于或等于6mm/min时，可采用干封底，即排干水后铺上垫层，然后浇筑钢筋混凝土底板，必要时在井底设置集水井排水。当井中的渗水量上升速度大于6mm/min时，宜采用湿封底，即先用导管法浇筑水下混凝土封底，待水下混凝土强度达到要求，抽干井水后再浇筑钢筋混凝土底板。封底厚度依其承载力条件计算确定，一般其顶面应高出凹槽0.5m。封底混凝土强度等级要求：岩石地基用C15混凝土，一般地基用C20混凝土。

顶板是指沉井封底后根据条件和需要，在沉井顶端构筑的一层盖子。以混凝土填心的沉井可用素混凝土顶板；当沉井中不填料或仅填以砂砾时，则应在沉井顶面浇筑钢筋混凝土顶板，厚度一般为1.0～2.0m，配筋由承载力计算和构造要求确定。顶板的作用是承托上部构造物，同时可增加沉井的刚度。对于排水下沉的沉井，其顶面在地面或水位以下时，应在井壁的顶部设置挡土防水墙。

6.2.8 底梁和框架

当设计要求不允许在大断面或大深度沉井内设置内隔墙时，可在沉井底部增设底梁，并构成框架，以增加沉井在施工下沉阶段和使用阶段的整体刚度。有的沉井因高度较大，常于井壁不同高度处设置若干道由纵、横大梁构成的水平框架，以减小井壁顶、底板之间的跨度和井壁变形，使整个沉井结构的布置合理、经济。

在松软地层中下沉沉井时，底梁的设置还可有效地控制和减少沉井"突沉"和"超沉"现象，便于纠偏和分格封底，以争取采用干封底。但纵、横底梁不宜过多，以免增加结构造价，使施工费时，甚至增大阻力，影响下沉。

6.3 沉井结构的设计计算

沉井在设计、施工过程中的计算包括以下内容。

6.3.1 沉井下沉系数计算

沉井下沉是靠在井孔内不断取土，使沉井依靠自身重力克服井壁四周与土体间的摩阻力及刃脚下土的正面阻力而实现的。确定沉井主体尺寸后，即可计算出沉井自重。为使沉井能顺利、稳定下沉，应验算沉井自重是否能克服下沉阻力。其可用下沉系数K_1来衡量，即：

$$K_1 = \frac{G-F}{T} \geqslant 1.05 \sim 1.25 \tag{6-1}$$

式中 G——沉井施工阶段自重，kN，包括井壁，上、下横梁和内隔墙的重力及施工时临时钢封门等的重力。对采用不排水下沉的沉井，应扣除水的浮力。

F——地下水对沉井的浮力，kN，沉井排水下沉时为0，沉井不排水下沉时取总浮托力的70%。

T——沉井下沉总阻力，kN，其为井壁与土体间的总摩阻力 T_f 与刃脚、内隔墙或底梁正面阻力 R_v 之和。

K_1——下沉系数，根据具体情况在 1.05～1.25 范围内选用。当沉井位于软弱土层中时宜取下限值，位于坚硬土层中时可取上限值。

井壁与土体间的总摩阻力 T_f 等于外井壁面积乘以外井壁单位面积的摩阻力，外井壁单位面积摩阻力 f 随深度变化而变化。在实际工作中，外井壁摩阻力的分布形式有许多不同的假定。

一般假定从地表到 5m 深度范围内，外井壁单位面积摩阻力呈线性由 0 增加至最大值，按三角形分布；超过 5m 深度以后均为常数值，如图 6-8 所示。此时总摩阻力为：

$$T_f = fU(H - 2.5) \tag{6-2}$$

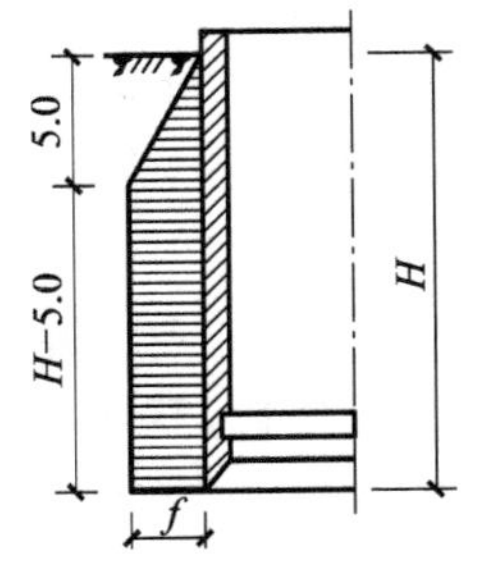

图 6-8　外井壁摩阻力分布

式中　U——外井壁周长，m；

H——沉井入土深度，m；

f——外井壁单位面积摩阻力，kPa，当下沉深度内有多个不同土层时，外井壁单位面积摩阻力取厚度加权平均值，即：

$$f = \frac{\sum_{i=1}^{n} f_i h_i}{\sum_{i=1}^{n} h_i} = \frac{f_1 h_1 + f_2 h_2 + \cdots + f_n h_n}{h_1 + h_2 + \cdots + h_n} \tag{6-3}$$

式中　f_i——各土层对外井壁的单位面积摩阻力，kPa。其值与土的种类及其物理、力学性能，井壁材料及其表面粗糙度等有关，可根据实践经验、实测资料来确定。如无资料，对下沉深度在 20m 以内或放宽至最深不超过 30m 的沉井，可参考表 6-1 中的数值选用。

h_i——不同土层的相应厚度，m。

表 6-1　**土体与井壁间的摩阻力**

土的名称	f/kPa	土的名称	f/kPa
黏土、亚黏土(依稠度而定)	12.5～20	砂砾石	15～20
密度大、含水率小的黏土	25～50	软土	10～12
砂类土	12～25	泥浆润滑套	3～5
砂卵石	18～30		

注：含水量大时取小值，含水量小时取大值；采用泥浆润滑套时摩阻力为 3～5kPa，在砾石与卵石层中不宜采用泥浆润滑套施工。

刃脚、内隔墙或底梁正面阻力 R_v 按下式计算：

$$R_v = A_r f_u \tag{6-4}$$

式中　A_r——刃脚、内隔墙或底梁的计算支承面积，m^2，刃脚斜面按水平投影面积的一半计算，其他按全面积计算；

f_u——沉井底部地基土的极限承载力，kPa，可按表 6-2 取值。

表 6-2　**沉井底部地基土的极限承载力**

土的种类	f_u/kPa	土的种类	f_u/kPa
淤泥	100～200	软可塑状态亚黏土	200～300
淤泥质黏性土	200～300	坚硬、硬塑状态亚黏土	300～400
细砂	200～400	软可塑状态黏性土	200～400
中砂	300～500	坚硬、硬塑状态黏性土	300～500
粗砂	460～600		

6.3.2 沉井抗浮稳定性验算

沉井下沉到设计标高后便开始进行封底工作，铺设垫层并浇筑封底混凝土或底板，直到内部结构施工、设备安装及顶盖施工完毕。整个过程所需时间可能很长，而沉井底板下的水压力能逐渐增长到静力水头，会对沉井产生最大的浮力作用，因此沉井应进行抗浮稳定性验算。工程实践表明，沉井上浮时土的极限摩阻力很大，在计入井壁与土体间摩阻力的情况下，抗浮稳定性验算公式为：

$$K_2 = \frac{G + T_f}{F} \geqslant 1.05 \sim 1.10 \tag{6-5}$$

式中 K_2——抗浮安全系数；

G——相应阶段沉井的总重，kN；

T_f——井壁与土体间的极限摩阻力，kN，可按式(6-2)计算；

F——施工阶段最高水位对应的计算浮力，kN。

抗浮安全系数 K_2 的大小可通过增减底板的厚度来调整，一般不希望该值过大，以免造成材料浪费。

6.3.3 沉井井壁计算

沉井形状各异，施工的具体技术措施也不尽相同。混凝土厚壁沉井的井壁由于厚度较大，除刃脚外可不进行验算；混凝土薄壁沉井的井壁应根据实际可能发生的情况进行验算。施工阶段的井壁内力计算应按沉井在施工过程中的传力体系合理确定其计算图式，然后配置水平和竖直方向两种钢筋。沉井井壁应进行竖直和水平两个方向的内力计算。

6.3.3.1 井壁竖直方向内力计算

重型沉井在制作第一节时多用垫木支撑。第一节沉井制成后，在抽拔垫木及挖土下沉过程中，刃脚踏面下部逐渐被挖空，此时将沉井看作支撑在少数支撑点上的深梁，应计算井壁在自重作用下产生的竖向挠曲应力。在下沉后期产生“吊空”等最不利情况下，应进行井壁竖向抗拉计算及截面配筋设计，以防止井壁竖向开裂。

(1)设支承垫木时，井壁在竖直平面内的受弯计算

土质均匀的软土地基上的沉井一般不设支承垫木，仅在砂垫层上铺素混凝土垫板。对于地质条件较复杂的大型沉井，如需要设置支承垫木，则其定位垫木的布置应合理，应使结构在自重作用下产生最小的结构内力。通过对不同支承情况的计算，对井壁作抗裂和强度验算。沉井施工中实际的支承位置是复杂的，一般按以下两种最不利的支承情况进行验算。

①沉井支承在两点定位垫木上。

最后抽除的垫木称为定位垫木。此时，认为沉井全部质量均支承在定位垫木上(已回填到踏面下砂土的支承作用略去不计)。为了使井体挠曲应力尽可能小些，采用四个支承点，支承点设在长边上，支承点间距按井壁内最大正、负弯矩相等或近似相等的条件来确定。当沉井平面的边长比不小于 1.5 时，一般取支承点间距 $L_2 = 0.7L$，L 为沉井全长。当沉井内有横隔墙或横梁时，除了井壁自身的重力外，横隔墙或横梁的重力均作为集中力作用在井壁相应的位置上，如图 6-9 所示。

②沉井支承在三支承点上。

抽承垫木的顺序一般是：先抽四角，再抽跨中，不断扩大抽除范围，最后抽除定位垫木。抽除定位垫木后，井壁原有两支承点“脱空”，而早先回填的砂土在后来的垫木抽除之后被一再压实，逐渐

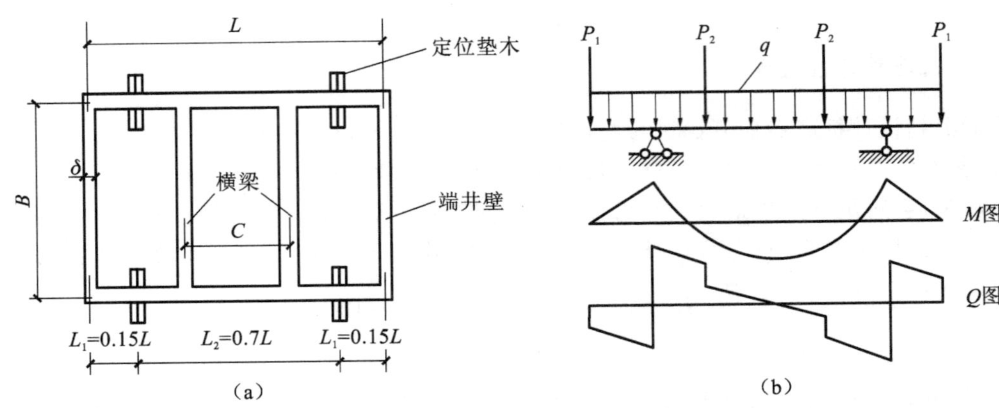

图 6-9 矩形沉井支承点的布置及井壁计算简图

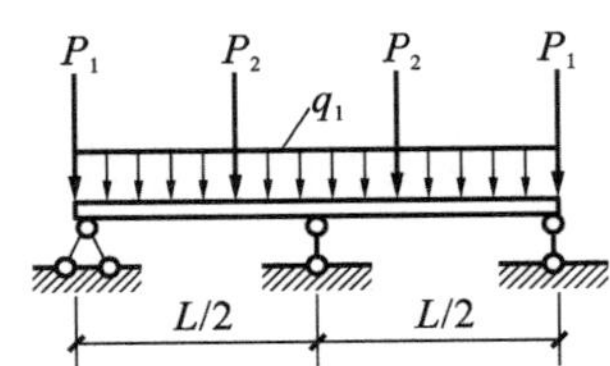

图 6-10 三支承点的两跨连续梁

变成了支承点，因而有可能形成三支承点的两跨连续梁，如图 6-10 所示。按此图式计算可得中间点处的最大负弯矩，并配置水平钢筋。

对于圆形沉井，其四个支承点一般布置在两条相互垂直的直径与井壁相交的端点处，如图 6-11(a)所示，可计算沉井井壁竖向弯矩和扭矩。沉井在不排水下沉时，考虑可能遇到障碍物，可按支承于直径上的两个支承点计算。如果沉井直径较大，也可增加支承点，如图 6-11(b)所示。支承点一般以偶数为宜，最后一次抽掉，使内力得以减小。

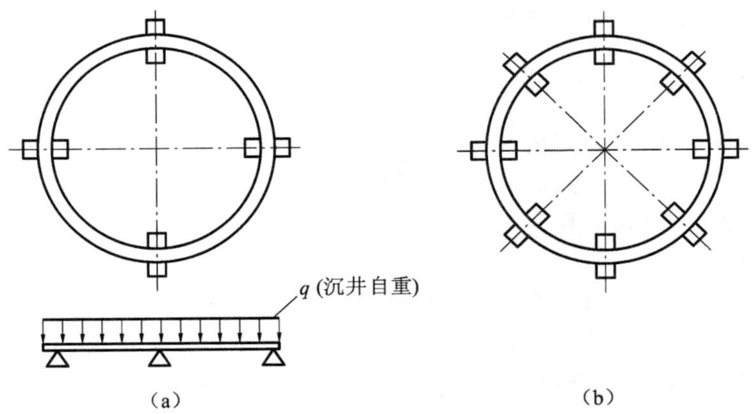

图 6-11 多支承点圆形沉井

当沉井抽出承垫木进行井壁竖向内力计算时，可把圆形沉井井壁看作连续的水平圆环梁。水平圆环梁在均布荷载 q(沉井自重)作用下的剪力、弯矩和扭矩计算可查表 6-3。

表 6-3 水平圆环梁内力计算表

圆环梁支柱数	最大剪力	弯矩		最大扭矩	支柱轴线与最大扭矩截面之间的中心角
		两支柱间的跨中	支柱上		
4	$\pi qR/4$	$0.03524\pi qR^2$	$-0.06430\pi qR^2$	$0.01060\pi qR^2$	19°21′
6	$\pi qR/6$	$0.01500\pi qR^2$	$-0.02964\pi qR^2$	$0.00302\pi qR^2$	12°44′
8	$\pi qR/8$	$0.00832\pi qR^2$	$-0.01654\pi qR^2$	$0.00126\pi qR^2$	9°33′
12	$\pi qR/12$	$0.00380\pi qR^2$	$-0.00730\pi qR^2$	$0.00036\pi qR^2$	6°21′

(2)井壁竖向抗拉计算

在沉井下沉施工阶段,影响井壁竖向最大拉力的因素众多,难以进行明确的分析与计算,通常按以下几种假定进行内力计算。

①沉井下沉接近设计标高时,当上部井壁被四周土体嵌固,而刃脚下的土已被全部掏空时,形成"吊空"现象。此时沉井仅靠井壁与土体间的摩阻力来维持平衡,为最不利情况,应验算井壁接缝处的竖向拉应力。假定接缝处混凝土不承受拉应力而由接缝处的钢筋承受,此时钢筋的抗拉安全系数可采用1.25。从井壁受竖向拉应力的最不利条件考虑,一般假定井壁与土体间摩阻力沿沉井全高呈倒三角形分布,如图6-12所示。此时最危险截面在沉井入土深度的1/2处,此处井壁所承受的最大竖向拉力 S_{max} 为沉井自重 G 的1/4,即:

$$S_{max} = \frac{G}{4} \tag{6-6}$$

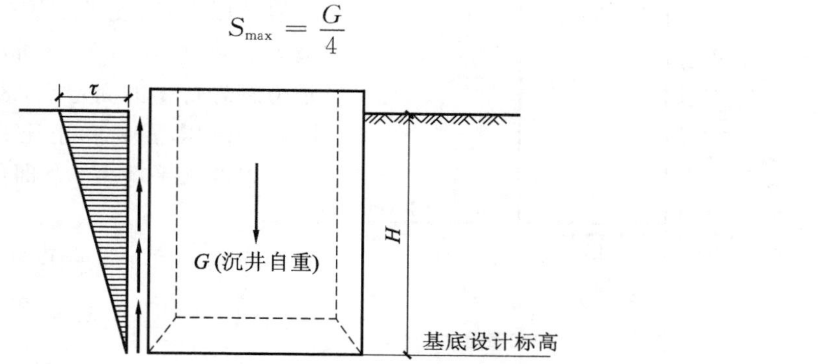

图6-12 井壁竖向受力图

②当上部土层坚硬,下部土层松软时,可近似假定沉井上部0.35H处被卡住,下部0.65H部分处于悬吊状态,则等截面井壁的最大竖向拉力为:

$$S_{max} = 0.65G \tag{6-7}$$

通常,等截面井壁的竖向钢筋应按照最大拉力 $S_{max} = (0.25 \sim 0.65)G$ 配置,或者按照构造规定配置,其截面面积取两者中较大者。

③当井壁截面在竖直方向呈阶梯形变化时,应求出最大竖向拉力的作用点位置,并按照最大竖向拉力或构造要求配置竖向钢筋。

④当井壁中有预留孔洞时,应验算孔洞削弱处井壁的应力。

实际工程中,沉井被卡住较为常见,也出现过被拉裂的情况。这与各土层的情况和施工方法等多种因素有关,并且被卡住沉井的外力分布也不可能如上述假定的那么理想。因此,建议沉井井壁的竖向拉力按沉井结构和影响范围内的建筑物安全等级参考表6-4取值并进行验算,同时应满足纵向钢筋最小配筋率要求。

表6-4 **沉井井壁的竖向拉力取值及其纵向钢筋最小配筋率**

沉井施工方法	沉井结构和受其影响建筑物的安全等级与竖向拉力取值			纵向钢筋最小配筋率
	一级	二级	三级	
排水下沉	0.50G	0.30G	0.25G	钢筋混凝土最小配筋率不宜小于0.10%,少筋混凝土最小配筋率不宜小于0.05%
不排水下沉	0.40G	0.25G	0.20G	
在泥浆润滑套中下沉	0.30G	0.25G	0.20G	

6.3.3.2 井壁水平方向内力计算

作用在井壁上的水、土压力沿沉井深度方向是变化的，因此井壁水平方向内力计算应沿沉井的深度方向分段进行。当沉井下沉至设计标高时，刃脚下的土已被掏空，此时井壁承受最大的水、土压力。水、土压力求得后，即可分段进行井壁水平方向内力计算。但由于各种沉井结构的布置形式不同，在施工过程中的传力体系各不相同，故要精确计算井壁水平方向的内力是困难且复杂的，只能采取一些近似计算方法。

①对于在施工阶段井内设有横隔墙的沉井，因为横隔墙的支承作用，井壁的受力情况可按水平框架受力情况进行分析。计算时，首先计算位于刃脚根部以上，高度等于该处井壁厚度 t 的一段受力最大的井壁，如图 6-13 所示。由于这一段井壁框架是刃脚悬臂梁的固定端，故除承受框架本身高度范围内的水压力 W 和土压力 E 外，还承受由刃脚悬臂传来的水平剪力 Q_1，即作用在该段井壁上的荷载 q 为：

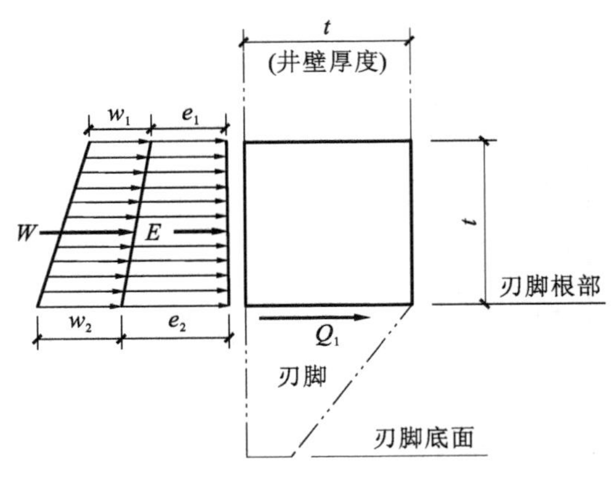

图 6-13 沉井井壁荷载分布及计算简图

$$q = W + E + Q_1 \tag{6-8}$$

$$W = \frac{w_1 + w_2}{2}t$$

$$E = \frac{e_1 + e_2}{2}t$$

式中 w_1, w_2——作用在该段井壁上、下截面处的水压力强度，kPa，$w_1 = \lambda h_1 \gamma_w$，$w_2 = \lambda h_2 \gamma_w$，其中 h_1、h_2 为井壁上、下截面距水面的距离，m；γ_w 为水的重度，可取 $\gamma_w = 10\text{kN/m}^3$。

e_1, e_2——作用在该段井壁上、下截面处的土压力强度，kPa。

t——井壁厚度，m。

Q_1——刃脚悬臂传来的水平剪力，kN/m，其大小等于求算刃脚竖直外力时分配于悬臂梁上的水平力。

λ 为计算水压力时的折减系数，如沉井采用排水开挖下沉，则作用在井内壁上的水压力为 0，作用在井外壁上的水压力按土的性质来确定，即砂性土取 $\lambda=1.0$，黏性土取 $\lambda=0.7$；如沉井采用不排水开挖下沉，则计算井外壁上的水压力时取 $\lambda=1.0$，而作用在井内壁上的水压力根据施工期间的水位差按最不利情况进行计算，一般可取 $\lambda=0.5$。

根据以上计算出来的 q 值，即可以按框架受力分析方法求解刃脚根部以上 t 高度范围内井壁的最大弯矩 M、轴向压力 N 和剪力 Q，并设计该段井壁中的水平钢筋。

②对于其余各段井壁，可按井壁断面的变化情况将井壁分成数段，取每一段中控制设计的井壁（每一段最下端单位高度的井壁）进行计算。作用在框架上的荷载 $q=W+P$，然后用同样的计算方法求出水平框架的最大弯矩 M、轴向压力 N 和剪力 Q，并据此设计水平钢筋，将水平钢筋布置于全段上。

采用泥浆润滑套下沉的沉井，应将沉井外侧泥浆压力 γH 按 100％计算，因为泥浆压力一定要大于水压力及土压力的总和才能保证泥浆润滑套不被破坏。

采用空气幕下沉的沉井，由于压气时空气压力对井壁的作用不明显，可以略去不计，故其井壁压力与普通沉井的计算方法相同。

6.3.4 沉井刃脚验算

沉井下沉过程中刃脚受力较为复杂：刃脚切入土中时受到向外的弯曲应力；挖空刃脚下的土时，刃脚又受到外部水、土压力作用而向内弯曲。从结构上来分析，刃脚在竖向可看成是一个固定在井壁上的悬臂梁，在水平方向可看成是一个水平闭合框架。因此，沉井刃脚部分可分别作为悬臂梁和水平闭合框架来验算其竖向及水平方向的挠曲强度。

6.3.4.1 按悬臂梁计算刃脚竖直方向的挠曲强度

沉井刃脚在下沉过程中切入土内时形成一悬臂作用，因此需验算刃脚部分在向外和向内挠曲悬臂状态下的受力情况，并由此进行刃脚内侧和外侧竖向钢筋配筋计算。此时刃脚根部可以认为与井壁嵌固，刃脚高度作为悬臂高度，根据以下两种不利情况分别计算。

(1)刃脚向外挠曲

一般认为在沉井下沉施工过程中刃脚内侧切入土中深度约 1.0m，且沉井顶部露出地面或水面较高时，刃脚下部将受到井孔内土体较大的横向压力，而此时井壁外侧土压力并不大，这时在刃脚根部的水平截面上产生最大的向外弯曲力矩。此为最不利情况，以此来计算刃脚向外挠曲弯矩并确定刃脚内侧竖向钢筋的数量，如图 6-14 所示。

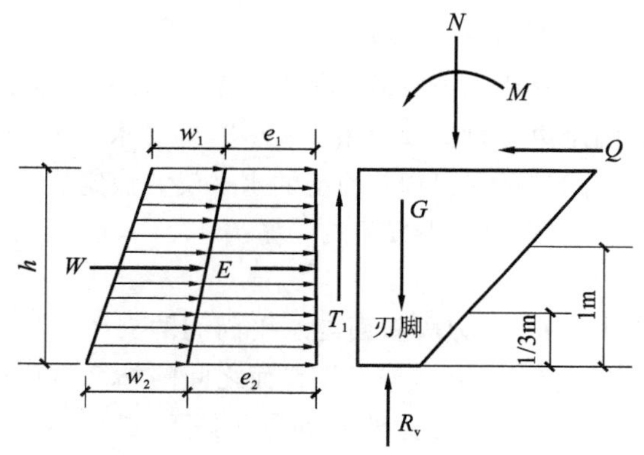

图 6-14 刃脚上的外力

①沿刃脚的水平方向取一个单位宽度，计算作用在刃脚外壁单位宽度上的水压力 W 和土压力 E。

②作用在刃脚外壁单位宽度上的摩阻力 T_1(kN/m)按以下两式计算，取其中的较小值。

$$T_1 = E\tan\varphi \approx 0.5E \tag{6-9}$$

$$T_1 = fA \tag{6-10}$$

式中 φ——土体与刃脚外壁间的外摩擦角，一般土在水中的外摩擦角可取 26.5°，tan26.5°≈0.5；

f——土与刃脚外壁之间的单位摩阻力，kPa，按表 6-1 取值；

A——刃脚外壁与土接触的单位宽度上的面积，m^2，即 $A = 1 \times h = h$（h 为刃脚高度）。

③刃脚底面单位宽度上土的垂直反力 R_v（图 6-15）可按下式计算：

$$R_v = G - T_1 \tag{6-11}$$

式中 G——沿井壁单位周长(单位宽度)的沉井自重，kN/m，其值等于该高度沉井的总重除以沉井的周长(宽度)；在不排水挖土下沉时，应在沉井总重中扣除淹没在水中部分的浮力。

T_1——作用在刃脚外壁单位宽度上的摩阻力，kN/m。

R_v 的作用点见图 6-16。假定作用在刃脚斜面上土体反力的方向与斜面上的法线成 β 角，β 为土体与刃脚斜面间的外摩擦角(一般取 β=30°)。作用在刃脚斜面上的土体反力可分解成水平反力 U 与垂直反力 V_2，刃脚踏面上的垂直反力为 V_1，则：

$$R_v = V_1 + V_2 \tag{6-12}$$

$$\frac{V_1}{V_2} = \frac{\sigma a}{\frac{1}{2}\sigma b} = \frac{2a}{b} \tag{6-13}$$

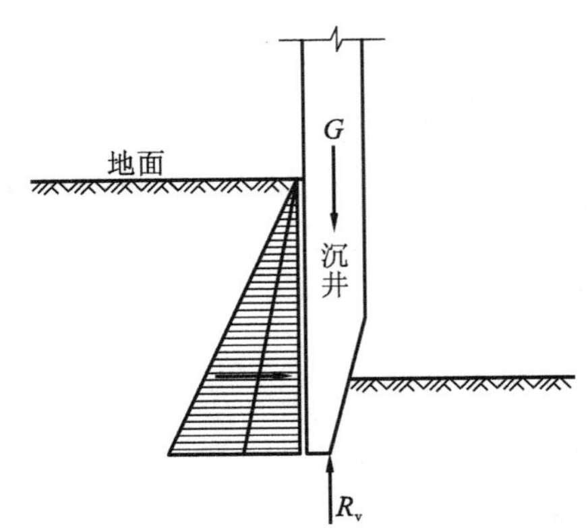

图 6-15 刃脚底面单位宽度上土的垂直反力 R_v

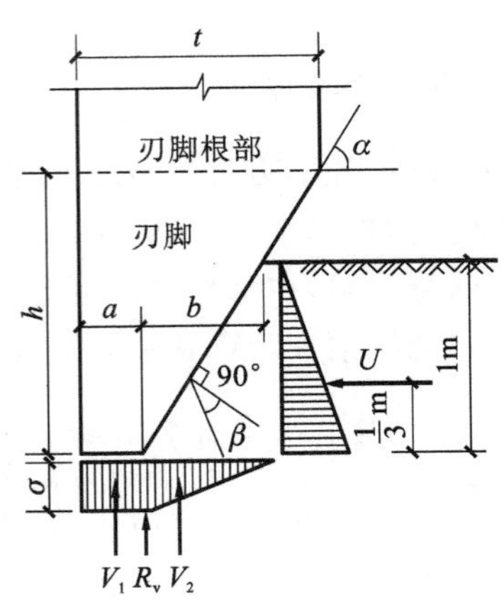

图 6-16 R_v 的作用点

其中，$b=(t-a)/h$。

联立以上方程式，即可解得 V_1 和 V_2。假定 V_2 为三角形分布，则 V_1 和 V_2 的作用点距刃脚外壁的距离分别为 $a/2$ 和 $a+b/3$，即可求得 V_1 和 V_2 的合力 R_v 的作用点。

④作用在刃脚斜面上的水平反力假定为三角形分布，则其合力 U 的作用点在距刃脚底面 1/3m 高度处，合力大小按下式计算：

$$U = V_2 \tan(\alpha - \beta) \tag{6-14}$$

式中 α——刃脚斜面与水平面间的夹角，(°)；

β——土体与刃脚斜面之间的外摩擦角，一般取 30°。

⑤刃脚单位宽度的重力 g 按下式计算：

$$g = \frac{\gamma_c h(t+a)}{2} \tag{6-15}$$

式中 γ_c——钢筋混凝土重度，一般取 25kN/m³。若沉井采用不排水下沉，则应扣除水的浮力。

h——刃脚高度，m。

⑥求得作用在刃脚上所有外力的大小、方向和作用点之后，即可求得刃脚根部截面上单位周长(单位宽度)内的轴向压力 N、水平剪力 Q 及对截面重心轴的弯矩 M，并据此计算在刃脚内侧需布设的竖向钢筋数量。刃脚内侧竖向钢筋应伸至刃脚根部以上 $0.5L_1$（L_1 为井壁的最大计算跨径）。

(2)刃脚向内挠曲

当沉井下沉到设计标高时，刃脚下的土已被掏空或部分掏空。此时刃脚在井壁外侧水、土压力作用下，处于向内挠曲的最不利情况，如图 6-17 所示。一般可按此情况确定刃脚外侧竖向配筋。

作用在刃脚上的外力可沿沉井周边取一单位宽度来计算，计算步骤和刃脚向外挠曲时相似。

①计算刃脚外侧的水压力 W 和土压力 E。土压力计算与上述(1)相同。水压力可按下列情况计算：

a. 沉井不排水下沉时，刃脚外侧水压力值按 100%计算，内侧水压力值一般按 50%计算，但也可按施工中可能出现的水头差计算；

b. 沉井排水下沉时，在不透水土层中可按静水压力的 70%计算，在透水土层中可按静水压力的 100%计算。

②由于刃脚下的土已被掏空，故刃脚底面单位宽度上的垂直反力 R_v 和刃脚斜面上的水平反力 U 均等于 0。

③作用在刃脚外侧的摩阻力 T_1、刃脚单位宽度的自重 g 也与刃脚向外挠曲时的计算方法相

同。由于刃脚单位宽度的自重 g 和刃脚外侧摩阻力 T_1 对刃脚根部截面的弯矩值影响很小，故也可忽略不计。

④根据以上计算的所有外力，可以计算出刃脚根部截面上单位周长（单位宽度）内的轴向压力 N、水平剪力 Q 及对截面重心轴的弯矩 M，并据此计算刃脚外侧需布设的竖向钢筋数量。刃脚外侧竖向钢筋应伸至刃脚根部以上 $0.5L_1$。

6.3.4.2 按水平闭合框架计算刃脚水平方向的挠曲强度

刃脚在水平方向作为水平闭合框架计算，以此来配置刃脚水平方向的钢筋。当沉井下沉到设计标高，刃脚下的土已被挖空，尚未浇筑封底混凝土时，刃脚将受到最大的水平力。将刃脚沿井壁竖直方向割取单位高度形成水平框架，如图 6-18 所示，作用在这个水平框架上的外力计算方法与上述刃脚竖直方向挠曲强度的计算方法相同。

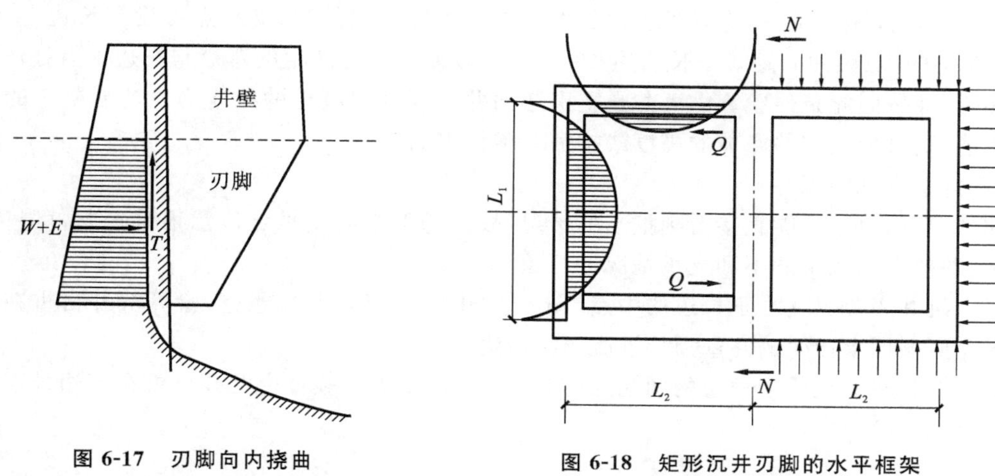

图 6-17 刃脚向内挠曲

图 6-18 矩形沉井刃脚的水平框架

作用在矩形沉井上的最大弯矩 M、轴向力 N 和剪力 Q 可分别近似按 $M=qL_1^2/16$、$N=qL_2/2$、$Q=qL_1/2$ 计算。其中，q 为作用在刃脚水平闭合框架上的水平均布荷载，L_1、L_2 分别为沉井外壁支承与内隔墙间的最大和最小计算跨径。

根据以上计算的 M、N 和 Q 值，即可计算配置在刃脚内的水平方向钢筋的数量。为了便于施工，不必按正、负弯矩将钢筋弯起，而直接将其布置成内、外两道水平向钢筋。

沉井刃脚相当于三面固定、一面自由的双向板。为了简化计算，可以把刃脚看成在竖向是一个固定在井壁上的悬臂梁，在水平方向是一个水平闭合框架。因此，作用在刃脚侧面上的水平外力将由悬臂梁和水平闭合框架共同来承担。也就是说，刃脚把一部分水平外力通过自身悬臂梁的作用传到刃脚根部，另一部分由其自身作为水平闭合框架承担。悬臂梁和水平闭合框架的荷载分配系数，按两者的变形关系及其他一些假定计算如下。

刃脚悬臂梁的荷载分配系数为：

$$\eta_1 = \frac{0.1L_1^2}{h^4 + 0.05L_1^4} \leqslant 1.0 \tag{6-16}$$

刃脚水平闭合框架的荷载分配系数为：

$$\eta_2 = \frac{h^4}{h^4 + 0.05L_2^4} \tag{6-17}$$

式中 L_1, L_2——沉井外壁支承与内隔墙间的最大和最小计算跨径，m；

h——刃脚高度，m。

上述公式只适用于内隔墙底面高出刃脚底面不超过 0.5m，或虽超过 0.5m 但刃脚处由内隔墙或底梁加强的情况。否则，全部水平力都由悬臂梁承担，即 $\eta_1=1.0$，刃脚不再起水平闭合框架作用。但这时仍应按构造要求布置水平钢筋，以使其能承受一定的正、负弯矩。

6.3.5 沉井底节验算

沉井底节即沉井制作时的第一节。沉井底节自抽除垫木开始，刃脚下沉时的支承点位置就在不断变化。一般按以下情况对沉井底节进行验算。

(1)排水或无水情况下下沉的沉井

在此情况下，由于可以直接看到挖土的情况，故沉井的支承点比较容易控制在使井体受力最为有利的位置上。

对于圆端形或矩形沉井，当其长边边长大于 1.5 倍短边边长时，支承点可设在长边上，两支承点(图 6-19 中的 1 点)的间距等于长边边长的 70%，以使支承处产生的弯矩与长边中点处产生的弯矩大致相等，并按照此条件验算由沉井自重引起的井壁顶部混凝土的拉应力。若混凝土的拉应力超过容许值，则可加大沉井底节的高度或按需要增设钢筋。

(2)不排水下沉的沉井

在此情况下，由于不能直接看到挖土的情况，故刃脚下土的支承点位置很难控制，可将沉井底节作为梁，并按下列假定的不利支承情况进行验算。

①假定沉井底节仅支承于长边的中点(图 6-20 中的 3 点)，两端悬空，验算沉井自重在长边中点附近最小竖截面上产生的井壁顶部混凝土拉应力。

②假定沉井底节支承于短边的两端点(图 6-20 中的 2 点)，验算由沉井自重在短边外引起的刃脚底面混凝土的拉应力。

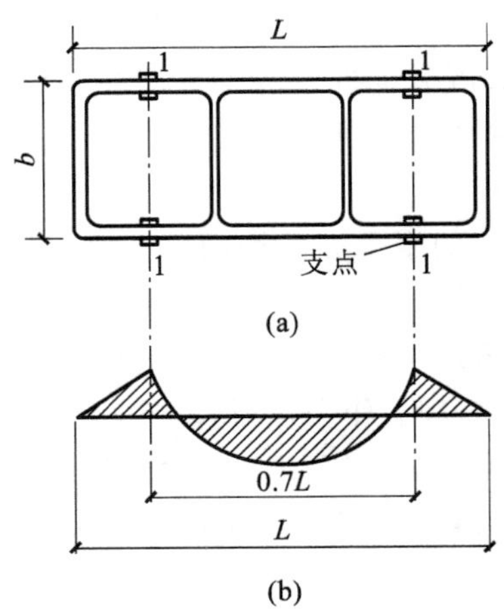

图 6-19 支承在 1 点上的沉井底节

(a)平面图；(b)弯矩图

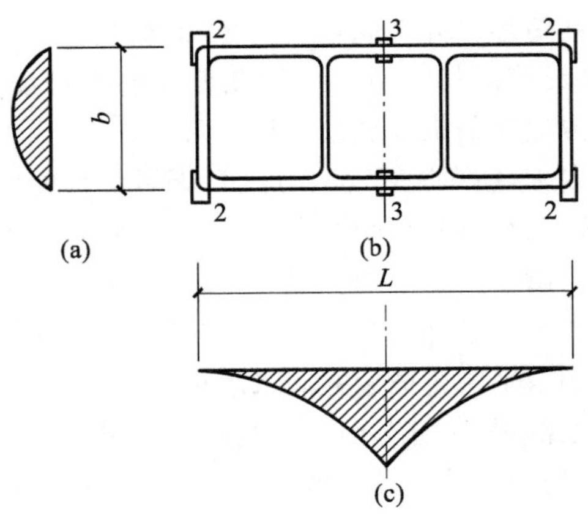

图 6-20 支承在 2 点、3 点上的沉井底节

(a)支承在短边两端 2 点上沉井底节的弯矩图；
(b)平面图；(c)支承在长边 3 点上沉井底节的弯矩图

对于沉井底节的最小配筋率，钢筋混凝土不宜小于 0.1%，少筋混凝土不宜小于 0.05%。沉井底节的水平构造钢筋不宜在井壁转角处有接头。因为沉井下沉过程中井孔内的土体未被挖出，所以增加了沉井的下沉阻力，使井壁产生拉力。为防止转角处拉力过大，此处钢筋布置要求较为严格。

6.3.6　沉井底板及底梁计算

6.3.6.1　沉井底板计算

(1)沉井底板荷载计算

①沉井底板下的地基反力为沉井结构的最大自重除以沉井的外围底面积,计算时一般不考虑井壁侧面摩阻力。

②通常水压力全部由钢筋混凝土底板承受。最大静水压力的计算水头高度应从沉井外最高地下水位面算至钢筋混凝土底板底面,同时应扣除底板自重。

③沉井钢筋混凝土底板下的均布计算反力应取上述地基反力和最大静水压力两者中的较大值。

(2)沉井底板内力计算

计算内力时,沉井钢筋混凝土底板可按单跨板或多跨板计算。沉井底板的边界支承条件,应根据沉井井壁与底梁的预留凹槽和水平插筋的具体情况确定。其在底板周边有牢固连接的情况下可视为嵌固支承,否则可视为简支。对于矩形及圆形沉井,底板的内力可按《建筑结构静力计算手册》进行计算。

6.3.6.2　沉井底梁计算

当沉井的平面尺寸较大而又不允许设置内隔墙时,常设置底梁予以分格,以利于减小封底混凝土和底板厚度,使沉井结构更为经济、合理。此外,在连续沉井中也需用底梁来连系两侧井壁,以减小沉井底板或井壁的计算跨度,增加沉井整体刚度。设置底梁的沉井如图 6-21 所示。

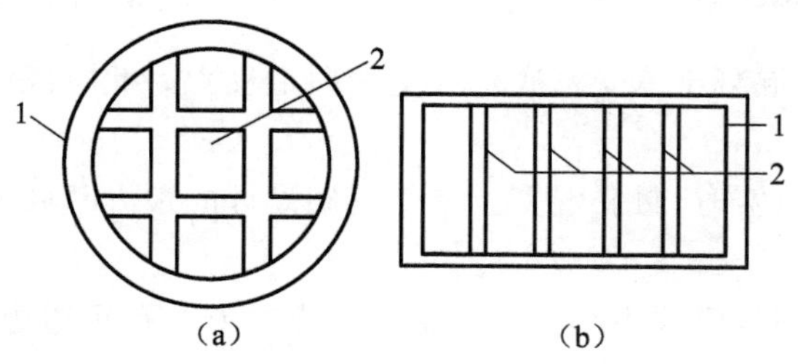

图 6-21　设计底梁的沉井

1—井壁;2—底梁

(1)沉井底梁荷载计算

根据沉井施工阶段的最不利受力情况,沉井底梁的荷载一般按以下几种情况进行计算。

①沉井开始下沉时,沉井自重通过刃脚全部作用于砂垫层上。若底梁的底面标高与刃脚踏面标高相同,在井壁刃脚下有局部区段砂子回填不密实,沉降量较大,则会增大底梁下的地基反力,使底梁向上拱起。对于分节浇筑、一次下沉的沉井,这种情况更为突出。此时,作用在底梁上的地基反力可假定为地基平均反力与底梁宽度的乘积,并考虑底梁受力的不均匀系数 a,一般取 $a=1.2\sim1.3$。

在一般情况下,沉井的底横梁或框架底梁的底面比刃脚踏面高 0.5～1.5m,以改善底梁上拱情况,在软土地区高 0.5m 最适宜,可避免发生较大的沉降。

②当沉井自重较大且在软土地区下沉时,由于底梁底面可能与地基土面接触,故此时底梁所承受的计算反力为:底梁宽度×地基土单位面积的极限承载力－底梁单位长度的自重。

③当沉井在坚硬土层中下沉时,梁底下的土体有可能被全部掏空。这时特别是对于大型沉井

的底梁，要考虑由于底梁的自重及施工设备荷载使梁处于向下弯曲的不利受力状态。

(2)沉井底梁内力计算及配筋要点

由以上几种不同情况确定底梁向下或者向上的反力 q 后，便可以根据底梁与井壁的刚度大小及连接方法计算底梁的内力。

①当底梁与井壁嵌固不足时，底梁按简支梁计算，即在均布荷载 q 的作用下，跨中弯矩系数取1/8。底梁与井壁的连接使支座处也承担一部分弯矩，此时可将承担跨中弯矩的部分钢筋弯起伸入支座，以便承担这部分弯矩。

②如果井壁与底梁嵌固足够，则计算简图按两端嵌固考虑，即在均布荷载 q 的作用下，跨中弯矩系数取 1/24～1/12，支座处的弯矩系数取－1/12。

计算时，考虑施工中的荷载为临时荷载，因此可适当减小支座弯矩。为了保证跨中截面的安全，应使调整后两支座弯矩的平均值与跨中弯矩的绝对值之和不小于相应简支梁的跨中弯矩 $ql^2/8$。

当求得弯矩 M 和剪力 Q 后，即可进行配筋计算。当剪力 Q 较大而梁的高度较小时，支座附近可能会出现斜裂缝，所以除了按受弯构件计算所需水平钢筋数量外，还必须进行斜截面的强度验算，必要时在支座处增设横向箍筋或斜钢筋。

6.3.7 沉井封底计算

沉井下沉至设计标高后应进行基底检验和沉降观测，满足设计要求后即可进行封底。封底混凝土的反力分布很复杂，为使计算简便，一般简单地将其作为支承于刃脚斜面及内隔墙上的周边支承板考虑，各边支承情况(简支或嵌固)和计算强度在设计中应视具体情况而定。

6.3.7.1 沉井封底混凝土计算要求

①在抽水施工时，封底混凝土承受基底水和土的向上反力。此时因混凝土的龄期不足，应降低容许应力值。

②沉井井孔用混凝土填实时，封底混凝土承受基础设计的最大基底反力，并计入井孔内填充物的重力。

③封底混凝土的厚度一般建议不小于 1.5 倍井孔直径或井孔短边边长。

6.3.7.2 干封底施工法及封底混凝土厚度计算

①沉井下沉到设计标高后，当沉井刃脚处于不透水黏土层中[图 6-22(a)]或基底虽有涌水、翻砂但数量不大时，应力争采用干封底，以保证封底混凝土的质量，减小封底混凝土的厚度。根据以往经验，封底混凝土的厚度一般可取 0.6～1.2m。但必须注意，若刃脚下不透水黏土层的厚度不足，则可能被底层含水砂层中的地下水压力“顶破”，以致沉井施工中发生非常严重的事故。因此，沉井必须满足下列计算条件方能采用干封底施工法：

$$A\gamma' h_s + cUh_s > A\gamma_w H_w \tag{6-18}$$

式中 A——沉井底部面积，m^2；

γ'——土的有效重度，即浮重度，kN/m^3；

h_s——刃脚下不透水黏土层厚度，m；

c——黏土的黏聚力，kPa；

U——沉井刃脚踏面内壁周长，m；

γ_w——水的重度，kN/m^3；

H_w——底层含水砂层的水头高度，m。

②在沉井内设吸水鼓并有良好滤层的情况下降水，一直降到钢筋混凝土底板足够承担地下水回升后的水、土压力时，方可拆除并封闭降水管，如图6-22(b)所示。在这种情况下，也可采用干封底。

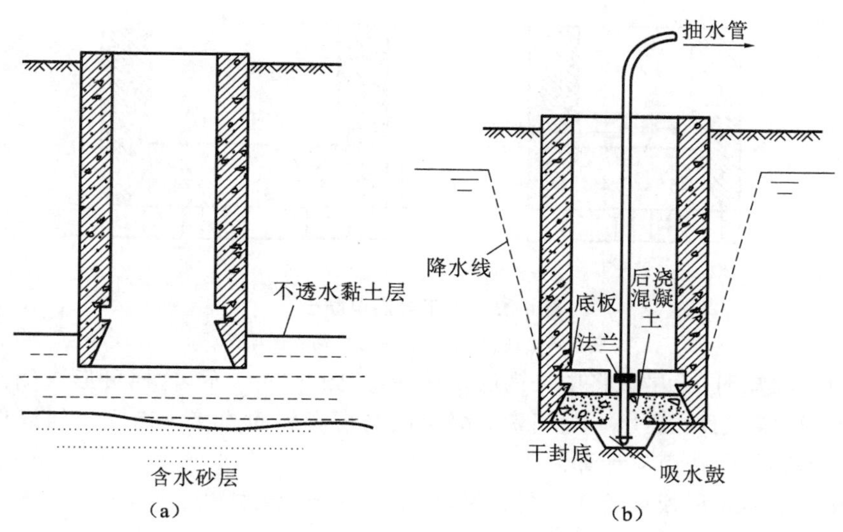

图6-22　沉井可干封底的情况

(a)刃脚下有足够厚的不透水黏土层；(b)能可靠降水至底板混凝土达到足够强度

③沉井干封底时，封底混凝土的厚度应达到保证钢筋混凝土底板能顺利施工所需的最小厚度。同时，应采取相应的排水或降水措施，做到井底基本无水，以方便底板钢筋绑扎及混凝土养护。

6.3.7.3　湿封底法及封底混凝土厚度计算

当水文地质条件极为不利时，可采用湿封底法，即采用水下混凝土封底，又称为水下封底。有时即使沉井刃脚停留在不透水黏土层中，但该土层厚度不足以抵抗地下水的涌水作用，为防止沉井施工中出现严重事故，也必须采用湿封底法。水下封底混凝土的厚度，除应满足沉井抗浮要求外，还应考虑沉井封底后井内抽水时井外水、土压力不致将该水下封底混凝土“顶破”。水下封底混凝土按素混凝土的强度进行计算，计算内容如下。

(1)水下封底混凝土板上的荷载计算

沉井封底后将井内水排干。在钢筋混凝土底板尚未施工前，水下封底混凝土可能受到最大水压力作用。作用在水下封底素混凝土板上向上的均布荷载$p(kN/m^2)$为：

$$p = \gamma_w h_w - q_1 \tag{6-19}$$

式中　γ_w——水的重度，kN/m^3；

h_w——最高水位面距水下封底素混凝土板下表面的距离，m；

q_1——单位面积上水下封底素混凝土板自重，kN/m^2。

在沉井内设吸水鼓降水的情况下干封底时，在钢筋混凝土底板未施工前便停止降水，使地下水回升，其计算同上述情况。

(2)水下封底混凝土的弯矩计算

由于水下封底混凝土不便进行直观检查，且当井内渗水量的上升速度较大时其浇筑质量不易保证,因此最好不出现拉应力。因为底面的地基反力是通过水下封底混凝土沿与竖向成45°分配线传至井壁和内隔墙上的,所以若两条45°分配线在水下封底混凝土内或板底面上相交,如图6-23(a)所示,则水下封底混凝土内应不会出现拉应力;若两条45°分配线在水下封底混凝土板底面上不相交,如图6-23(b)所示,则水下封底混凝土板应按简支支承的双向板、单向板或圆板计算,其计算跨度L即为图6-23(b)中所示A、B两点间的距离。

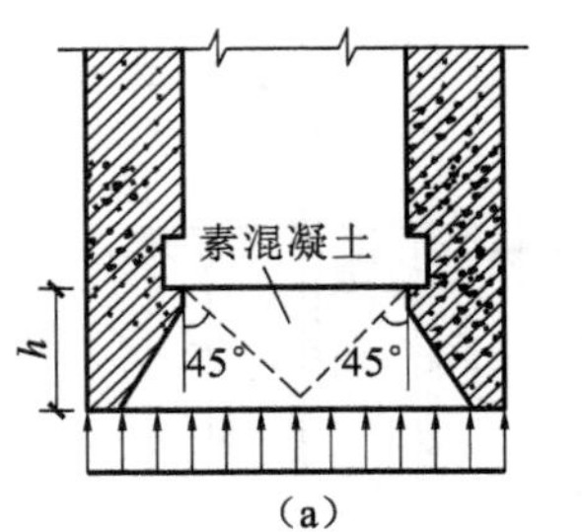

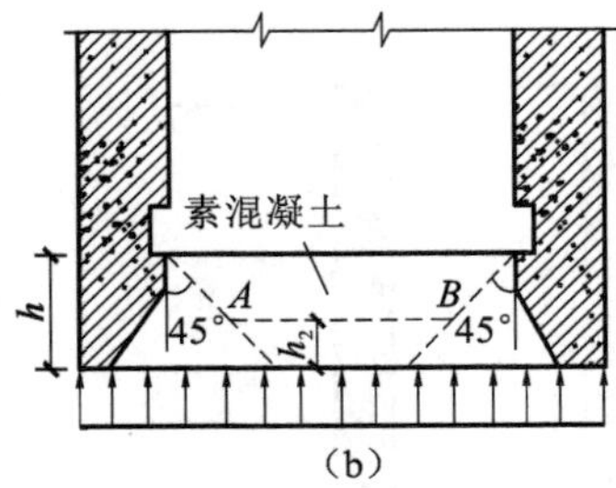

图 6-23 水下封底混凝土

(a)底板不出现拉应力;(b)底板按简支板计算

当沉井的刃脚较短时,应尽量将中央锅底挖深些,如图6-24所示,这样可形成倒拱。计算水下封底混凝土的弯矩时,一般假定水下封底素混凝土板与刃脚斜面连接为简支。如果板中有梁系支承,则假定在支点处断开,按简支计算。

①周边简支支承的圆形板承受均匀荷载时,板中心的最大弯矩为:

$$M_{\max} = \frac{qr^2}{16}(3+\upsilon) \approx 0.2qr^2 \tag{6-20}$$

式中 q——静水压力形成的每米板宽计算荷载,kN/m;

r——圆板的计算半径,m;

υ——混凝土的泊松比,一般取1/6~1/5。

②周边简支支承的双向板承受均布荷载(图6-25)时,跨中弯矩M_x和M_y为:

$$M_x = a_x qL^2 \tag{6-21}$$

$$M_y = a_y qL^2 \tag{6-22}$$

式中 a_x,a_y——M_x和M_y的弯矩系数,按表6-5采用;

q——静水压力形成的每米板宽计算荷载,kN/m;

L——各矩形板计算跨度中的较小者,m。

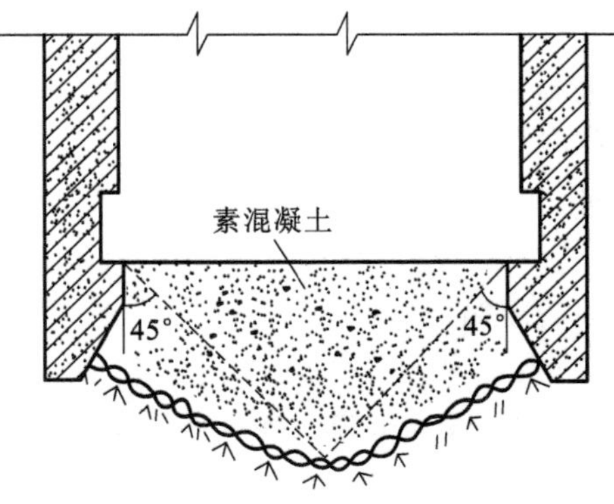

图 6-24 沉井锅底倒拱图

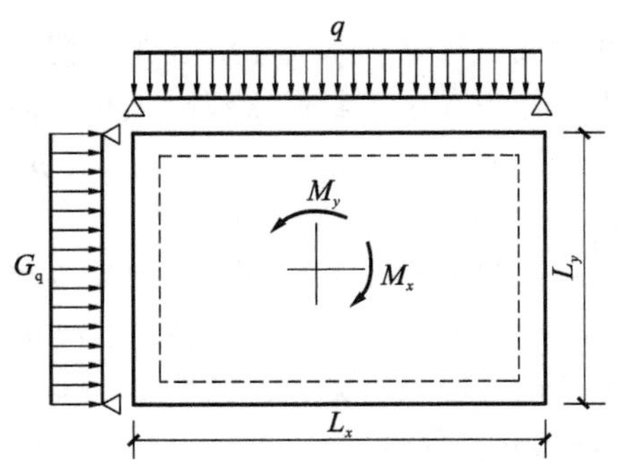

图 6-25 周边简支支承的双向板计算简图

表 6-5　**周边简支支承双向板的弯矩系数**

L_x/L_y	a_x	a_y	L_x/L_y	a_x	a_y
0.50	0.0965	0.0174	0.80	0.0561	0.0334
0.55	0.0890	0.0210	0.85	0.0506	0.0348
0.60	0.0820	0.0242	0.90	0.0456	0.0358
0.65	0.0750	0.0271	0.95	0.0410	0.0364
0.70	0.0683	0.0296	1.00	0.0368	0.0368
0.75	0.0620	0.0317			

(3)水下封底混凝土的厚度计算

求出弯矩值后，水下封底混凝土的厚度可按下式计算：

$$h_t = \sqrt{\frac{3.5KM_m}{bf_t}} + h_u \tag{6-23}$$

式中　h_t——水下封底混凝土的厚度，m；

M_m——水下封底混凝土在最大均布反力作用下的最大计算弯矩，kN·m；

K——设计安全系数，可取 1.75；

f_t——混凝土抗拉强度设计值，kPa；

b——计算宽度，可取 1m；

h_u——水下封底混凝土因与井底泥土掺混而需要增加的厚度，宜取 0.3～0.5m，若基底采取铺块石或碎石灌浆抹平处理后再封底，可不考虑此增加值。

(4)水下封底混凝土抗剪计算

如图 6-26 所示，水下封底混凝土在基底向上的反力作用下，在沉井内侧面迎面上产生最大的剪应力。若该剪应力超过混凝土的容许纯剪应力(一般不考虑水下封底混凝土与井壁间的黏着力)，则应加大水下封底混凝土的抗剪面积，如在井壁和内隔墙内设置凹槽等。

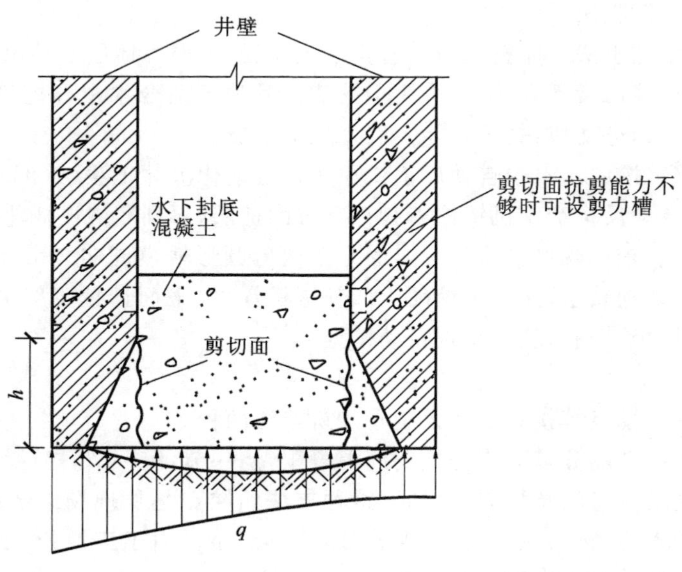

图 6-26　水下封底混凝土抗剪计算简图

6.4 沉井施工

6.4.1 沉井施工简介

沉井施工方法与所在地的地质和水文情况有关。在施工前，应先熟悉工程地质、水文地质、施工图等资料；敷设水电管线，修筑临时道路，平整场地，即“三通一平”；搭建必要的机具设备，准备材料和劳动力；事先编制施工组织设计和施工方案。在水中修筑沉井时，应首先对河流汛期、通航、河床冲刷等情况进行调查研究，然后制订施工计划，并尽量在枯水季节进行施工。当施工期在汛期时，应有相应的应对措施。

通常沉井施工步骤如下：

①平整场地(或筑岛)，铺垫木，制作底节(第一节)沉井；

②拆模，在刃脚下一边对称地抽拔出垫木，一边填塞砂土；

③均匀开挖下沉沉井，至底节沉井下沉完毕；

④接筑第二节沉井，继续开挖下沉并接筑下一节井壁；

⑤下沉至设计标高后，进行清基和封底处理；

⑥井内设施施工，直至封顶。

上述施工步骤中各种施工方法的选取，取决于地层土质、地下水位、施工场地的大小、沉井用途、沉井施工对周围构造物的影响程度、施工设备的状况及成本等因素。其相关施工方法如下：

(1)挖土方法

沉井的挖土方法有水挖法、干挖法及水中自动反铲铲挖法三种。

①水挖法。当地层不稳定，地下水涌水量较大时，为避免排水造成的涌砂等现象发生，通常进行不排水施工。开挖时井内、外水位基本一致。水中挖土时可用机械抓土斗施工；也可用高压水枪破土，而后由空气吸泥机(或泥浆泵)排土，即水力机械取土法；还可用潜水电钻加高压水枪破土，然后用潜水砂泵排土，即钻吸法。

②干挖法，即排水挖土法。卵石、孤石、密实黏土泥岩、岩层等地层不易出现隆胀，涌砂、涌水量不多，即使排水也对环境污染不大，适宜采用干挖法。其他不适合水中开挖等情形，亦应考虑采用干挖法。干挖法成本低，进度快，关键是能控制好地下水位。

③水中自动反铲铲挖法。水中自动反铲铲挖法是自动化沉井工法(SOCS 工法)中的水中挖土方法，即先利用水中自动反铲铲挖机铲挖刃脚正下方的地层，再利用液压抓斗抓走反铲下来土砂的方法。水中自动反铲铲挖机既可沿刃脚上方的井壁内侧圆形轨道周向自由运转，又能沿径向水平摆动铲挖。该机既可铲挖软土，又可铲挖硬土。其进铲深度、平面铲挖宽度、铲挖顺序及水平摆幅等参数均可由计算机自动控制，从而实现自动挖掘。

(2)井壁接筑方法

井壁接筑方法有现场浇筑接筑法和预制管片拼接法两种。

现场浇筑接筑法即现场分节立模浇筑钢筋混凝土，浇一节，沉一节，然后立模浇筑下一节，逐步接长井筒的方法。浇筑时应注意均匀、对称。这种方法的缺点是从现场组装钢筋框架立模到浇筑混凝土及养护需要的人力、物力较多，且工期较长，故不经济。由于工期长，下沉不连续，故对防止周围地表沉降及保证井筒的垂直度不利。

预制管片拼接法是针对上述现场浇筑接筑法的缺点而提出的一种方法，即在现场拼装预制管片接筑井壁的方法。此法的优点是省力，工期短，经济，井外周围地表沉降小，井筒下沉的垂直度好。

(3)井壁下沉方法

井壁下沉方法有靠自重下沉的自沉法和压沉法(自重力+外压力，外压力远大于自重力)两种。

纯自沉法完全依靠井壁自身重力克服井壁与土层间的摩阻力及刃脚下方土体抗力而使沉井下沉。其优点是设备简单，操作容易，成本低，以往在软土地层中施工实例较多。但是该方法对于硬黏土层、卵砾层等硬地层而言存在着井壁下沉困难或沉不下去，井壁易发生倾斜、偏心量过大，突沉等多种弊病。尽管其可采用涂润滑剂、射水、射气、压浆等多种措施，但总体效果仍不理想。

SS工法亦属于自沉法，可克服纯自沉法的缺点。此法通过对刃脚钢靴改形及在井壁外壁面和地层之间的间隙中充填卵砾，使井壁壁面摩阻系数大幅度下降，从而仅靠井壁自重即可在粉砂层、砂层、砂卵层等多种地层中安全可靠地下沉，且具有周围地层无下沉，下沉过程中可及时修正井壁倾斜的特点。

采用压沉法时，井壁的下沉是靠施加在井壁上的外压力(地锚反力)和自重力完成的，通常外压力远大于自重力。其优点有：可以克服井壁沉不下去或下沉慢的弊病；可以通过调整地锚的条数及各自作用在井壁上地锚反力的大小，及时修正井壁的下沉姿态；下沉时对周围地层的影响小，适用于近接施工；工期短，成本低。但采用压沉法的前提条件是地层可以设置地锚且有效、可靠，这一点最为关键。

自动化沉井工法(SOCS工法)是采用预制管片拼接井壁，靠地锚反力自动压入井壁，自动挖土、排土，自动压沉并控制井壁姿态的高精度沉井工法。其整个操作均在地表操作室内控制。其优点是适用范围广，安全可靠；对周围地层扰动小；自动化施工，可节省劳动力，工期短；与其他工法相比，对于大深度工程来说，成本低。

无论是自沉法还是压沉法，下沉施工中均应辅以泥浆助沉措施。所谓泥浆助沉，是指在井壁与土层之间设置一层触变泥浆，利用泥浆的润滑作用使井壁下沉过程中土层对井壁的摩阻力大为降低，从而使井壁下沉快且稳定。

6.4.2 沉井施工中的常见问题及其处理方法

沉井下沉中会发生一些特殊情况，如下沉困难，沉井倾斜、偏移和遇障碍物等情况。如遇下述情况，需及时处理。

(1)难沉问题

遇到难沉问题时，应根据具体原因采取适当的措施。如因外井壁摩阻力过大而使下沉困难，则可采取井壁外侧射水冲刷和涂抹润滑剂或施加荷重等办法；若因刃脚下土阻力过大而造成难沉，则应尽量挖除刃脚下的土；如遇大块石等障碍物，可用小型爆破清除。

(2)突沉问题

在软土地基的沉井施工中常发生突沉现象。突沉容易使沉井发生较大的倾斜或超沉，防止突沉的措施一般是控制均匀挖土，在刃脚处挖土不宜过深。

(3)偏沉问题

沉井发生倾斜、偏移时常有以下原因：

①沉井刃脚处土质软硬不均。

②没有对称地抽除垫木或及时回填夯实，没有均匀挖土而导致井内土面高低相差很多。

③刃脚下掏脚过多，沉井骤然下降，刃脚下有障碍物，排水开挖时井内涌砂等。

在施工中必须加强测量工作，以便及时发现和纠正偏斜。纠偏的方法常有：

①在下沉少的一边，井内加快挖土，井外侧挖土，以减小摩阻力；

②加压重，用高压水冲刃脚底部，外侧设射水管冲刷；

③在下沉多的一边停止挖土，用钢缆向下沉少的一边扳拉等。

6.4.3 沉井施工新技术

随着沉井结构在大型地下构筑物和深基础方面的广泛应用，沉井施工技术也在不断发展。除了传统的施工工艺外，在一些特定工程和地质条件下的施工中，应用了一些新的施工技术。

(1)软弱地基超大双沉井施工技术

采用深层水泥土搅拌桩和劈裂注浆地基加固处理，使沉井结构桩基础和井周边土体形成一个整体，从而可保证沉井结构在软弱土层中下沉时的稳定性，并使排水下沉适用范围加大。其可在沉井不适合排水下沉施工的地质条件下应用，曾在浙江大唐乌沙山发电厂燃煤机组循环水泵房工程中得以成功应用。

(2)中心土塞反压法沉井下沉施工技术

在沉井下沉初期全面、均衡取土下沉，沉井下沉后阶段改为在沉井外圈井格取土，内圈井格停止取土，以形成土塞来平衡沉井内、外土压力，从而保护井内的嵌套桩基。其主要用于软土地基中设置了嵌套桩基，需要对嵌套桩基进行保护的大型沉井下沉施工。

(3)膜水护壁封底沉井技术

其采用膜水护壁减阻法。在沉井刃脚台阶上端安装一个铁膜盒，盒内叠放了强韧、不透水圆筒状薄膜。薄膜上端固定在套井内壁上，在套井内灌入清水以形成一个围井的水环。沉井下沉时，刃脚以上全部井壁被水环包围，使沉井的下沉侧摩阻力变成了水的内摩阻力，即成为“零侧阻”，而薄膜又是井壁外围的良好防水层。

(4)流沙地层以排代挖沉井工艺

其是干旱缺水地区的一种地下取水工程技术，特别适用于在流沙地层、沙漠地区大量开采利用浅层地下水工程。在流沙地区实施以排代挖沉井工艺省工省力，既可保证安全作业，又可大大降低劳动强度。

(5)岩基沉井控制爆破技术

在岩石破碎，地下水丰富且渗漏量大，无法明挖等复杂恶劣的地质条件下，将沉井技术和控制爆破技术成功结合在一起巧妙地解决了临江断层带深基础开挖中的一系列难题。

21世纪是将地下空间作为资源开发的世纪。为实现我国人口、资源、环境的可持续发展，需要建设许多各种用途的地下设施，故沉井基础必将被广泛应用。随着科学技术的不断发展，施工难度的增加，在沉井基础施工中更多、更好的新技术、新设备和新工艺将有待人们发现和应用。

【知识归纳】

(1)沉井结构就是将已建的“井”通过某种方法“沉”到地下或水下的一定位置处后修筑而成的一种地下结构。其具有结构刚度大，承载力高，抗渗能力强；埋置较深，稳定性和抗震性能好，能承受较大的荷载；技术上安全可靠，施工场地占地面积小，挖土量少，对邻近建筑物的影响较小等特点。

(2)沉井按下沉方式可分为陆地沉井和浮式沉井；按沉井构造形式可分为独立沉井和连续沉井；按沉井断面形状可分为圆形、方形、矩形、椭圆形和多边形等沉井，也可分为单孔和多孔沉井；按沉井制作材料可分为混凝土沉井，钢筋混凝土沉井，钢、砖、石及组合式沉井等。

(3)沉井主要由井壁，刃脚，内隔墙，取土井，凹槽，射水管组、探测管、气管和压浆管，封底及顶板，底梁和框架等部分组成。

(4)沉井结构设计计算主要有沉井下沉系数计算、沉井抗浮稳定性验算、沉井井壁计算、沉井刃脚验算、沉井底节验算、沉井底板及底梁计算和沉井封底计算。

(5)沉井在下沉中可能会出现难沉、突沉和偏沉等问题。

【独立思考】

6-1　什么是沉井结构？沉井结构有何特点？举例说明沉井结构在工程上的应用。

6-2　沉井有哪些分类？

6-3　沉井由哪些部分构成？各起什么作用？

6-4　简述沉井结构的设计计算内容。

6-5　简述沉井的施工步骤。沉井施工中的常见问题有哪些？如何处理？

【参考文献】

[1] 朱合华.地下建筑结构.2版.北京：中国建筑工业出版社，2011.
[2] 张凤祥，傅德明，张冠军.沉井与沉箱.北京：中国铁道出版社，2002.
[3] 王树理.地下建筑结构设计.2版.北京：清华大学出版社，2009.
[4] 吴能森.地下工程结构.2版.武汉：武汉理工大学出版社，2015.
[5] 郑刚.地下工程.北京：机械工业出版社，2011.

7

沉管结构

课前导读

内容提要

本章的主要内容包括沉管结构概述、沉管结构设计、管段接缝处理与防水措施、管段沉设与水下连接、管段接头和沉管基础。本章的教学重点为沉管结构设计、管段沉设与水下连接及防水措施，教学难点为沉管结构设计。

能力要求

通过本章的学习，学生应了解沉管结构的作用及特点，沉管结构的结构设计、管段沉设与水下连接及防水措施。

7.1 概　　述

7.1.1 沉管结构简介

公路或城市道路、地铁轨道等遇到江河湖海、港湾时，渡越的方案很多，常见的有轮渡、桥梁、水底隧道等。当采用水底隧道时，其施工方法主要有围堤明挖法、矿山法、气压沉箱法、盾构法及沉管法。这些渡越方案各有其优缺点及适用范围，需要根据交通需要及工程水文、地质、气候条件等因地制宜地进行选择。

在水底隧道施工中，如有条件构筑围堰，则采用明挖法最为简单，我国已有多条水底隧道采用这种方法施工。但在多数场合下，在通行海轮的江、河、港湾中，没有条件构筑围堰来进行明挖法施工。

在水底隧道的施工中，较常用的是盾构法和沉管法。许多水底隧道都用盾构法施工。但从20世纪50年代起，由于沉管法的两项关键技术——水力压接法和基础处理相继突破，使其施工方便，防水可靠，造价低等优点更加突出，因此在近年来的水底隧道建设中，沉管法已经取代盾构法，成为水底隧道最主要的施工方法。目前，在世界各国的水底隧道建设中几乎都采用沉管法。

截至2011年底，我国已建成8条沉管隧道。上海外环越江隧道全长2880m，为双向8车道，是亚洲最大的水底公路隧道，其中沉管段长736m，一节沉管的管段横断面外部尺寸为9.55m×43m，长108m。另外，还有宁波甬江水底隧道、宁波常洪隧道、广州珠江水底隧道、香港海底隧道、香港西区海底隧道、香港东区海底隧道、台湾高雄港过港隧道等。

沉管施工时，先在隧址附近修建的临时干坞内预制管段，预制的管段采用临时隔墙封闭，然后将此管段浮运到隧址的设计位置，此时已在隧址处预先挖好了一个水底基槽。待管段定位后，向管段内灌水、压载，使其下沉到设计位置，再将此管段与相邻管段在水下连接，并经基础处理，最后回填覆土，即成为水底隧道。

7.1.2 沉管结构的特点

(1)隧道的施工质量容易控制

一方面，预制管段都是在临时干坞里浇筑的，施工场地集中，管理方便，沉管结构和防水层的施工质量均比其他施工方法易控制；另一方面，需在隧址现场施工的隧管接缝非常少，漏水的机会相应大为减小。

(2)建筑单价和工程总价均较低

与盾构隧道相比，沉管隧道的埋深较浅，其总长比盾构隧道短得多；沉管隧道的延米单价比盾构隧道低。这主要是因为：

①每节长达100m左右的管段整体制作完成后从水面上整体拖运，所需的制作和运输费用比大量管片制作完成后用汽车运送到隧址工地所需的费用要低得多；

②沉管隧道的埋深较浅且所需覆土很薄，水底需要进行的土方工程量较小，且水中挖土单价比地下挖土低；

③单节管段很长，管段的接缝数量少，费用随之减少。

(3)隧位现场的施工工期短

沉管隧道的主要工序可平行作业，各工序间干扰少，可缩短总施工工期，但这还不是沉管隧道的主要特点。沉管隧道比较突出的优势是隧位现场施工工期比较短，这是因为筑造临时干坞和预制管段等大量工作均不在现场进行。这使得在市区建设水底隧道时，城市生活因施工作业而受干扰和影响的时间短。

(4)操作条件好

沉管法施工中基本上没有地下作业，水下作业也极少，气压作业则完全没有，施工较为安全。

(5)对地质条件的适应性强

沉管隧道不怕软弱地层，基本上不受地质条件的限制，对地基承载力的要求也很低，而且能在流沙层中施工，不需特殊设备或措施，施工方法简单。

(6)适用的水深范围几乎是无限制的

在实际工程中，沉管隧道水深曾达到水下 60m；如以潜水作业的最大深度作为限度，则沉管隧道的最大水深可达 70m。

(7)断面形状选择的自由度较大

沉管隧道的断面既可做成圆形，又可做成矩形或其他形状，十分灵活。矩形断面的空间利用率较高，一个断面内可容纳 4～8 条车道。

(8)需考虑水文、气象条件的影响

管节浮运、沉放作业需考虑水文、气象条件等的影响。水体流速会影响管段沉放的准确度，当水流较急时沉设困难，须用作业台施工。

(9)会对航运产生影响

施工时有时需短期局部封航，须与航道部门密切配合，采取措施(如暂时的航道迁移等)以保证航道畅通。

盾构法和沉管法是两种常用的隧道修建方法，它们优、劣势的比较归纳见表 7-1。

表 7-1 **盾构法与沉管法优、劣势比较**

项目	盾构法	沉管法
隧道埋深	应保证一定的覆土厚度，最小宜为(0.6～1)D，D 为隧道直径	可紧贴河床甚至高出河床
隧道长度	相对较长	相对较短
断面形状	基本为圆形，一般容纳两条车道	断面形状多为矩形，可容纳 4 条、6 条或更多条车道
防水性能	纵、环向接头数量多，防水性能相对较差	接头数量少，防水性能好
对航运的影响	无影响	有影响
水文、气象条件	不受限制	要考虑水文、气象条件的影响
地质条件	与地质条件密切相关	基本不受地质条件的限制
施工期间对地面的影响	可能会造成地面变形	施工期间会对岸边隧道开挖有影响

7.1.3 沉管结构的类型

沉管隧道的施工方式，视现场条件、隧道用途、断面大小等，有各种各样的方式。按管段制作方法，沉管可分为两类，即钢壳沉管(船台型)和钢筋混凝土沉管(干坞型)。

钢壳沉管(船台型)的外壁或内、外壁均为钢壳，中间为钢筋混凝土或混凝土，为钢壳和钢筋混凝土或混凝土共同受力的复杂结构。它的特点是钢壳在船台上预制，下水后浮在水面浇灌钢壳内混凝土。钢壳既是浇灌混凝土的外模板，又是隧道的防水层，从而省去了钢筋混凝土管段预制所需的干坞工程。但是钢壳耗钢量大，焊接工作量大，防水质量难以保证；钢壳的防腐蚀、钢壳与混凝土组合结构的受力等问题不易得到较好解决，且施工工序复杂；由于制造工艺及结构受力等原因，钢壳沉管断面形状一般为圆形(图 7-1)，每孔一般只能容纳两条车道，断面利用率很低，不经济。

钢筋混凝土沉管(干坞管)主要由钢筋混凝土组成，外涂防水涂料。沉管预制一般在干坞内进行，临时干坞工程量较大；管段预制时须采取严格的施工措施，以防止混凝土产生裂缝。其断面形状一般为矩形(图 7-2)。矩形钢筋混凝土沉管的优点是：不占用造船厂设备，不妨碍造船工业生产；车道上方没有多余空间，断面利用率较高；车道最低点的高程较高，使隧道全长缩短，土方工程量小；建造多车道隧道时，工程量和施工费用均较低；一般用钢筋混凝土灌筑，可大大节约钢材，降低造价。矩形钢筋混凝土沉管的缺点是：必须建造临时干坞；由于矩形钢筋混凝土沉管干舷较小，故在灌筑混凝土及浮运过程中必须有一系列严密的控制措施。

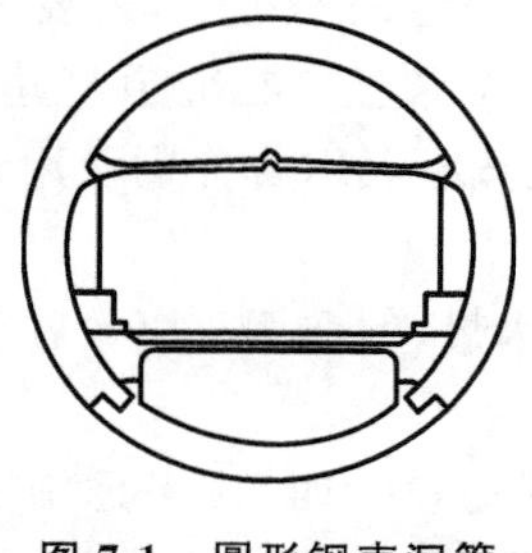

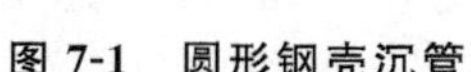

图 7-1 圆形钢壳沉管

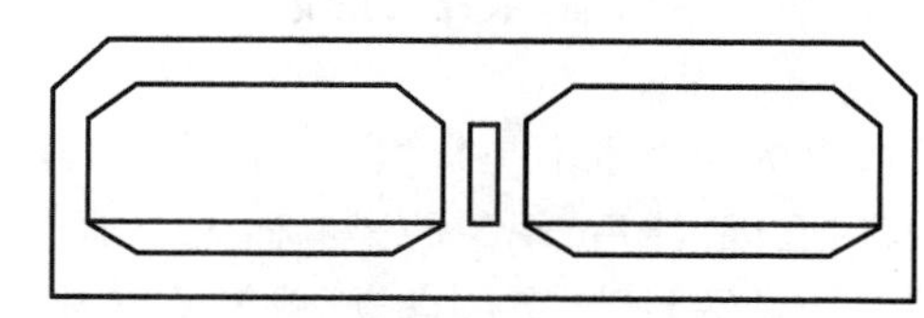

图 7-2 矩形钢筋混凝土沉管

7.2 沉管结构设计

沉管隧道的设计内容较多，涉及面较广，主要有总体几何设计、结构设计、通风设计、照明设计、内装设计、给排水设计、供电设计、运行管理设施设计等。本节主要介绍沉管结构设计。

7.2.1 沉管的断面形状和尺寸

水底隧道设计中，几何尺寸设计尤为重要，常常成为隧道设计成功与否的关键。隧道截面尺寸首先取决于使用要求，应考虑车流量与道路相匹配，也应考虑其他的使用要求和辅助设施；还取决于施工条件和施工要求，即管段的浮运和沉放要求。设计时一般首先根据使用要求确定管段内的净空尺寸，沉管结构的外轮廓尺寸则应满足浮运要求，同时应满足截面的要求。综合考虑以上条件，才能确定管段横断面的几何形状和尺寸。管段长度的确定则需要考虑经济条件，航道条件，管段纵、横断面形状，施工及技术条件等。

根据交通隧道的有关规定，对于双向行车隧道，每个方向的行车道应有各自独立的管道。一般行车道宽度为 3.5m，行车道边缘与侧墙的间距为 0.8～1.0m，行车道净空高度为 4.5m。行车道与侧墙间的空间通常做成人行道，空间高度可低于行车道高度，可供隧道管理人员或抛锚的汽车驾驶员使用。据此可推算一条双向行车道宽度不大于 9m。在隧道顶部，按规定应有 0.35m 的高度空间留作照明和信号设备的空间。如果使用纵向通风系统，则附加净空应增加到 0.85m。

7.2.2 沉管结构的荷载

作用在沉管结构上的荷载有结构自重，水压力，土压力，浮力，施工荷载，预应力，波浪和水流压力，沉降摩擦力，车辆活荷载，沉船荷载，地基反力及混凝土收缩、温度变化、不均匀沉降、地震作用等产生的附加应力。

在上述荷载中，只有结构自重及其相应的地基反力是恒荷载。钢筋混凝土的重度可分别按 $24.6kN/m^2$（浮运阶段）及 $24.2kN/m^2$（使用阶段）计算。至于路面下压载混凝土的重度，则由于密实度稍差，一般可按 $22.5kN/m^2$ 计算。

水压力是作用在沉管结构上的主要荷载之一。在覆土较少的区段，水压力常是作用在管段上的最大荷载。设计时要按各种荷载组合情况分别计算正常高、低潮水位时的水压力，以及台风或若干年一遇（如 100 年一遇）的特大洪水水位时的水压力。

土压力是作用在沉管结构上的另一主要荷载，且常不是恒荷载。作用在管段顶面上的垂直土压力一般为河床底面到管段顶面之间的土体重量。但在河床不稳定的情况下，还要考虑河床变迁所产生的附加土压力。作用在管段侧边的水平土压力也不是一个常量。在隧道刚建成时，侧向土压力往往较小，之后逐渐增加，最终可达静止土压力。设计时应按不利组合分别取用其最大值和最小值。

作用在管段上的浮力也不是常量。一般来说，浮力等于排水量，但作用于沉放在黏性土层中管段上的浮力，有时会因“滞后”现象的影响而大于排水量。

施工荷载主要是端封墙、定位塔、压载等的重量。在进行浮力设计时，应考虑施工荷载。在计算浮运阶段的纵向弯矩时，施工荷载是主要荷载。如果施工荷载引起的纵向负弯矩过大，则可调整压载水罐（或水柜）的位置来抵消一部分弯矩。

波浪压力一般不大，不致影响配筋。水流压力对结构设计的影响也不大，但必须进行水工模型试验予以确定，以便据此设计沉设工艺及施工设备。

在覆土回填之后，沟槽底下的荷载比较小，沉降也小，而其两侧荷载较大，沉降也大，因此沉管的外侧壁就会受到向下摩擦力的作用，其为沉降摩擦力（图 7-3）。为了降低摩擦系数，常在其外侧壁喷涂软沥青。

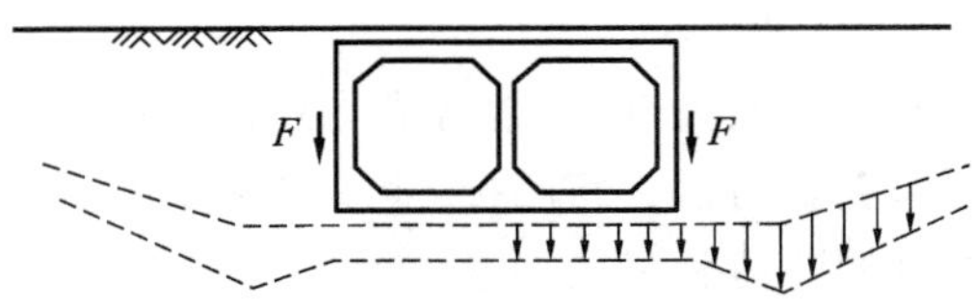

图 7-3 沉降摩擦力

车辆活荷载在进行结构分析时往往略去不计。至于沉船荷载，在以往设计中常假定为 50～$130kN/m^2$，但由于产生的概率实在太小，对此项荷载是否计算及计算时采用荷载值的大小仍在探讨之中。

对于地基反力的计算，首先要假定其分布规律，通常有下列不同的假定：

①地基反力按直线分布；

②地基反力与各点地基沉降量成正比，即文克勒（Winkler）假设；

③假定地基为半无限弹性体，按弹性理论计算地基反力。

当按文克勒假设设计时，地基系数又可以分为单一地基系数和多种地基系数两种。

混凝土收缩影响是由施工缝两侧不同龄期混凝土的收缩差所引起的。因此，应按初步施工计划规定混凝土龄期差并设定收缩差。

温度变化影响主要是由沉管外壁的内、外侧温差所引起的。设计时可按持续5～7d的最高气温或最低气温计算。计算时可采用日平均气温，不必按昼夜最高或最低气温计算。计算温差应力时，还应考虑徐变影响。

沉管结构的荷载应根据管段所处的各个不同阶段，如预制、浮运、沉设和运营阶段等进行组合。其荷载组合一般考虑以下三种：

①基本荷载；

②基本荷载＋附加荷载；

③基本荷载＋偶然荷载。

7.2.3　沉管浮力设计

沉管结构设计具有一个与其他地下工程结构设计不同的特点，就是必须要处理好浮力与结构重量的关系，这就是所谓的浮力设计。通过浮力设计可以确定沉管结构的外轮廓尺寸，从而确定沉管结构的横断面尺寸。

浮力设计的内容包括干舷的选定和抗浮安全系数的验算。

(1)干舷

这里的干舷是指管段在浮运时，为了保持管段稳定而必须使管顶露出水面的高度部分。具有一定干舷的管段，在遇到风浪而发生侧倾后，会自动产生反倾覆力矩，以保持平衡，如图7-4所示。

一般矩形断面管段的干舷高度为10～15cm，而圆形和八角形断面管段的干舷高度则多为40～50cm。干舷的高度应适当，过小其稳定性较差，过大则沉设困难。

有些情况下，管段的结构厚度较大，无法自浮，这时可以设置浮筒、钢或木围堰助浮。另外，管段制作时混凝土重度和模壳尺寸常有一定幅度的变动，河水密度也会有一定的变化幅度，浮力设计时应按照最大混凝土重度、最大混凝土体积和最小河水密度进行干舷高度的计算。

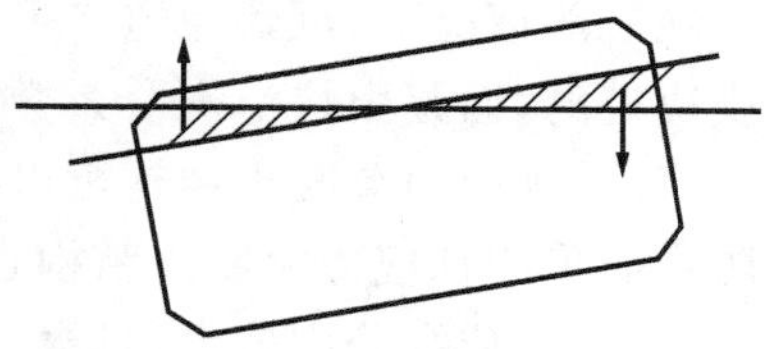

图7-4　管段干舷与反倾覆力矩

(2)抗浮安全系数

在管段沉放施工阶段，应采用1.05～1.1的抗浮安全系数。管段沉放完毕回填土时，周围河水与砂、土混合，其密度大于原来的河水密度，浮力相应增加。因此，施工阶段的抗浮安全系数务必大于1.05，以防止复浮。

在覆土完毕后的使用阶段，抗浮安全系数应采用1.2～1.5，计算时可以考虑两侧填土所产生的负摩阻力。

设计时需要按照最小混凝土重度、最小混凝土体积和最大河水密度来计算抗浮安全系数。

(3)沉管结构的外轮廓尺寸

在沉管结构水底隧道中，总体设计只能确定隧道的内净宽度及车道净空高度，沉管结构的外轮廓尺寸必须通过浮力设计才能确定。在浮力设计中，既要保证一定的干舷高度，又要保证一定的抗浮安全系数，所以沉管结构的外轮廓高度往往超过车道净空高度与顶、底板厚度之和。

7.2.4　管段结构设计

管段结构设计按横断面和纵断面分别进行，首先应确保在各种荷载作用下管段是安全、经济的。

(1)横向受力分析

沉管结构的断面结构形式绝大多数是多孔箱形结构。多孔箱形结构与其他高次超静定结构一样,其结构内力分析需经过"假定截面尺寸→内力分析→修正尺寸→复算内力"的几次循环,工作量较大。为了避免采用剪力钢筋,改善结构性能,减少裂缝出现,在水底隧道的沉管结构中常采用变截面或折拱形结构(图 7-5)。即使在同一管段(长度为 100m 左右)内,因隧道纵坡和河底标高的变化,各断面处所受水压力、土压力也不同。特别是在接近岸边时荷载变化急剧,不能只以一个断面的结构分析结果和中段的横断面配筋计算结果来代表所有管段。因此,其计算工作量非常大,通常需要采用计算机分析。

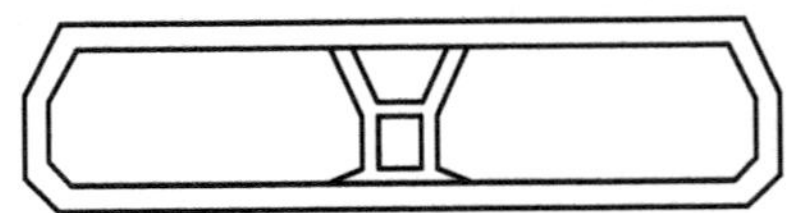

图 7-5 折拱形沉管结构

(2)纵向受力分析

施工阶段的沉管结构纵向受力分析主要是计算浮运、沉设时施工荷载(定位塔、端封墙等)、波浪压力引起的内力。使用阶段的沉管纵向受力分析一般按照弹性地基梁理论进行。

(3)配筋

沉管结构的混凝土强度等级宜较高,一般采用 C30～C40。这主要是为了满足结构抗剪的需要。由于沉管结构对贯通裂缝非常敏感,非贯通裂缝宽度宜控制在 0.20mm 以下,因此采用的钢筋等级不宜过高,宜采用 HRB400 及以下的钢筋,且钢筋的容许应力一般应控制在 135～160MPa 内。沉管结构的纵向配筋率一般应不小于 0.25%。

(4)预应力的应用

在一般情况下,沉管隧道多采用普通钢筋混凝土结构。这是因为沉管的结构厚度往往不是由强度决定的,而是由抗浮安全系数决定的。若采用预应力混凝土结构,则其优点不能得以充分发挥。当然,预应力混凝土结构可以提高抗渗性能,但由于结构厚度大,所施预应力不高,因此单纯为了防水而采用预应力混凝土结构是不经济的。

然而,当隧孔跨度较大,且水、土压力又较大(如达到 300～400kN/m^2)时,沉管结构的顶、底板受到的剪力值相当大。这时如不施加预应力,就必须放大支托。但放大后的支托又不容许侵占行车道净空,因此只能相应地增加沉管结构的总高度(常需为此而增加 1～1.5m),由此将导致:

①沉管排水量增加,但为保证规定的抗浮安全系数,又要相应地增加压载混凝土量;

②增加水底沟槽的开挖深度及挖土方量;

③增加引道深度,不但会使引道的支挡结构受到更大的土压力,而且会增加这部分结构的工程量,有时还会遇到其他水文地质上的困难;

④增加隧道全长、总工程量和总造价。

因此,在这种情况下,采用预应力混凝土结构较经济。在有的沉管隧道中,仅在河中水深最大处的部分管段中采用预应力混凝土结构,其余管段仍采用普通钢筋混凝土结构,这样可以更经济地发挥预应力混凝土结构的优点。

7.3 管段接缝处理与防水措施

管段接缝处理主要包括变形缝和止水缝带的设置,这对沉管结构的抗渗漏和功能完整有着重要的作用。管段接缝处的防水问题一直是沉管结构最突出的问题,随着技术的不断发展,出现了钢壳与钢板防水、卷材防水及涂料防水等有效措施。

7.3.1 变形缝与止水缝带

7.3.1.1 变形缝

对于钢筋混凝土沉管结构，如无适当的措施，很容易因隧道的纵向变形而导致开裂。假如混凝土浇筑温度为5～15℃，沉管外侧温度为10℃，内侧温度为0～25℃，沉管隧道是整体无缝的，则在温差影响下所产生的纵向应力可达400kN/m^2，沉管结构势必发生严重的开裂。又如，管段在干坞中预制时一般先浇筑底板，隔若干时日后再浇筑侧墙和顶板。两次浇筑混凝土的龄期、弹性模量、收缩率均不相同，后浇的混凝土不能自由收缩，要受到偏心受拉内力的作用，常易产生如图7-6所示的裂缝。此外，不均匀沉降、地震作用等影响也易导致管段开裂。这种纵向变形所引起的裂缝都是通透的，对防水很不利。因此，在设计中必须采取适当措施，以防止裂缝产生。

最有效的措施是设置垂直于隧道轴线方向的变形缝，把每节管段分割成若干节段。根据各国的实践经验，节段的长度不宜过大，一般为15～20m，如图7-7所示。

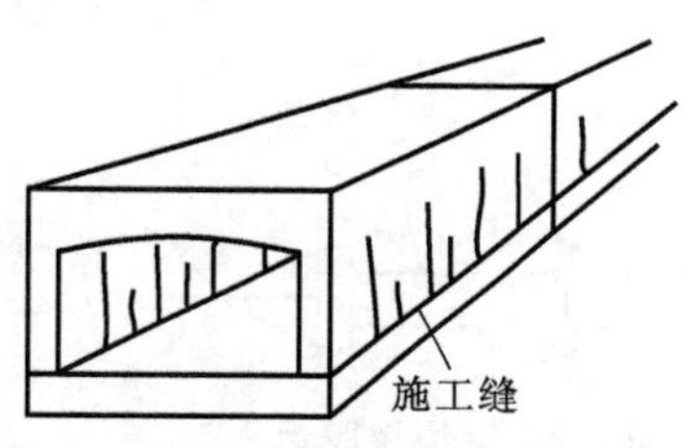

图7-6 管段侧壁的收缩裂缝

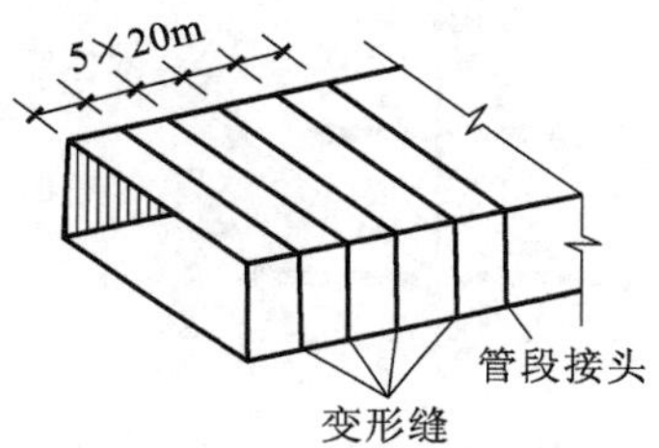

图7-7 管段的节段与变形缝

节段间的变形缝构造满足以下几点要求：

①能适应一定幅度的线变形与角变形。变形缝前后相邻节段的端面之间需留一小段间隙，以便于张、合活动，间隙中填充防水材料。间隙宽度应按变温幅度与角度适应量来确定，一般不小于2cm。

②在浮运、沉设时能传递纵向弯矩，为此应采取适当的构造处理措施。如管段结构的纵向钢筋在变形缝处全部被切断，宜安设临时的预应力索(或预应力筋)，待沉设完毕后再撤去；如不设临时预应力设施，则可将变形缝处的外侧纵向钢筋切断，而暂时保留内侧纵向钢筋，待沉设完毕后再予以切断。

③在任何情况下都能传递剪力。

④变形前后均能防水。一般于变形缝处设置1～2道止水缝带。

7.3.1.2 止水缝带

在变形缝的各组成部分中，最为重要的是既能适应变形又能有效防止渗漏的止水缝带，简称止水带。

止水带的种类与形式很多。铜片等金属止水带现已很少采用。塑料(聚氯乙烯)止水带弹性较差，只能适应较小幅度的变形，在预制管段中用得不多。在预制管段中应用较普遍的是橡胶止水带和钢边橡胶止水带。

(1)橡胶止水带

橡胶止水带可用天然橡胶(含胶率大于70%)制成，也可用合成橡胶(如氯丁胶等)制成。

橡胶止水带的寿命是人们所关心的问题。将橡胶制品应用于水底隧道中，其环境条件(潮湿、无日照及温度较低)是较理想的。

橡胶止水带在20世纪50年代才开始应用于水底隧道中，其使用寿命迄今尚无确切记录，但无疑比用在其他工程中要耐久得多。人们曾发现埋置60年的橡胶制品尚未明显老化，这说明地下工程结构中的橡胶止水带的使用寿命应在60年以上。经老化加速试验可判断其安全使用年限超过100年。

橡胶止水带的构造形式多样，各有特点，但所有的橡胶止水带均由本体部与锚着部两部分组成，如图7-8所示。橡胶止水带的本体部位于带中段，有平板式的、带管孔的和带曲槽的三种。其中，以带管孔的较好，其优点是变形缝变形时止水带具有随之伸缩的充分柔度；在结构受剪，变形缝发生横向错动时，管孔可随之变形，以减小作用在带体上的剪力。

(2)钢边橡胶止水带

钢边橡胶止水带是在橡胶止水带两侧锚着部中镶一段薄钢板，其厚度仅为0.7mm左右(图7-9)。这种止水带自20世纪50年代初于荷兰的费尔森水底道路隧道中试用成功后，现已在各国广泛应用。

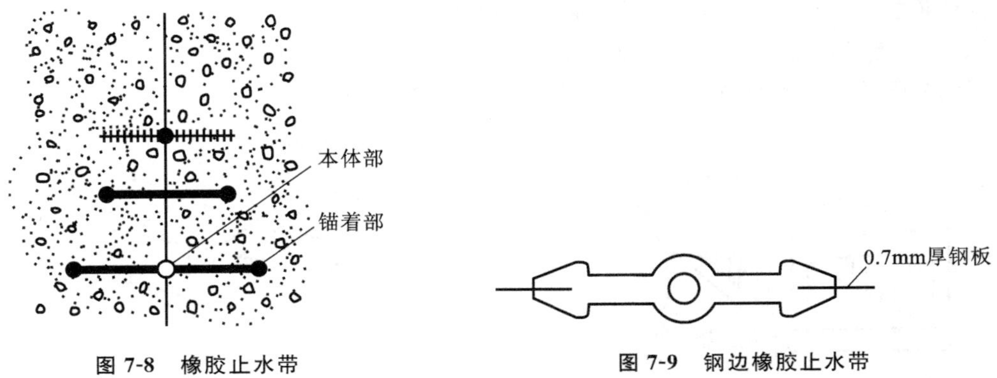

图7-8 橡胶止水带

图7-9 钢边橡胶止水带

钢边橡胶止水带可以充分利用钢板与混凝土之间良好的黏结力使变形前、后的止水效果都较一般橡胶止水带好，同时可增加止水带的刚度，并节约橡胶，现已得到普遍推广。

7.3.2 管段防水

(1)钢壳与钢板防水

其由于耗钢量大，焊缝防水可靠性不高，钢板与混凝土之间黏结不良，钢材防锈等问题仍未得到切实解决，现已日趋被淘汰。

以耗钢量问题为例，钢的锈蚀速率一般估计为：在海水中为0.1mm/年，在淡水中为0.05mm/年，平均为0.075mm/年。如果设计使用年限为50年，设计利用厚度为8mm，则实际钢板厚度应为$t=8+0.075\times50=11.75(\text{mm})\approx12\text{mm}$，故耗钢量惊人。

(2)卷材防水

卷材防水层是用胶料把多层沥青类卷材或合成橡胶类卷材胶合而成的外贴式防水层。沥青类卷材品种很多，沉管隧道外防水用的卷材宜选用强度大、韧性好的织物卷材。玻璃纤维布油毡更适用于水下或地下工程结构，我国许多隧道均用这种卷材做防水层。玻璃纤维布油毡是以玻璃纤维织布为胎，浸涂沥青制成的，性能全面，价格仅稍高于普通沥青油毡。

沥青类卷材一般用浇油摊铺法粘贴，卷材粘贴完毕后需在外边加设保护层。保护层的构成视部位不同而异。管段底板下用卷材做防水层时，可在干坞底面上先铺设一层混凝土垫层和保护层，再在混凝土保护层上摊铺卷材。最初将合成橡胶类卷材应用到沉管隧道防水上的是于1969年建成的丹麦帘姆菲奥特斯(Limf Jords)水底道路隧道。该隧道用的防水层卷材是异丁橡胶卷材，厚度仅为2mm。

卷材的层数应视水头大小而定。水底隧道的水下深度一般为20多米，所用卷材层数有的达五六层之多。但如精心施工，3层已足够。卷材防水的主要缺点是施工操作过程中稍有不慎就会造成“起壳”而返工，非常费事，乃至根本无法补救。

(3)涂料防水

随着化学工业的发展，涂料防水渐被引用到管段防水中来。它最突出的优点是操作工艺比卷材防水简单得多，而且可以在平整度较差的混凝土面上直接施工。

目前涂料在管段防水上尚未普遍推广，主要是因为它的延伸率还不够(不及卷材)。在沉管隧道中，结构设计的容许裂缝开展宽度为0.15～0.2mm，而防水设计的容许裂缝开展宽度为0.5mm。防水卷材易于满足此要求，但防水涂料尚不能完全满足这项要求。因此，提高延伸率是当前防水涂料试验研究中的一项主要课题。对防水涂料的另一项要求是能在潮湿的混凝土面上直接涂布，目前这项要求也没有完全达到。

7.4 管段沉设与水下连接

管段在干坞中预制好，沉管基槽开挖及基础处理好后，便可进行管段的出坞、浮运、沉设与水下连接工作了。其中，管段沉设与水下连接是沉管隧道施工中难度最大的两道施工工序。

首先简要介绍下管段沉设与水下连接之前的工作。

(1)管段制作

管段作为沉管隧道的主体工程，其制作基本要求是：本身不漏水，承受最大水压力时也不漏水；管段是均质的，质量对称，以保证浮运时稳定，结构牢固。

(2)沟槽施工

管段沉设前要先在欲沉设地点开挖沟槽。沟槽开挖深度比通常的航道疏浚开挖深度要深，而且对底面的平整度要求较高。因此，要仔细选择疏浚方法，一般使用各种疏浚船进行施工。要特别注意的是，不要扰动沟槽面的土质，使其在沉设过程中始终保持良好的状态。疏通断面的坡面坡度视土质和波浪的影响等确定。为保证基础底面平整，应用砾石等铺设均匀。

沟槽施工费用通常占总费用的很小一部分，但航道的变更、管体泊位及拖航水路的疏浚等的处理量是很大的。因此，要规划各阶段的疏浚土量和弃渣场，合理选择疏浚方法和作业设备。

(3)管段出坞

管段在干坞内预制完毕，并安装了全部浮运、沉设及水下对接施工附属设备设施后，就可向干坞内灌水，使预制管段在坞内逐渐浮起，直到坞内、外水位平衡为止。打开坞门或破开坞堤，由布置在干坞坞顶的绞车将管段逐节牵引出坞。上浮时要利用干坞四周预先布设的锚碇，用地锚绳索对管段进行控制。管段出坞后，先在坞口系泊。分次预制管段时，也可在拖运航道边临时选一个水域抛锚系泊。

管段在坞内起浮前应向压载水箱内注水将其调平，安装好系缆柱、缆绳导轮等。起浮时要逐步排出压载水箱内的水，保证管段慢慢地安全起浮。多管段一次预制时，可按出坞浮运的顺序一节一节地起浮。起浮后，管段的一侧可利用干坞的系缆柱系泊，另一侧可利用尚未起浮的管段系缆绳，确保起浮的管段平稳、无漂移。如采用双吊驳吊沉管段，则需将双吊驳对准坞口中线在坞口附近系泊好。管段通过绞车系泊缆绳系统逐步牵引出坞。出坞作业应选在海水平潮前半小时进行。

(4)管段浮运

将管段从系泊区(或干坞内)拖运到沉放位置的过程叫作浮运。管段浮运时可采用拖轮拖运或岸上绞车拖运，具体浮运方式很多。当水面较宽，拖运距离较长时，一般采用拖轮拖运；当水面较窄时，可在岸上设置绞车拖运。

管段浮运到沉设位置后，要转向或平移，对准沉管隧道中线待沉。

7.4.1 管段沉设

管段的沉设在整个沉管隧道施工过程中占有相当重要的地位。沉设方法有多种，在施工中需根据自然条件、航道条件、管段规模及设备条件等因素，因地制宜地选用最经济的沉设方法。

7.4.1.1 沉设方法

管段的沉设方法大致分为吊沉法和拉沉法。根据施工方法和主要起吊设备的不同，吊沉法又可分为分吊法、扛吊法、骑吊法等。沉设作业的主要环节可以概括如下：

①拖运管段到沉设现场；

②用缆绳定位管段，以便精确沉设；

③施加下沉力。

(1)分吊法

分吊法是在沉设作业时用2～4艘起重船或浮筒、浮箱提着各个吊点，一般在管段上预埋3或4个吊点，逐渐将管段沉设到规定位置上。图7-10～图7-12所示为不同的分吊法。

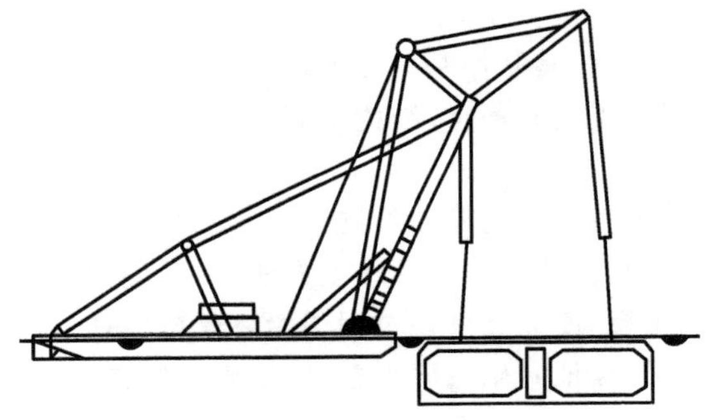

图7-10 起重船分吊法

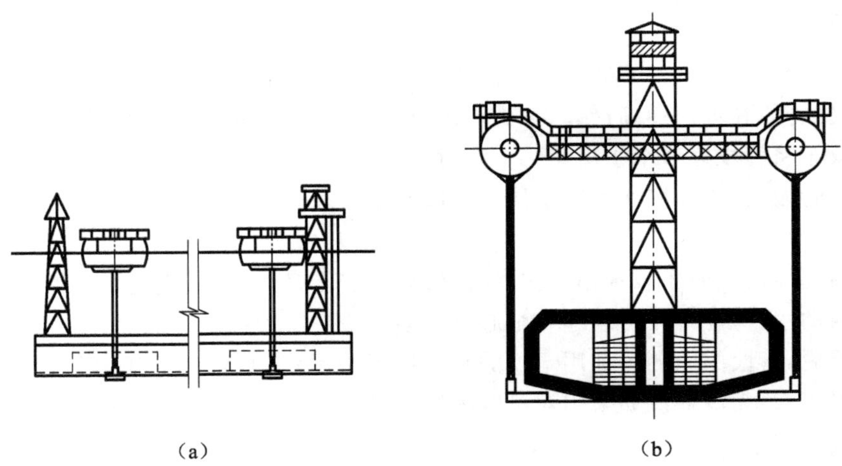

(a) (b)

图7-11 浮筒分吊法

(a)侧面图；(b)横剖面图

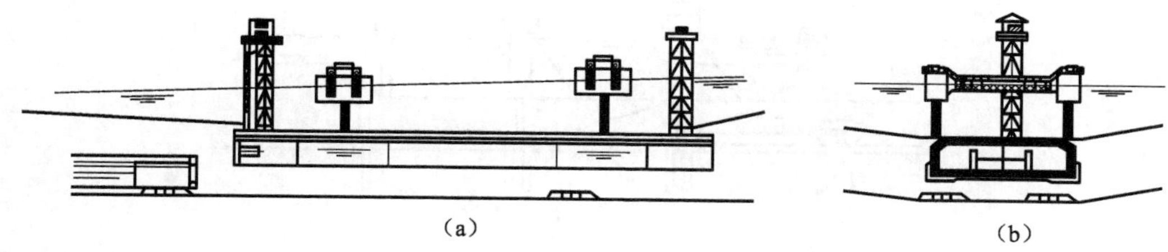

图 7-12 浮箱分吊法

(a)侧面图;(b)横剖面图

(2)扛吊法

扛吊法又称为驳扛吊法,有双驳扛吊法和四驳扛吊法两种。其具体做法是将方驳分布在管段左右,左、右方驳之间加设两根"扛棒","扛棒"下吊沉管,然后沉设管段,如图 7-13 所示。

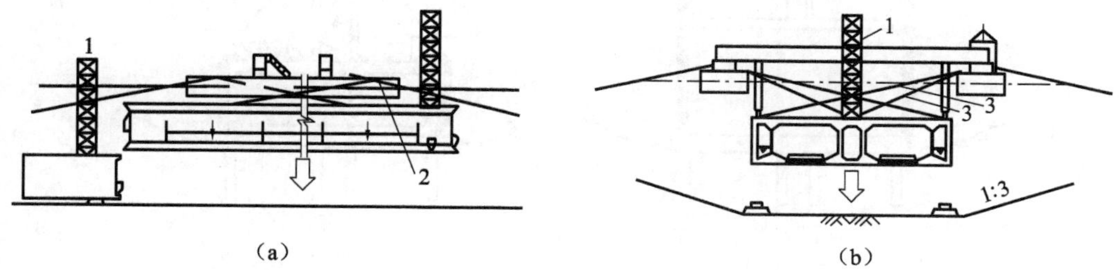

图 7-13 扛吊法

(a)侧面图;(b)横剖面图

1—定位塔;2—方驳;3—定位索

(3)骑吊法

骑吊法是使水上作业平台"骑"于管段上方,将其慢慢地吊放沉设,如图 7-14 所示。其平台部分实际上就是一个浮箱,通过反复调整浮压进行定位。这种方法适用于水面宽阔,但不易用缆索固定管段的情况。其优点在于不需抛锚,作业时对航道影响较小,但设备费用多,故较少采用。

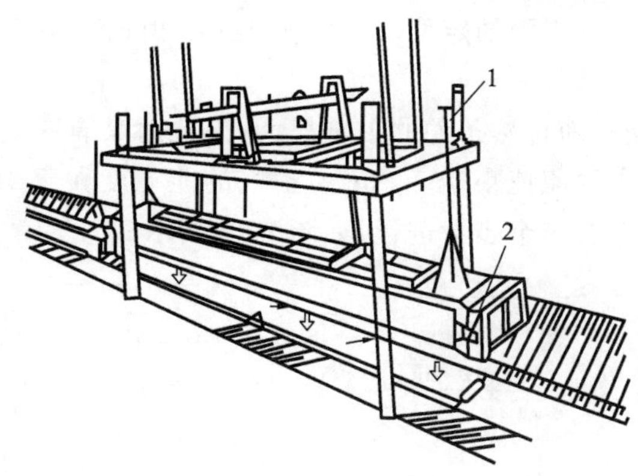

图 7-14 骑吊法

1—定位杆;2—拉合千斤顶

(4)拉沉法

这种方法的主要特点在于既不用浮吊、方驳,又不用浮箱、浮筒,管段沉设时不是向管段内灌注水,而是利用预先设置在水底沟槽底板上的水下桩墩,通过设在管段顶面钢撬架上的卷扬机和扣在水下桩墩上的钢索,将管段慢慢拉下水,沉放到桩墩上,如图 7-15 所示。使用此法时必须设置水底桩墩,因费用较多而较少使用。

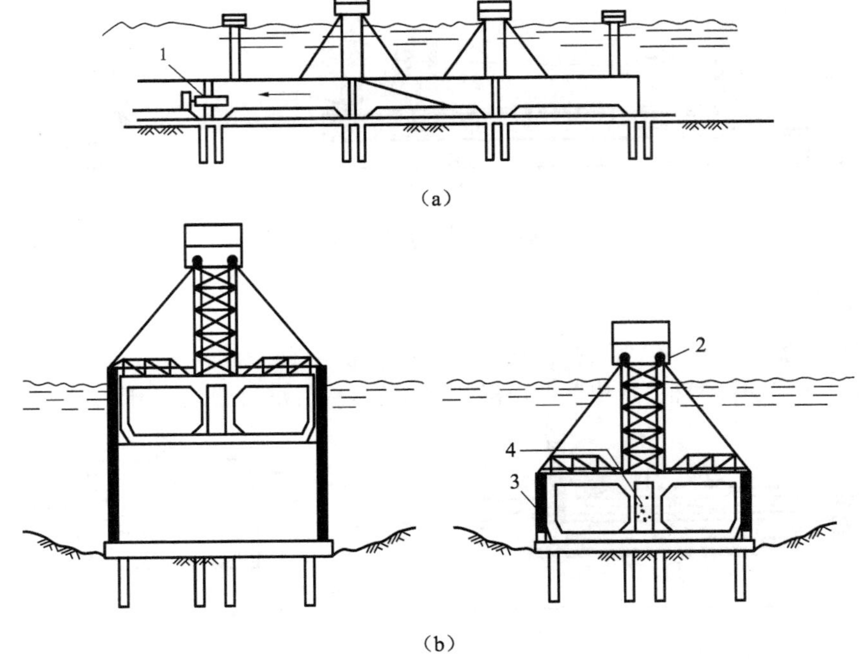

图 7-15 拉沉法

(a)侧面图;(b)横剖面图

1—拉合千斤顶;2—拉沉卷扬机;3—拉沉索;4—压载水

7.4.1.2 管段定位与沉设作业

(1)管段定位

管段在沉设、对接过程中将不可避免地受到风、浪、水流等外力的作用。要保证沉设、对接过程中管段的稳定,必须对管段进行牢固的定位。定位作业主要由锚碇系统完成。

(2)沉设作业

管段沉设与对接作业受水面自然条件的影响很大,因此对其有一定的要求。一般要求风速小于10m/s,波高小于0.5m,水的流速小于0.8m/s,空气的能见度大于1000m。沉设作业一般可按初次下沉、靠拢下沉和着地下沉三个步骤进行,如图7-16所示。

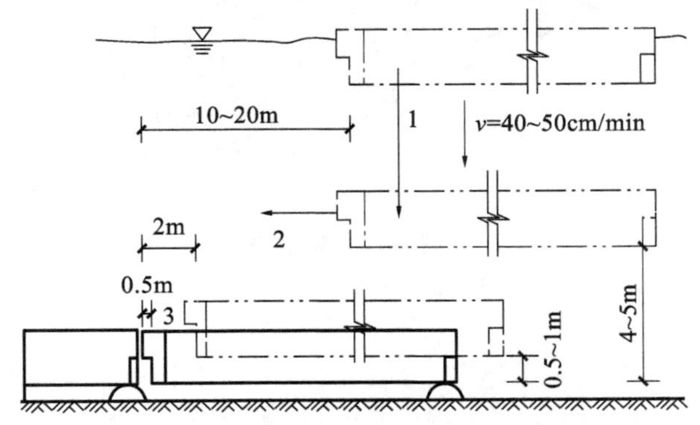

图 7-16 管段沉设的三个步骤

1—初次下沉;2—靠拢下沉;3—着地下沉

7.4.2 水下连接

管段沉设就位后，还要与已沉设好的管段连成一个整体。该项工作在水下进行，故称为水下连接。水下连接技术的关键是要保证管段接头不漏水。水下连接有混凝土连接法和水力压接法两种方法。混凝土连接法工艺复杂，潜水工作量大，密封可靠性差，故目前一般不再采用。水力压接法是20世纪50年代由丹麦工程师在加拿大开发应用的。由于具有工艺简单，施工方便，施工速度快，质量可靠，工料费省，基本上不用潜水工作等优点，故水力压接法目前已在各国沉管隧道工程中普遍采用。

水力压接法是利用作用在管段上的巨大水压力，使安装在管段前端面(即靠近既设管段或竖井的端面)周边的一圈胶垫发生压缩变形，形成一个水密性相当可靠的管段间接头。在管段下沉就位完毕后，先将新设管段拉向既设管段并紧密靠上，这时胶垫发生了第一次压缩变形，并初步具有止水作用，随即将既设管段后端端封墙与新设管段前端端封墙之间的水(这时这部分水已与河水隔离)排走。排水之前，作用在新设管段前、后两端封墙上的水压力是相互平衡的；排水之后，作用在新设管段前端端封墙上的水压力变成一个大气压力的空气压力。于是作用在新设管段后端端封墙上的成千上万吨水的巨大压力就将管段推向前方，使胶垫发生第二次压缩变形。在第二次压缩变形后胶垫的作用下，管段接头就具有非常可靠的水密性。

可见，水力压接法的主要工序是对位→拉合→压接→拆除端封墙，如图7-17所示。

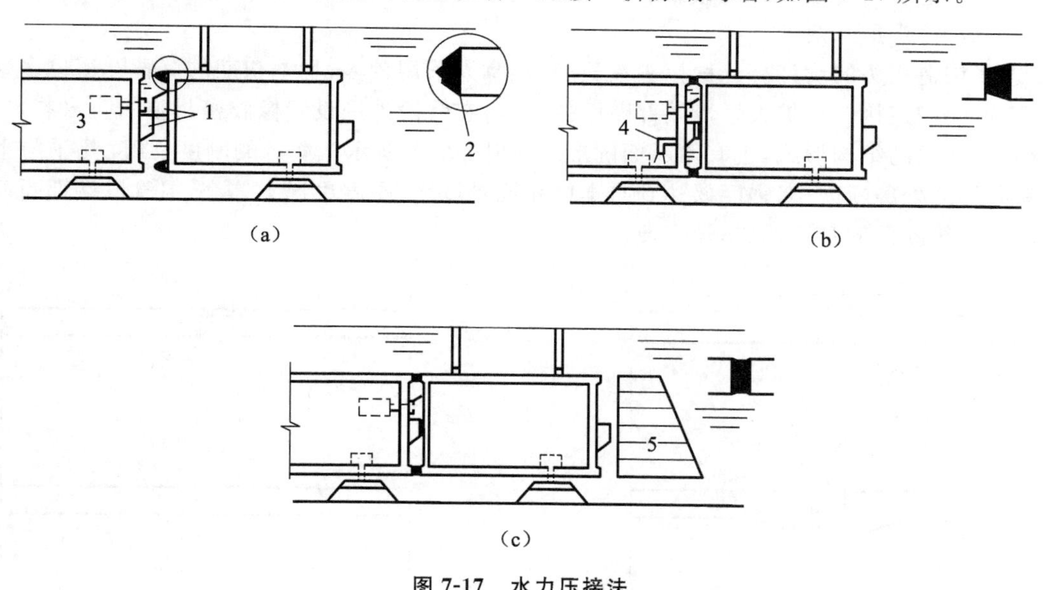

图7-17 水力压接法

(a)对位；(b)拉合；(c)压接，拆除端封墙

1—鼻托；2—胶垫；3—拉合千斤顶；4—排水管；5—水压力

7.4.3 回填与覆盖

回填对防止管体侧面的水流冲刷，或防止沉船、抛锚、走锚等对管体的破坏是很重要的。回填材料主要采用易于获取，费用低，在地震时不易流动，投入后不会对水质有污染的材料。日本东京湾隧道的回填采用了砂质碎石，直径大于0.15m的碎石占30%以上。根据日本的经验，除通常在管体上面设0.15m厚的钢筋混凝土保护层外，需另设1.0～2.0m厚的回填防护层。

7.5 管段接头

管段沉设完毕之后，必须与前面已沉设好的管段或竖井接合起来。管段接头应满足以下功能要求：

①接头水密性要好，即要求在施工和运营阶段均不漏水；

②接头应具有抵抗各种荷载作用和变形的能力；

③接头的各构件功能明确，造价适度；

④接头的施工性要好，施工质量能够保证，并尽量做到能检修。

常用的接头有 GINA 止水带、OMEGA 止水带，以及水平剪切键、竖直剪切键、波形连接件、端钢壳及相应的连接件。

水平剪切键可承受水平剪力，竖直剪切键可承受竖直剪力及抵抗不均匀沉降，波形连接件可增加接头的抗弯、抗剪能力，端钢壳主要起安装端封门和接头其他部件，调整隧道纵坡坡度的作用。

(1)接头类型

管段的接头是沉管法最具特征的部分。在设计时，要保证接头处具有良好的止水性能和传递力的性能。在采用可挠性接头时，其要满足伸缩等必要的功能，以及施工性、经济性等条件。

接头的构造有与管段具有同等强度、刚性的连续构造接头形式和管段能够相互伸缩、转动的柔性构造可挠性接头形式两种。

①连续构造接头的设计。此种接头在美国、加拿大采用较多，日本初期的沉管隧道也多采用这种接头。连续构造接头有扩大管段端部断面的形式，在管段外周设置橡胶密封垫的止水装置、和本体形成同一断面的结构形式，也有等断面的形式，如图 7-18 所示。前者的刚度、强度几乎与本体相同；后者因结合处的断面小，强度要达到与本体相同难度大，刚度也比本体小，但管段端部断面无须扩大，外侧是等断面的管段，制作较方便。

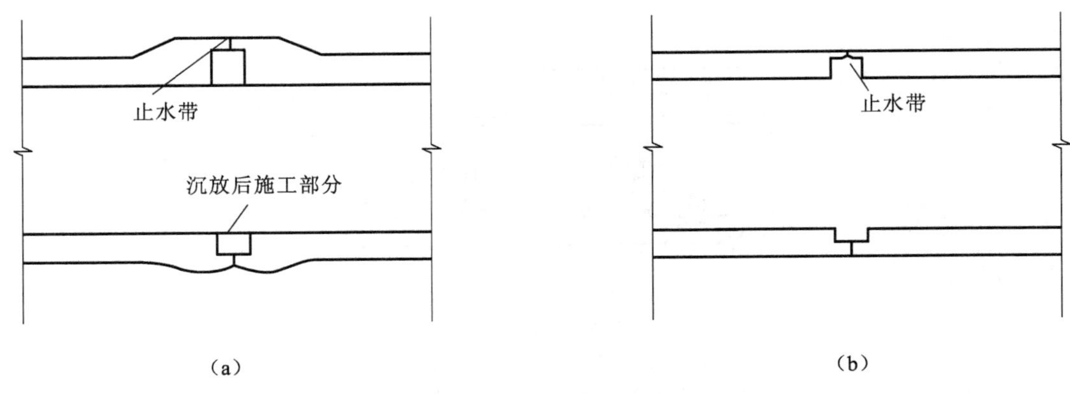

图 7-18 连续构造接头

(a)扩大断面形式；(b)等断面形式

使管段相互结合、传递力有沉放后用内部钢筋混凝土衬砌连接接头和焊接钢板传力两种方式。不管采用哪种方式，都要能承受因地震作用、地层下沉、温度变化等产生的轴向拉力、压力、弯矩、剪力等。

②柔性构造可挠性接头的设计。柔性构造可挠性接头是使管段接头处能发生伸缩、转动的接头。但其不容许有无限制的位移，要根据止水性及交通功能等规定出容许的位移值，使接头的位移

在容许范围之内。为满足此条件并使管段内应力不超过容许值，对接头要进行控制。应合理地确定接头的设置地点和刚性，并研究具体的接头构造。图 7-19 所示为柔性构造可挠性接头。

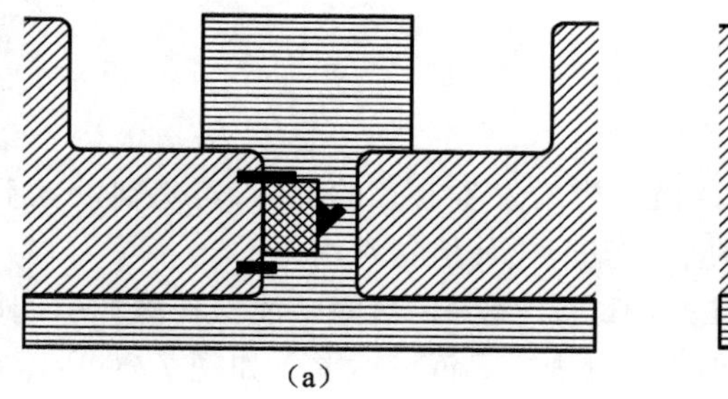
(a)

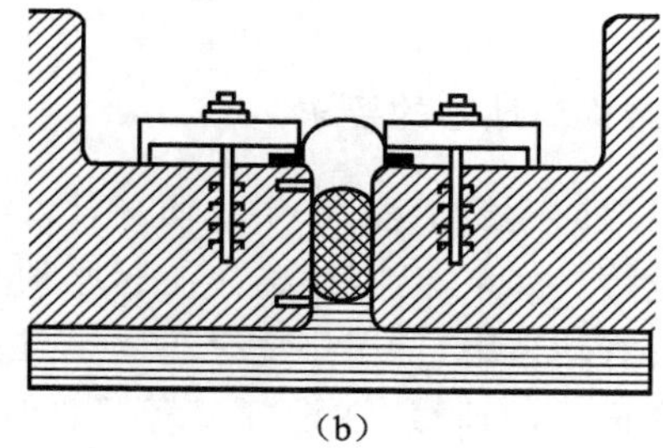
(b)

图 7-19 柔性构造可挠性接头

(a)对接前；(b)对接后

柔性构造可挠性接头的设置地点与构造条件、地质条件、地震条件有关。

(2)止水构造

在管段的接头处，不管采用哪种接头方式，都要进行止水构造的设计。一般橡胶密封垫的一次止水构造是最基本的构造。

确定橡胶密封垫的材质、形状、尺寸时要满足以下条件：止水构造材质具有长期稳定性和耐久性，管段接合时具有所规定的止水性，水力压接时具有合适的荷载压缩变形特性，有永久止水性能等。采用柔性构造可挠性接头时，要在设计的伸缩量条件下能确保止水性；接合后，对外侧水压力而言是安全的。

为满足这些要求，必须进行橡胶密封垫的材质试验、压缩特性试验、剪切试验、止水性能试验等，据此确定橡胶密封垫的最佳形状、尺寸和硬度。一般橡胶密封垫的材质多为天然橡胶和合成橡胶。在设计橡胶密封垫时，要注意橡胶的永久变形量。对柔性构造可挠性接头，还应掌握橡胶的动力特性。

目前，在初期止水时几乎都采用 GINA 橡胶止水带。为消除初期接合时钢壳断面的施工误差，在前面和底部设有凸起，其硬度较小。

止水带在水力压接时处于压缩状态，在静水压力作用下有足够的止水能力。但是在水力压接时，如果止水带没有处于充分压缩状态，或发生地震，则接头会张开，使压缩荷载释放，从而降低止水性能，发生漏水。此外，由于止水带要长期使用至少达 50～100 年，设置后更换也不容易，因此在设计时必须考虑橡胶老化问题。

止水带的安全性，从设置到整个使用期间要考虑三种状态，即水力压接时的状态、正常状态、地震时的状态。止水带必须按这三种状态进行设计和安全性检验。

二次止水装置是为一次止水发生故障而设的具有止水构造的安全阀，要能承受外水压力。

(3)最后接头

沉管隧道的接头一般分为中间接头、与竖井的接头及最后接头，其结构形式有些差异。其中，最后接头是最后一节管段与前设管段的接头，与管段一般段的接头不完全相同。最后接头的位置一般设在管段与竖井处。最后接头处的水深比较浅时，可在接头范围设围堰，用内部排水方式施工；也可采用与水力压接相同的方法做最后接头，即在最后接头周围安设橡胶密封垫的止水板，而后排出内部的水，使止水板实现水力压接。此法与水深关系不大，是比较合理的方法。

7.6 沉管基础

7.6.1 沉管结构对地基的要求

对于一般地面建筑工程，如果地质条件差，就很容易发生有害的沉降；若基础设置不当，甚至有发生坍塌的危险。如果有流沙层，施工时必须采取疏干或其他特殊措施。

在水底沉管隧道中，情况则完全不同。首先，不会产生由土壤固结或剪切破坏引起的沉降。因作用在沟槽底面上的荷载，在设置沉管后非但没有增加，反而减小了。如图 7-20 所示，在开槽前，作用在沟槽底面上的压力为：

$$p_0 = \gamma_s(H + C) \tag{7-1}$$

式中 γ_s——土壤的浮容重，为 5～9kN/m^3；

H——沉管的全高，m；

C——覆土厚度，一般为 0.5m，有特殊需要时可为 1.5m。

在沉管沉设、覆土回填完毕后，作用在沟槽底面上的压力 p 为：

$$p = (\gamma_t - 10)H + \gamma_s C \tag{7-2}$$

式中 γ_t——竣工后管段的重度，为 12～14kN/m^3。

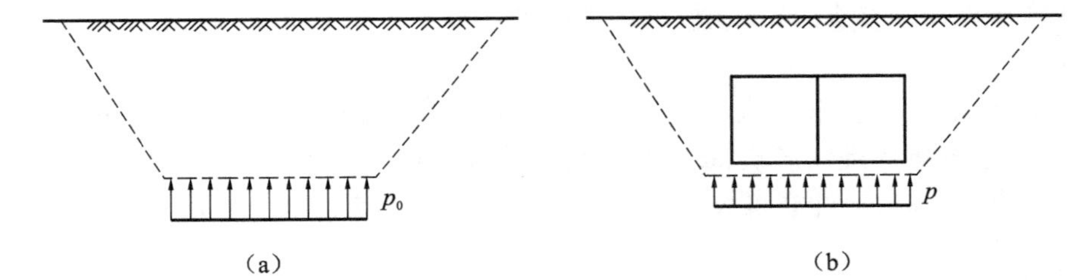

图 7-20 沟槽底面上的压力变化

(a)开槽前；(b)沉管沉设、覆土回填后

因此，沉管隧道很少需要构造人工基础以解决沉降问题。

此外，沉管隧道施工时是在水下开挖沟槽的，没有发生流沙现象的可能。所以，沉管隧道对各种地质条件的适应性很强，几乎没有什么复杂的地质条件不适合沉管施工。正因如此，一般水底沉管隧道施工时不必像其他水底隧道施工法那样，需在施工前进行大量的水上钻探工作。

7.6.2 基础处理

沉管隧道对各种地质条件的适应性都很强，这是它的一个很重要的特点。然而，在沉管隧道施工中仍需要进行基础处理，其目的不是防止地基土的沉降，而是因为在开槽作业中无论使用哪一类型的挖泥船，完成后的槽底表面总有不同程度的不平整。这种不平整会使槽底表面与沉管底面之间存在很多不规则的空隙。这些不规则的空隙会导致地基土受力不均匀而发生局部破坏，从而引起不均匀沉降，使沉管结构产生较高的局部应力而导致开裂。因此，在沉管隧道施工中必须进行基础处理——垫平，以消除这些有害的空隙。

沉管隧道的基础处理方法大体可分为先铺法和后填法两类。先铺法是在管段沉放之前先在槽底铺上砂、石垫层，然后将管段沉放在垫层上。这种方法适用于底宽较小的沉管工程。后填法是在管段沉放完毕之后再进行垫平作业。后填法较适用于底宽较大的沉管工程。

沉管隧道的各种基础处理方法均以消除有害空隙为目的，所以各种不同的基础处理方法之间的差别仅是垫平途径不同而已，但其效率、效果及费用的差别在设计时必须进行详细比较。

7.6.3 软弱土层中的沉管基础

如果沉管下的地基土过于软弱，地基承载力非常小，则地基仅作垫平处理是不够的。这种情况较少出现，一般的解决办法有：

①以粗砂置换软弱土层；

②打砂桩并加荷载预压；

③减轻沉管质量；

④采用桩基。

在这些方法中，方法①增加工程费用多，且在地震时有液化危险，故当砂源较远时及在地震区不宜使用；方法②同样会大量地增加工程费用，且不论施加荷载大小如何，要使地基土达到固结密实所需的时间都很长，对工期影响太大，一般也不使用；方法③对减小沉降固然有效，但对沉管的抗浮安全系数有较大影响，故并不实用；方法④是比较适宜的常用方法。

当采用方法④后，还会遇到一个地面建筑工程施工通常不会遇到的问题，即各桩桩顶标高在实际施工中不可能完全相同，而管段又是预制的，管段沉设完毕后无法保证所有桩顶与管底接触。所以，必须采取一些措施使各桩受力均匀，主要措施有以下三种。

(1)水下混凝土传力法

基桩打好后，先浇1～2层水下混凝土将桩顶裹住，然后在水下铺上一层砂石垫层，使沉管荷载经砂石垫层和水下混凝土层传到桩基上去。

(2)砂浆囊袋传力法

在管段底部和桩顶之间用大型化纤囊袋注水泥砂浆加以垫实，使所有基桩均能同时受力。所用囊袋既要具有较高的强度，又要具有充分的透水性，以保证灌注砂浆时囊内水能顺利地排出囊外。砂浆的强度不需要太高，只要略高于地基土的抗压强度即可，但流动度要高些。

(3)活动桩顶法

活动桩顶法是在所有的基桩顶端设一小段预制混凝土活动桩顶。管段沉设完毕后，向活动桩顶与桩身之间的空隙中灌注水泥砂浆，将活动桩顶顶升到与管底密贴接触为止，如图7-21所示。

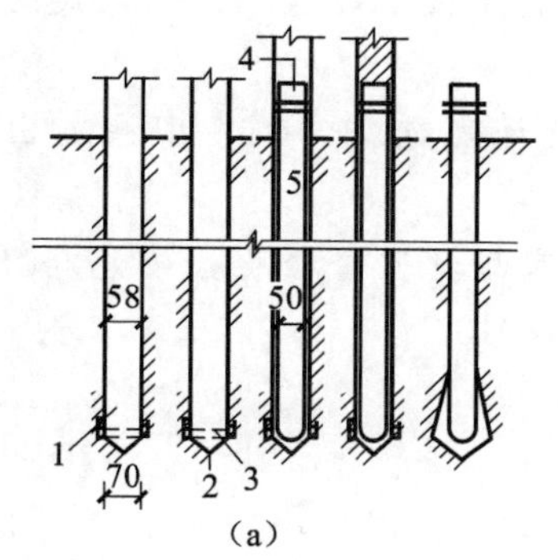

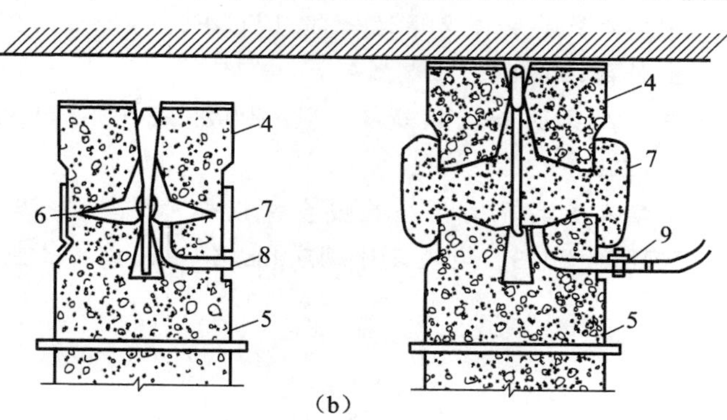

图7-21 活动桩顶法

(a)施工过程；(b)活动桩顶的构造

1—钢管桩；2—桩靴；3—水泥浆；4—活动桩顶；5—预制混凝土桩；6—导向管；7—尼龙布囊；8—压浆管；9—控制阀

【知识归纳】

沉管法是建设海底隧道最常用的方法之一，需要了解它和盾构法的优劣势。沉管结构的设计主要包括浮力设计以及管段结构设计，分别为保证沉管施工时和施工后的结构安全作保证。沉管结构设计施工另一主要关注点在于管段的接缝处理与防水措施，接缝包括变形缝和止水缝，而防水措施包括钢板防水、卷材防水、涂料防水。在施工过程中，还要注意管段的沉设及水下连接，应了解管段的制作工艺以及水下连接的过程。最后，需要注意的是，沉管可以作为基础体现在海底隧道工程中，沉管基础对于地质条件的适应性很强，但仍需进行处理以减少差异沉降和解决软弱土中承载能力不够的问题。

【独立思考】

7-1 沉管结构的适用条件是什么？与盾构法隧道相比，它有何优缺点？

7-2 简述沉管结构设计的方法和原则。

7-3 沉管的浮力设计包括哪些内容？简述干舷在管段运输中的作用。

7-4 沉管节段间的变形缝构造需满足哪些要求？

7-5 简述沉管管段间连接处理的方法。

7-6 一般情况下，沉管基础处理的目的是什么？有哪些处理措施？

【参考文献】

[1] 朱合华. 地下建筑结构. 2版. 北京：中国建筑工业出版社，2011.

[2] 郑刚. 地下工程. 北京：机械工业出版社，2010.

[3] 穆保岗，陶津. 地下结构工程. 2版. 南京：东南大学出版社，2012.

[4] 吴能森. 地下工程结构. 2版. 武汉：武汉理工大学出版社，2015.

[5] 中华人民共和国建设部，中华人民共和国国家质量监督检验检疫总局. GB 50021—2009 岩土工程勘察规范(2009年版). 北京：中国建筑工业出版社，2009.

[6] 中华人民共和国住房和城乡建设部，中华人民共和国国家质量监督检验检疫总局. GB 50108—2008 地下工程防水技术规范. 北京：中国计划出版社，2008.

[7] 中华人民共和国交通运输部. JTG F60—2009 公路隧道施工技术规范. 北京：人民交通出版社，2009.

[8] 中华人民共和国铁道部. TB 10003—2005 铁路隧道设计规范. 北京：中国铁道出版社，2005.

[9] 中华人民共和国住房和城乡建设部，中华人民共和国国家质量监督检验检疫总局. GB 50157—2013 地铁设计规范. 北京：中国建筑工业出版社，2013.

8 隧洞围岩压力与新奥法锚喷支护技术

课前导读

内容提要

本章的主要内容包括围岩压力及其分类、围岩松动压力的确定方法、新奥法支护原理、锚喷支护及其支护形式、锚喷支护设计、锚杆加固设计等。本章的教学重点为隧洞围岩压力的确定、新奥法支护原理、锚喷支护技术，教学难点为新奥法支护原理。

能力要求

通过本章的学习，学生应熟悉隧洞围岩压力的种类及确定方法，掌握新奥法的基本原理和锚喷支护相关技术。

8.1 隧洞围岩压力的确定

8.1.1 围岩压力及其分类

隧道围岩是指隧道开挖后其周围发生应力重分布范围内的岩体，或指隧道周围一定范围内对洞身稳定有影响的岩(土)体。围岩分类的标准有多种，它是人们在隧道施工中及对围岩进行不断研究、了解的基础上发展起来的。不同的地域、不同的专业都根据各自的工程特点提出了各自的划分标准。在许多分类标准中，基本要素大致有以下三个。

①与地质构造有关的要素。

与地质构造有关的要素有软弱结构面的风化程度、分布与性态等。围岩分类采用地质因素评分法、岩石质量指标等。这些指标实质上是对结构状态或岩体完整性的评价。这类指标在围岩类别划分中占有很重要的地位。

②与岩石性质有关的要素。

例如，可将岩石分为硬岩、软岩、膨胀性岩等。这类分类指标考虑了岩石强度和变形性质等，如岩石的单轴抗压强度、岩石的变形模量、弹性波速度等。

③与地下水等有关的要素。

周围岩体作用于隧道和地下洞室衬砌或支护上的荷载称为围岩压力。广义地讲，围岩压力的形成是开挖隧道后围岩变形和应力重新分布的一种物理现象。人们从开挖洞穴后围岩变形和坍塌，地下洞室衬砌或支护发生变形和开裂等现象中，逐步认识到围岩压力的存在。影响围岩压力的因素有洞室形状或大小、地质构造、支护形式和刚度、洞室埋深，以及时间因素和施工方法等。围岩压力的性质、大小和分布规律是正确进行隧道和洞室支护、结构设计及选择施工方案的重要依据。

围岩压力按作用力产生的形态，通常可分为形变压力、松动压力、膨胀压力、冲击压力等几种类型。

(1)形变压力

形变压力是由于围岩变形受到和它紧贴的支护(如锚喷)等的抑制，从而产生的一种作用在支护结构和锚喷上的压力。其除与围岩应力有关外，还与支护时间及刚度有关。柔性支护可产生一定位移而使形变压力减小，宜大力推广，但需及时设置衬砌，以免围岩位移过大而形成松动压力，不利于结构受力和正常施工。按围岩的本构特性(主要指岩土材料的应力-应变关系)和受力程度，有弹性、塑性和黏性等不同性质的形变压力。

(2)松动压力

由于开挖而导致松动和坍塌的岩体以重力形式直接作用在支护结构上的压力称为松动压力。岩体可以由节理裂隙或岩石强度破坏而引起松动，直至坑道的顶部和侧部发生坍落。

开挖隧道引起的围岩松动和破坏范围有大有小，如有的可到达地表，有的影响则较小。对于一般的裂缝，它的波及范围只是隧道周围的一定深度，所以作用在支护结构上的围岩松动压力要比其上覆地层自重所造成的压力小得多。这可以用围岩的成拱作用来解释。下面以在水平岩层中开挖一个矩形坑道来说明坑道开挖后围岩由变形到坍塌成拱的整个变形过程，如图 8-1 所示。

①坑道开挖后，在围岩应力重分布过程中，顶板开始沉陷，出现拉断裂纹[图 8-1(a)]。

②顶板中间部分的裂纹逐渐变大并张开，顶板也逐渐松动，石块开始掉落，支护结构所受的垂直压力急剧增加[图 8-1(b)]。

③顶板继续向下坍落，围岩母体与石块分离，其界面多为拱形。此时，垂直压力稳定在一定的数值范围内，但侧向压力变大，即地层中原岩应力沿两侧传递[图 8-1(c)]。

④顶板停止坍落，垂直压力和侧向压力都逐渐趋向稳定[图 8-1(d)]。

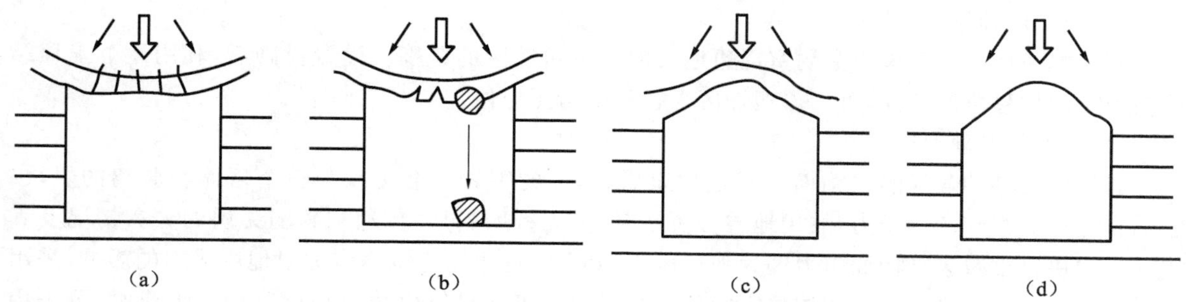

图 8-1　坑道开挖后围岩由变形到坍塌成拱的整个变形过程

(3)膨胀压力

当岩石具有吸水膨胀和崩解的特点时，由围岩吸水导致膨胀崩解所引起的压力称为膨胀压力。它与形变压力的基本区别在于其是由吸水膨胀引起的。

(4)冲击压力

围岩发生岩爆或煤矿瓦斯突发在支护结构上产生的动压力称为冲击压力。其特点是冲击压力大小与岩爆规模、岩爆剧烈程度和支护结构的刚度有关。另外，冲击压力总体上是一种瞬间压力。

8.1.2　围岩松动压力的确定方法

在 20 世纪 20 年代以前，围岩压力理论的发展主要处于古典理论阶段，认为作用在支护结构上的压力是支护结构上方覆盖岩层的全部重量，如海姆和兰金理论。其后，出现了各种散体理论，即认为作用于衬砌的压力为围岩塌落拱以内的岩体重量，如泰尔扎吉和普罗托季亚科诺夫理论。塌落拱的高度和洞室跨度及围岩性质有关。当掘进和支护所需时间较长，支护与围岩又不能紧密贴接时，最终就会使围岩的一部分破坏塌落而形成松动压力。20 世纪 50 年代起，弹塑性理论被运用于隧道工程的计算中，如芬纳、卡斯特纳公式等，同时开始研究围岩压力和变形的时间效应。20 世纪 60 年代末，出现了考虑地下工程结构与地层相互作用的弹塑性理论。其将围岩与衬砌视为一个统一的结合整体，围岩压力不再单独进行计算。20 世纪 70 年代以来，将工程地质和数学计算相结合，出现了研究块状和层状岩体的块体力学理论。

现行围岩压力理论包括以下几种：

(1)岩土柱理论

开挖坑道后，支护或拱圈向坑道内部位移引起其顶部上覆岩土柱的下沉，两侧地层对柱体产生与下沉方向反向的摩擦力，故上覆岩层重量减去岩土柱两侧的摩擦力即为围岩压力。我国铁路部门提出的计算理论认为：拱顶土柱的下沉将带动两侧三棱体下滑，由三角楔体的平衡条件求出与土柱间的摩阻力，土柱重量减去此摩阻力即为土体竖直压力。该理论多用于浅埋隧道，也可推广用于深埋隧道。当隧道埋置极浅或遇软土层时，土柱两边的摩阻力接近 0，故围岩压力直接为土柱全重。

(2)压力拱理论

对于埋置较深的隧道，顶部岩体失去稳定时发生坍塌，形成不延向地表的局部破裂区。该区内的岩体自重即为洞室支护上的荷载。破裂区上部边界线有抛物线、椭圆、半圆和三角形等不同假定，如科默雷尔岩体破碎理论等。我国自 20 世纪 50 年代初期以来曾广泛采用普氏压力拱理论。

该理论假定岩体为松散体，其压力拱承受上覆土柱的全部均布重量，根据散粒材料不能承受拉应力，即弯矩为0的条件，得到拱形为抛物线形，其矢高 h 为 b/f(b 为压力拱跨度的一半，f 为岩层坚固系数)。塌落拱岩体质量即为竖直地层压力。

(3)弹塑性理论

利用弹塑性理论可求出沿洞室周边地层内产生塑性区的范围。设置衬砌后，利用地下工程结构与地层的位移协调条件，可求得塑性区半径和围岩压力值。

(4)极限平衡理论

岩体内有各种各样的结构面。开挖坑道后，洞周的围岩中会出现与整个岩体相脱离的岩块。它的自重会对衬砌产生压力，故用地质分析法时，需先查明断层、节理和软弱夹层的分布情况及其组合。岩块自重减去结构面阻力即为地层压力，必要时也可考虑围岩应力对地层压力的影响，采用极射赤平投影方法确定岩石块体的空间位置和形状。当分离体由数组平行节理面组成时，可采用裂隙岩石的极限平衡理论计算；当节理随机分布时，可采用块体力学理论计算。

(5)数值解法

除简单边界条件的圆形洞室有较严格的解析解以外，其他断面形状的洞室可采用有限元法或其他数值解法计算弹性、弹塑性或黏弹性与黏(弹)塑性围岩的压力值。

本节重点介绍确定围岩松动压力的普氏压力拱理论、太沙基理论、弹塑性理论、数值解法等几种常用方法。

(1)普氏压力拱理论

对于埋置较深的隧道，顶部岩体失去稳定时发生坍塌，形成不延向地表的局部破裂区。俄国学者普洛托季雅柯诺夫于1907年提出了普氏压力拱理论(即自然冒落拱理论)，又称为破裂拱理论。该理论认为所有的岩石体都被不同程度的裂隙、节理所切割，因此可将其看作散粒体，但岩体又和一般的散粒体不一样，其在结构上仍存在着不同程度的黏结力。洞室开挖以后如不及时支护，洞顶岩体将不断垮落而形成一个抛物线形的拱形(称为塌落拱)，空区上部岩体重量由拱承担。最初这个拱形是不稳定的，如果洞侧壁稳定，则拱高随塌落的进行不断增高；反之，如侧壁也不稳定，则拱跨和拱高在塌落的同时增大。对于坚硬岩石，顶部承受垂直压力，侧壁不受压，形成自然拱；对于较松软岩层，顶部及侧壁均受压，形成压力拱；对于松散性地层，采空区侧壁崩落后的滑动面与水平面的交角等于松散岩石的内摩擦角，形成破裂拱。

在应用普氏压力拱理论中应注意，首先必须保证洞室有足够的埋深，岩体开挖后能够形成一个自然平衡拱，这是计算的关键；其次是确定坚固性系数 f 值。在实际应用中，除了按公式计算外，还必须根据施工现场情况、地下水的渗漏情况、岩体的完整性等给予适当的修正，使坚固性系数可以更全面地反映岩体的力学性能。

岩体的抗剪强度计算公式为：

$$\tau = c + \sigma\tan\varphi$$

现将岩体看作散粒体，并保证其抗剪强度不变，即 $\tau = \sigma f$，则：

$$f = \frac{\tau}{\sigma} = \frac{c + \sigma\tan\varphi}{\sigma} = \frac{c}{\sigma} + \tan\varphi = \tan\varphi_0 \tag{8-1}$$

式中 φ——岩体的内摩擦角；

φ_0——岩体的等效内摩擦角，有时亦称为假想内摩擦角、似内摩擦角；

τ，σ——岩体的抗剪强度和剪切破坏时的正应力；

c——岩体的黏结力。

因此，可以看出岩体的坚固性系数正如上面说过的，是一个反映岩体力学性能的综合指标。

为了计算围岩的松动压力，普洛托季雅柯诺夫在自然拱概念的基础上进一步提出了相关计算理论。他提出在具有一定黏结力的松散介质中开挖坑道后，其上方将会形成一个类似抛物线形的自然拱。自然拱内松散岩体的重力将成为作用在支护结构上的围岩压力，岩体的坚固性系数影响自然拱的形状和尺寸(即它的高度和跨度)。普氏压力拱计算简图如图 8-2 所示。在半拱上作用有岩体的自重，当洞室埋置深度很大时，可认为岩体自重在拱顶是均匀分布的，其荷载设为 Q，拱高为 h。因拱受力平衡，故拱内任意点 M 的力矩为 0，即：

$$\sum M_M = 0 \Rightarrow Ty - \frac{Qx^2}{2} = 0 \Rightarrow y = \frac{Q}{2T}x^2 \tag{8-2}$$

式中 x, y——M 点的坐标值；

T——拱顶水平压力。

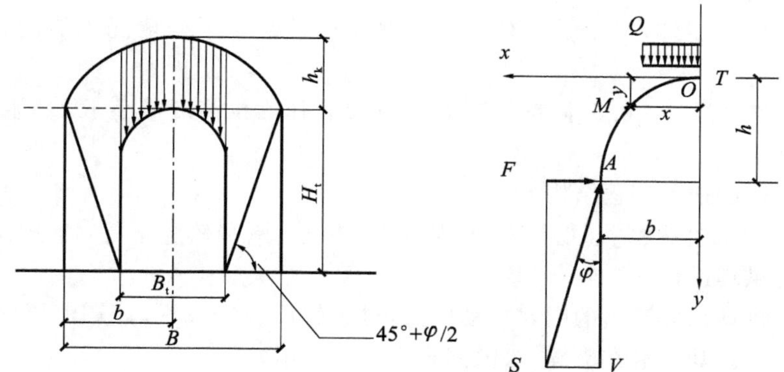

图 8-2 普氏压力拱及其计算简图

不难看出，当假设拱顶的作用力为均布荷载时，拱的形状为一条抛物线。将 A 点的坐标值 b、h 代入式(8-2)中，得：

$$h = \frac{Qb^2}{2T} \tag{8-3}$$

若 A 点处的切向反力为 S，水平分力为 F，垂直分力为 V，则半拱的静力平衡条件为：

$$\begin{cases} \sum F_x = 0 \\ \sum F_y = 0 \end{cases} \Rightarrow \begin{cases} T = F \\ V = Qb \end{cases} \tag{8-4}$$

式(8-4)中，F 为岩石对拱侧向位移的摩擦阻力。在极限状态下，有：

$$F = fQb \tag{8-5}$$

式中 f——岩石的坚固性系数。

因处于极限平衡状态下的拱是不安全的，为了有一定的安全储备，一般取拱顶水平压力为 $F/2$，故

$$T = \frac{1}{2}fQb \tag{8-6}$$

对于坚硬岩石，顶部承受垂直压力，侧壁不受压。将式(8-6)代入式(8-3)，得自然拱高为：

$$h_{自然拱} = \frac{b}{f} \tag{8-7}$$

即自然拱高 h 为半拱跨度 b 与岩石的坚固性系数 f 之比。

对于压力拱，拱高计算公式为：

$$h_{压力拱} = \frac{b + H\tan(45° - \varphi/2)}{f} \tag{8-8}$$

对于破裂拱，拱高计算公式为：

$$h_{破裂拱} = \frac{b + H\tan(90° - \varphi)}{f} \tag{8-9}$$

式中 H——直墙开挖最大高度；

φ——岩石内摩擦角。

顶板岩体应力一般与洞室跨度有关，随着跨度的增加而增大。顶板岩体应力重分布后，顶板中往往出现拉应力。如果拉应力超过岩石的抗拉强度，则顶板岩石就会破坏，一部分岩块在重力作用下失去平衡而冒落。根据普氏压力拱理论，顶板岩石冒落到一定程度后就不再继续冒落，岩体进入新的平衡状态，顶板冒落形状呈拱形。

普氏压力拱理论应用的前提是洞室上方的岩体能够形成自然压力拱，要求洞室上方有足够大的厚度和一定稳定性的岩体，以承受岩体自重及其上的荷载。下列情况不能用普氏压力拱理论计算：

①岩石的坚固性系数 $f<0.8$，洞室埋深 H 小于 2 倍压力拱高度或小于 2.5 倍压力拱跨度（即 $H<2h$ 或 $H<5b$）。

②用明挖法建造的地下工程结构。

③对于岩石的坚固性系数 $f<0.3$ 的土，如淤泥、粉砂、饱和软黏土等，由于不能形成压力拱，故不能用普氏压力拱理论计算。

根据普氏压力拱理论计算出的围岩松动压力，对于软质围岩来说，计算值要比实际情况偏小；对于坚硬围岩则偏大。其一般在破碎、松散围岩中较为适用。

(2)太沙基理论

在太沙基理论中，假定岩体为散粒体，但具有一定的内聚力。这种理论适用于一般的土体压力计算。因为岩体中总有一定的各种原生及次生结构面，加之洞室开挖施工的影响，所以围岩不可能为完整而连续的整体。因此采用太沙基理论计算围岩压力（松动围岩压力）效果较好。

太沙基理论从应力传递角度出发推导竖向围岩压力。如图 8-3 所示，支护结构受到上覆地层压力作用时发生挠曲变形，随之引起地块的移动。当围岩的内摩擦角为 φ 时，滑动面从隧道底面以 $(45°-\varphi/2)$ 的角度倾斜，到洞顶后以适当的曲线 AE 和 BI 到达地表面。

但实际上推算 AE 和 BI 曲线是不容易的，即使推算出来，以后的计算也变得很复杂，故近似地将其假定为 AD、BC 两条竖直线。此时，设从地表面到拱顶的滑动地块宽度为 $2B$，B 值为：

$$B = b + h\tan\left(45° + \frac{\varphi}{2}\right) \tag{8-10}$$

式中 b——洞室半宽；

h——洞室高度；

H——洞室埋深；

B——洞顶松动半径。

设洞室侧面的岩石不稳定，洞室开挖后，洞室侧面自洞底产生了两条与铅垂线成 $(45°-\varphi/2)$ 的滑动面 AF 和 BG。这两个滑动面上的抗剪强度为：

$$\tau_f = c + \sigma\tan\varphi \tag{8-11}$$

岩石的容重为 γ，地面上作用有大小为 p 的均布荷载，在地表以下任意深度 z 处的垂直应力为 σ_z，相应的水平应力为：

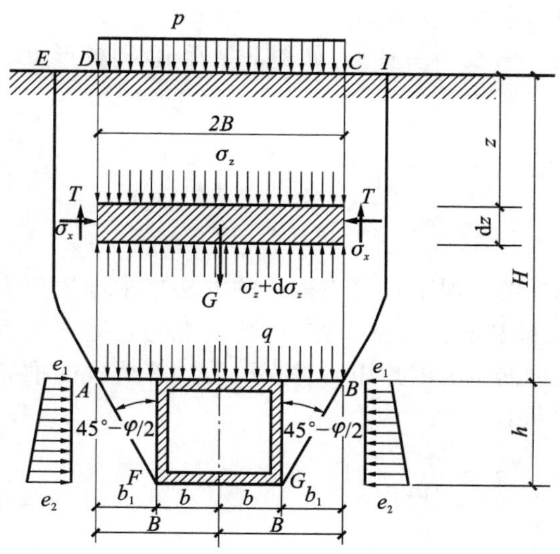

图 8-3　太沙基理论计算原理

$$\sigma_x = k\sigma_z = k\gamma z \tag{8-12}$$

式中　k——岩石的侧压力系数。

取 $ABCD$ 岩柱中表面以下 z 深度处厚度为 $\mathrm{d}z$ 的薄层进行分析。薄层的重量等于 $2B\gamma\mathrm{d}z$(以垂直图形平面的单位长度计),薄层所受力如图 8-3 所示。作用在薄层上的垂直力之和等于 0。根据这个条件,可以写出下列方程式:

$$\sum F_z = 0 \Rightarrow 2B\gamma\mathrm{d}z = 2B(\sigma_z + \mathrm{d}\sigma_z) - 2B\sigma_z + 2c\mathrm{d}z + 2k\sigma_z\mathrm{d}z\tan\varphi \tag{8-13}$$

经过整理后,得:

$$\frac{\mathrm{d}\sigma_z}{\mathrm{d}z} = \gamma - \frac{c}{B} - k\sigma_z\frac{\tan\varphi}{B} \tag{8-14}$$

解这个微分方程式,并考虑边界条件——当 $z=0$ 时,$\sigma_z = p$,最后可得:

$$\sigma_z = \frac{B\left(\gamma - \dfrac{c}{B}\right)}{k\tan\varphi}\left(1 - \mathrm{e}^{-k\tan\varphi\frac{z}{B}}\right) + p\mathrm{e}^{-k\tan\varphi\frac{z}{B}} \tag{8-15}$$

令上式中的 $z=H$,即得到洞室顶面的垂直压力为:

$$q = \frac{B\gamma - c}{k\tan\varphi}\left(1 - \mathrm{e}^{-k\tan\varphi\frac{H}{B}}\right) + p\mathrm{e}^{-k\tan\varphi\frac{H}{B}} \tag{8-16}$$

这个公式对深埋洞室和浅埋洞室都适用。当洞室为深埋时,可令 $H\to\infty$,得:

$$q = \frac{B\gamma - c}{k\tan\varphi} \tag{8-17a}$$

且当 $c=0$ 时,有:

$$q = \frac{B\gamma}{k\tan\varphi} \tag{8-17b}$$

由式(8-17a)可以看出,对于埋深很大的深埋洞室来说,地表面的荷载 p 对洞室顶部竖向围岩压力 q 已不产生影响。太沙基根据试验结果得出 $k=1.0\sim1.5$。如果取 $k=1.0$,并以 f 代替 $\tan\varphi$,则由式(8-17a)得:

$$q = \frac{B\gamma - c}{k\tan\varphi} = \frac{B\gamma}{f} = \gamma h_1 \tag{8-18}$$

这和普氏压力拱理论中的垂直应力计算公式完全一致。

作用在侧壁上的围岩压力假设为一梯形，如图 8-3 所示，则梯形上、下部的围岩压力可按下式计算：

$$e_1 = q\tan^2\left(45° - \frac{\varphi}{2}\right) \tag{8-19a}$$

$$e_2 = e_1 + \gamma h\tan^2\left(45° - \frac{\varphi}{2}\right) \tag{8-19b}$$

在洞室侧面岩石比较稳定的情况下也可用类似的方法来求围岩压力。这时，洞室侧面没有形成与铅垂线成 $45°-\varphi/2$ 角的破裂面。洞室开挖后，其上方的岩体有下沉趋势，形成沿洞室侧面的垂直滑动面。侧壁受到水平侧向压力的作用。垂直压力计算公式的推导与上述过程相同，只要将以上各式中的 B 代以 b 即可得：

$$q = \frac{b\gamma - c}{k\tan\varphi}\left(1 - e^{-k\tan\varphi\frac{H}{b}}\right) + pe^{-k\tan\varphi\frac{H}{b}} \tag{8-20}$$

当 $H\to\infty$ 时，有：

$$q = \frac{b\gamma - c}{k\tan\varphi} \tag{8-21a}$$

且当 $c=0$ 时，有：

$$q = \frac{b\gamma}{k\tan\varphi} \tag{8-21b}$$

水平侧压力的计算方法与上述方法相同。

(3)弹塑性理论

普氏压力拱理论和太沙基理论均假定岩体为散粒体，计算一部分岩石在自重作用下对洞室施加的围岩压力，这些压力实际上都是松动压力。这些理论都对岩石作了比较简单的假定，没有对洞室围岩进行较严密的应力和强度分析。多年来，许多岩石力学工作者以弹塑性理论为基础研究了围岩的应力、稳定情况及围岩压力。从理论上讲，弹塑性理论比前述两种理论要严谨些，但是数学运算较复杂，计算公式也较烦琐。此外，在进行公式推导时，必须附加一些假设，否则不能得出所需要的解答。

为了简化计算和分析，目前总是对圆形洞室进行分析，因为圆形洞室在特定条件下的应力是对称的，轴对称问题在数学上容易解决。当遇到矩形或直墙拱顶、马蹄形等洞室时，可将它们看作圆形洞室进行近似计算。对于洞形特殊和地质条件复杂的情况，可采用有限元法等数值解法进行分析。

当岩体的静止侧压力系数 $k=1$（即初始应力状态为静水压力式的）时，洞室边界上的应力为：

$$\sigma_r = 0,\quad \sigma_\theta = 2p_0,\quad \tau_{r\theta} = 0 \tag{8-22}$$

这里，$p_0 = p_v = p_h$，是岩体的初始应力。

如图 8-4 所示，在洞室围岩中起决定性影响的是切向应力 σ_θ（在这里，σ_θ 的应力集中系数为 2）。通常，当洞壁的切向应力 σ_θ 大于岩石的单轴抗压强度时，洞周就开始破裂。我们知道，σ_θ 与初始应力 p_0 成比例，而初始应力又随着深度 z 成比例地增大。当洞室很深，z 很大时，则 $p_0=\gamma z$ 也就很大，σ_θ 随之增大；而 σ_r 变化不大，在洞壁上为 0。这里 σ_θ 为大主应力，σ_r 为小主应力。当应力差 $\sigma_\theta-\sigma_r$ 达到某一极限值 σ_0 时，洞壁岩石就进入塑性平衡状态，产生塑性变形。洞室周边破坏后，该处围岩的应力降低，加之新开裂处岩体在水和空气影响下加速风化，岩体向洞内发生塑性松胀。这种塑性松胀使原来由内洞边附近岩石承受的应力转移一部分给邻近的岩体，因而邻近的岩体也会产生塑性变形。这样，当应力足够大时，塑性变形的范围是向围岩深部逐渐扩展的。这种塑性变形在洞室周围形成了一个圈，这个圈一般称为塑性松动圈。在这个圈内，岩石的变形模量降低，σ_r 和 σ_θ

大小逐渐得以调整。由于塑性变形的影响，洞壁上的 σ_θ 减小很多。在靠近洞壁处，σ_θ 大大减小了，而在岩体深处出现了一个应力增高区。在应力增高区以外，岩石仍处于弹性状态。总的来说，在洞四周形成了一个半径为 R 的塑性松动区及松动区以外的天然应力区Ⅲ。在塑性松动区内又有应力降低区Ⅰ和应力增高区Ⅱ。

洞室开挖后，随着塑性松动圈的扩展，洞壁向洞内的位移不断增大。当位移过大，岩体松动而失去自承能力时，必然对支护结构产生挤压作用，支护承受的压力也就增大。挤压作用对支护影响的大小同初始应力与单轴抗压强度之比以及岩石的耐久性有关。根据经验，随着洞壁位移的增大，通常会发生两种情况，如图 8-5 所示：一种是当围岩逐渐被破坏时，支护能够承受逐渐增加的荷载，洞壁位移渐趋稳定；另一种情况是由于支护设置太迟或松动岩石的荷载过大，洞壁位移在某一时间后加速增长，洞室被破坏。为了防止后一种情况发生，必须对洞壁位移进行监测，随时绘出位移与时间的关系，以便采取必要措施。

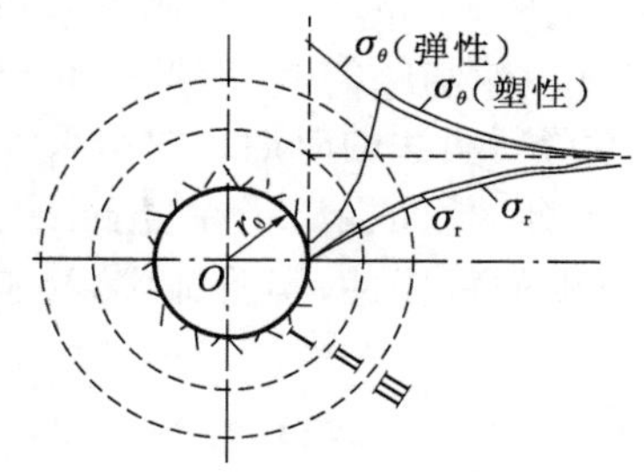

图 8-4　围岩内的弹、塑性应力分布

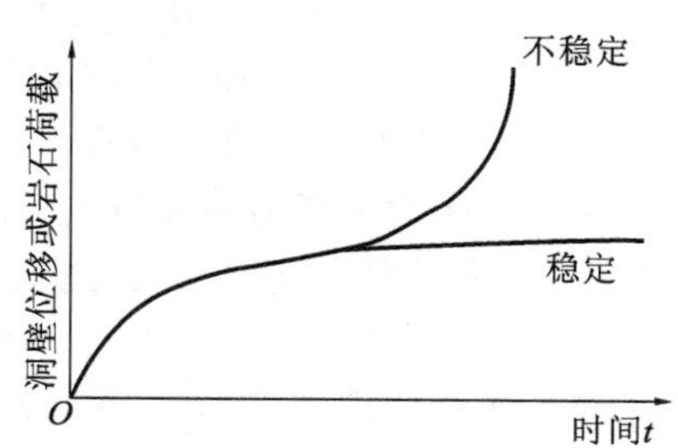

图 8-5　洞壁位移或岩石荷载与时间的关系

(4)数值解法

经典弹性力学计算只限于少数简单、规则的问题，可能会获得解析解。对于大多数工程问题，特别是岩土工程问题，应用一般的材料力学、弹性力学、土力学、岩石力学和结构力学中的传统方法，无法在数学上获得解析解，或者计算极其复杂。

十余年来，随着计算机技术的飞速发展，几乎所有学科都走向了定量化和精确化，从而产生了一系列计算性的学科分支，如计算物理、计算化学、计算生物学、计算地质学、计算气象学和计算材料学等，各种数值模拟方法在岩土工程中都获得了长足的进步。常用的数值解法主要有有限元法、有限差分法(Fast Lagrangian Analysis of Continua，简写为 FLAC)、离散元法等，常用的软件有 Ansys、FLAC2D、FLAC3D、UDEC、3DEC 等。

8.2　新奥法支护原理

8.2.1　新奥法的产生和发展

新奥法的全称为新奥地利隧道施工法(New Austrian Tunnelling Method，简写为 NATM)，是奥地利人 L. V. 拉布采维茨根据奥地利多年隧道施工经验总结出的一种施工方法。新奥法是应用岩体力学理论，以维护和利用围岩的自承能力为基点，采用锚杆支护和喷射混凝土支护为主要支护手段及时进行支护，控制围岩变形和松弛，使围岩成为支护体系的组成部分，并通过对围岩和支护的量测、监控，来指导隧道施工和地下工程设计、施工的方法和原则。

新奥法的特点是在开挖面附近及时施作密贴于围岩的薄层柔性喷射混凝土和锚杆支护，以便控制围岩的变形，释放应力，从而在支护和围岩共同变形过程中调整围岩应力重分布而达到新的平衡，以求最大限度地保持围岩的固有强度和利用其自承能力。因此，它是一种具体应用岩体动态性质的完整力学方法，目的在于促使围岩能够形成圆环状承载结构，故一般应及时修筑仰拱，使断面闭合成圆环。它适用于各种不同的地质条件，在软弱围岩中更为有效。

新奥法虽然可用于各种类型的支护，但最为适用的是锚喷支护。因此，喷射混凝土、锚杆、量测被认为是新奥法的三大要素。它产生和发展的历史与这三者密切相关，但不能把锚喷支护误解为新奥法的同义语。

新奥法的主要创始人 L. V. 拉布采维茨在 1934 年就试图将喷浆方法用于地下工程。他在 1942—1945 年建造的洛伊布尔隧道中采用了双层薄衬砌，即先喷一层混凝土，待变形收敛后再喷一层；1944 年，他发表了有关喷混凝土技术的论文，并指出了围岩动态随时间变化的重要性；1948 年，他又指出了量测工作的重要性；1948—1953 年，喷混凝土技术首次用于奥地利卡普伦水力发电站的默尔隧洞。最早在欧洲推广使用锚杆的是于 1951—1953 年建造的伊泽尔-阿尔克电站的有压输水隧洞。在 1953—1955 年修建普鲁茨-伊姆斯特电站的有压输水隧洞时，按照拉布采维茨的建议，充分采用了锚杆而获得了成功。1957—1965 年是着手发展新奥法的时期。拉布采维茨于 1963 年将这一方法正式命名为新奥地利隧道施工法。1964—1969 年，他又提出了在岩石压力作用下隧道稳定性理论，强调采用薄层支护并及时修筑仰拱以闭合衬砌的重要性；实验证实，衬砌应按剪切破坏进行设计计算。

经过几十年的实践和推广，后来新奥法在欧洲一些国家（如奥地利、联邦德国、瑞典、瑞士、法国等）的山岭隧道建设中得到了普遍使用（占建设总量的 70%～80%），并已用于地下铁道，且取得沉降量特别小的显著成果。日本自 1976 年以来，已有近百座隧道采用了新奥法。我国从 20 世纪 60 年代初开始推广锚喷支护新技术，通过工程实践积累了很多在不良地质等困难条件下用新奥法修建铁路隧道的成功经验；到 1981 年底，采用锚喷支护技术的地下工程和井巷总长度已接近 7500km。近年来，通过科研、设计、施工三结合，在修建下坑、西坪、大瑶山、军都山等铁路隧道及中梁山、二郎山、西山坪等多座公路隧道中应用了新奥法及其相应技术，均取得了较大的成就。

事实证明，在隧道设计施工中使用新奥法有利于实现大型配套机械化作业，可提高施工速度，且工序少，干扰少，便于进行施工组织和管理，可提高支护系统的安全可靠性。

8.2.2 新奥法基本原理

一般刚性的衬砌由于不能与岩体表面紧密结合，因此在衬砌施工完成后围岩仍然可以继续向洞室内变形，并可能造成一部分岩石坍塌。传统的洞室衬砌设计理论认为，洞室开挖后会使围岩产生变形，最终发生坍塌，支护和衬砌的作用就是把洞室开挖后可能坍塌下来的岩石支承起来。根据这个理论，衬砌和支护只是一种被动地支承较大荷载的结构物。该荷载与衬砌本身无关，它等于衬砌不存在时可能坍塌下来的岩石全部重量。

新奥法支护的情况则不同，施工是在洞室开挖后及时进行的。喷层与围岩相互紧密贴合，并且本身具有一定的柔性和变形特性，因而它能在洞室开挖后及时且有效地控制和调整围岩应力的重分布，最大限度地保护岩体的结构和力学性质，防止围岩发生破坏、松动和坍塌。新奥法支护的这种既让围岩变形又限制围岩变形的作用，充分利用了围岩本身的自承作用，使得开挖后的围岩在与新奥法支护共同变形的过程中取得自身的稳定，从而减小了传到支护上的压力。所以，新奥法支护并不是被动承受着松动压力，而是与围岩相互协调工作且承受围岩的变形压力。这就是新奥法支护与普通刚性支护的根本差别。

我们可以用变形压力公式来说明锚喷支护的原理。例如，从芬纳公式式(8-23)中可以看出，围岩稳定所形成的塑性圈半径 R 越大，所需提供的支护反力 p 越小；反之，R 越小，所需 p 就越大。

$$p=-c\cot\varphi+[c\cot\varphi+p_0(1-\sin\varphi)]\left(\frac{r_0}{R}\right)^{N_\varphi-1} \tag{8-23}$$

$$N_\varphi=\frac{1+\sin\varphi}{1-\sin\varphi}$$

由于塑性圈半径 R 的大小也表现为洞室表面径向位移 Δu 的大小，因此围岩稳定所需的支护反力可表达成洞室表面径向位移 Δu 的函数，即：

$$p=f(\Delta u)$$

上式说明洞室表面的径向位移 Δu 愈大，所需的支护反力 p 愈小；反之，Δu 愈小，所需 p 愈大。新奥法支护原理可用图 8-6 来说明。图中曲线 AA' 表示用芬纳公式求得的 p 随 Δu 增大而减小的关系。若不允许围岩壁面位移发展，即洞室开挖后立即支护，则支护与围岩同时变形，洞壁径向压应力非常大。当 Δu 增大时(亦即 R 增大时)，所需支护反力反而按曲线 AA' 规律减小。同时，由于支护结构在同围岩的共同变形中产生相应的压缩变形，因此它提供给围岩的反力 p 也渐渐增大，如曲线 BB' 所示。当位移 Δu 发展到一定值时，曲线 BB' 与 AA' 相交，此时围岩径向压应力即支护抗力为最小，洞室变形达到稳定平衡状态，传到支护结构上的作用力为 $p_{\min}$。

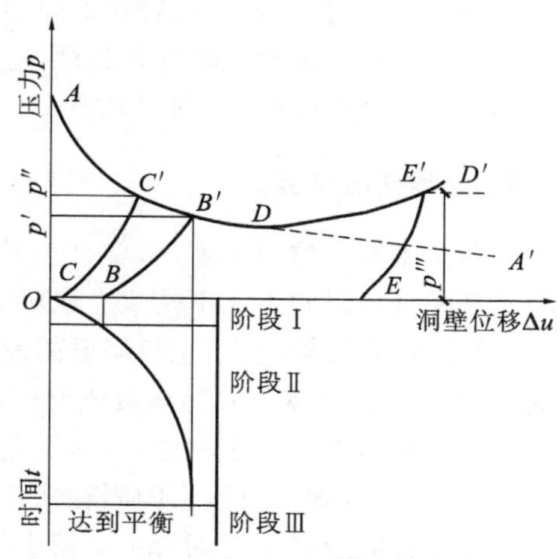

图 8-6 新奥法支护原理

从图 8-6 中可以看出，曲线 BB' 反映了支护结构的刚度特性。支护结构的刚度越大，如曲线 CC' 所示，则平衡时传到支护结构上的变形压力 p 越大，这里 $p''>p'$。

因此，不但要求支护作业能及时与围岩紧贴，而且要有一定的柔性，以保证足够的 Δu 和足够大的塑性圈半径。这样，变形压力 p 就可以有效地减小。喷混凝土薄层正是保证了及时、紧贴和柔性的需要，所以变形压力 p 是比较小的。

但是 p 随位移 Δu 增大而减小是有限度的。当 Δu 过大时，塑性圈半径不会无限制地增大，岩体反而可能会松动，c、φ 值下降劣化，以致形成分离层，发生塌落，形成对支护结构的松动压力。因此，当产生一定的 Δu 以后，p 不再像曲线 AA' 所示那样一直降低下去，而是可能会有所增长，如曲线 DD' 所示。这种急剧的增长反映了松动压力作用的出现。旧式混凝土衬砌由于施工不及时，衬砌与围岩又不能紧密地贴合，不能限制 Δu 的发展，并且只有当围岩产生松动压力之后衬砌才与围岩贴合，与围岩共同变形而起支护作用，因此旧式衬砌结构所受荷载主要是松动压力，如曲线 EE' 与 DD' 的交点所对应的压力，可见此时的压力 p''' 是比较大的。新奥法就是根据上述理由，接近开挖面适时施作密贴围岩的薄层柔性支护的。如果施作支护时间过迟，则会使围岩位移过大而产生塌落荷载。

在图 8-6 中，横坐标轴以下部分图形表示洞室围岩位移 Δu 与时间的关系。图中曲线分为三个阶段：阶段Ⅰ表示锚喷支护尚未施工，岩体不受约束而自由地向洞室内空间变形；阶段Ⅱ表示开始进行锚喷支护施工，由于支护结构的支护反力作用，变形增长的速率趋于减小，随着洞室全断面锚喷支护的逐渐形成，变形的速率越来越小；在阶段Ⅲ，锚喷支护完成后，当支护反力与洞壁应力 p' 相等时产生平衡，变形就停止了。

新奥法的支护结构至今仍处于经验设计的阶段。它的前提是要科学地进行围岩分类，并根据已经修建的类似工程的经验，提出支护设计参数或标准设计模式。这种工程类比法目前只考虑了岩体结构、岩块单轴抗压强度、弱面特性等工程地质性质，坑道的跨度及围岩自稳时间等主要因素需在各种设计与施工规程的实施过程中依据量测数据加以修正。根据新奥法的基本原理可知，新奥法的量测十分重要。在制订现场量测计划时，要根据隧道及地下工程的规模、地质资料、各量测项目的作用，并考虑工点所需解决的问题和量测计划的经济效益，选择合理的量测项目和方法，同时必须考虑采用切实可靠的手段和仪表以保证量测工作准确安全，并尽可能不妨碍施工。在应力与应变、接触应力、位移三大类量测项目中，新奥法应以位移量测为主。量侧时，通常用收敛计量测收敛变形量，用伸长计量测围岩在不同半径处的变形量和获得围岩动态变化范围，用水平仪量测围岩表面垂直位移和地面沉陷量。此外，还可用量测锚杆测得锚杆的轴向应力，用压力盒测定接触应力，用应变计测定支撑和衬砌应力等。

8.2.3　新奥法基本要点

新奥法根据岩体力学理论，着眼于洞室开挖后形成塑性区的二次应力重分布，而不拘泥于传统的荷载观念。所以它主要不是建立在对坍落拱的支撑概念上，而是建立在对围岩的加固概念基础上。在合理的临界限度内，它所需要的表面支护反力 p 与围岩塑性区半径 R、洞室周边位移 u_r、围岩的黏聚力 c、内摩擦角 φ 等参数成反比，而支护能提供的反力则与其刚度成正比。

新奥法和传统矿山法相比，基本要点可列为以下几点：

(1)最大限度地保持围岩的固有强度，以发挥围岩的自承能力

开挖作业时应采用对围岩扰动较小的控制爆破技术和合理开挖步骤，防止大量破坏岩体的稳定性。洞室开挖后，应使围岩自身承担主要的支护作用，尽量利用围岩的自身承载能力，而衬砌只是对围岩进行加固，使其成为一个整体而共同发挥作用。如及时喷混凝土封闭岩壁，就能有效地防止围岩松弛，而不使其强度大幅度降低，同时不存在因顶替支撑而使围岩发生变形、松弛。总之，应使围岩经常处于三轴应力约束状态，这种状态最为理想。

(2)施作工艺对围岩发挥自承能力起重要作用

从应力重分布角度考虑，全断面一次开挖是最有利的，分部开挖会使应力反复分布而造成围岩受损。根据围岩特点采用不同的支护类型和参数，及时施作密贴于围岩的柔性支护(比如钢拱架、喷射混凝土和锚杆等)，以控制围岩的变形和松弛。对于衬砌需要加强的区段，不是增大混凝土的厚度，而是加钢筋网、钢支撑和锚杆，使隧道全长范围采用大致相同的开挖断面。此外，新奥法不在坑道内架设杆件支撑，空间宽敞，因而提高了安全性和作业效率。二次衬砌原则上要求在围岩和初期支护变形基本稳定的条件下修筑，使围岩和支护结构形成一个整体，从而提高支护体系的安全性。

(3)支护时间对结构的安全性起决定性作用

支护时间受开挖和衬砌等施工方法的影响，对结构的安全性起着决定性作用。考虑掘进循环周期、衬砌中仰拱的闭合时间、拱部导坑的长度及衬砌强度等变化因素，把围岩和支护结构作为一个整体来谋求稳定。围岩的动态性质主要取决于衬砌环的闭合时间。当上半断面超前掘进过多时，就相应地推迟了它的闭合时间，在隧道纵方向形成悬臂梁的状态而产生大弯曲的不良影响。在软弱和破碎围岩地段，应使断面尽早闭合，以使其有效地发挥支护体系的作用，保证隧道的稳定性。

(4)加强监测，根据监测数据指导施工

量测监控是新奥法的基本特征。量测的重点是围岩和支护结构的力学特征随时间的变化动态。为正确掌握和评价围岩与支护结构的时间特性，可在进行室内试验的同时在现场进行量测。

量测内容为衬砌内的应力、围岩与衬砌间的接触应力及围岩的变位，据以确定围岩的稳定时间、变形速度和围岩分类等最重要的参数，以便适应地质情况的变化，及时变更设计和施工方案。实际工程中应对围岩和支护结构的力学特征随时间的动态变化进行观察检测，合理安排施工步骤，修正不合理的设计及进行正常的日常管理。

(5)隧道断面轮廓尽量圆顺，避免应力集中

为防止引起围岩破坏的应力集中，断面应做到无角隅，尽量使隧道断面周边轮廓圆顺，最好采用圆形断面，避免棱角处应力集中。因此，新奥法施工时要求保证光面爆破的质量，避免断面凹凸不平而引起应力集中，减少超挖，从而可节约填平表面所需的大量混凝土。

(6)支护的破坏形式与传统支护不同，为因受压剪而非因受弯矩作用而破坏

预计围岩有较大变形和松弛时，应对开挖面施作保护层，而且应在恰当的时候敷设，过早或过迟均不利。保护层刚度不能太大或太小，必须与围岩密贴，做成柔性薄层，允许有一定变形，以在围岩释放应力时起卸载作用，尽量不使其有因弯矩作用而破坏的可能。这种支护形式和传统的支护形式不同，不是因受弯矩而是因受压剪作用而发生破坏的。由于混凝土的抗压和抗剪强度比抗拉和抗弯强度大得多，从而使这种支护形式具有更高的承载能力。一次支护的位移收敛后，可在其光滑表面上敷设高质量的防水层，并修筑可以提高安全性的二次支护。前后两次支护与围岩之间都只有径向力作用。

(7)隧道支护在力学上可看作厚壁圆筒

隧道支护是由围岩支承环和衬砌环组成的结构，且两者存在共同作用。圆筒只有在闭合后才能在力学上起作用，所以除坚硬岩层外，敷设仰拱使衬砌闭合是特别重要的。

根据上述基本要点，新奥法的含义可定义为：隧道形状使受力有利，充分利用围岩的自承能力和开挖面的空间约束作用，采用柔性的与围岩紧贴的锚杆和喷射混凝土支护结构，在尽量抑制围岩强度恶化、积极发挥自承能力的同时，依靠现场量测来指导地下工程结构的设计和施工。新奥法的基本要点可扼要地概括为“少扰动，早锚喷，快封闭，勤量测”。

8.3 锚喷支护技术

8.3.1 锚喷支护及其支护形式

当地下洞室开挖后，围岩总是逐渐地向洞内发生径向变形。锚喷支护就是在洞室开挖后及时地向围岩的表面喷一层薄的混凝土(厚度一般为 5～20cm)，有时再向围岩内增加一些锚杆，从而部分地阻止围岩向洞室内变形，以达到支护的目的。这种支护可看作为相对柔性的，起源于新奥法。在地下洞室中(如在水工隧洞中)，采用这种薄层柔性支护以代替一般的厚层刚性衬砌具有明显的优越性。

采用锚杆和喷射混凝土支护围岩的措施，自 20 世纪 60 年代以来已被广泛采用。锚杆和喷射混凝土与围岩共同形成一个承载结构，可有效地限制围岩变形的自由发展，调整围岩的应力分布，防止岩体松散坠落。它可用作施工过程中的临时支护，在有些情况下也可以不必再做永久支护或衬砌。根据围岩的地质条件，其可以采用多种支护形式，具体如下：

①单独采用锚杆，一般只用于局部；

②单独采用喷射混凝土，有时也只用于局部；

③锚杆结合喷射混凝土，多用于地下洞室的顶拱和边墙；

④锚杆和喷射混凝土，加设单层或双层钢筋网，可提高喷层抗拉强度和抗裂能力，从而提高支护能力；

⑤锚喷加金属网，并在喷层内加设工字钢等型钢做成的肋形支撑。

上述各种形式锚喷支护所采用的锚杆根数、深度、间距，喷层的厚度及金属网和肋形支撑的尺寸等，均要根据实际情况确定。为做好支护，还需要进行围岩变位和变形等的现场量测工作。锚喷支护常紧跟开挖掘进施作，采用平行作业，特别是在隧洞或地下厂房施工中采用分部开挖方式时，可随着开挖断面的扩大边挖边喷，直至全断面完成。

8.3.2 锚喷支护设计

因为当前还不能从理论上完善地、定量地阐明锚喷支护作用的原理，所以在设计上还是以经验方法为主。比如，根据围岩等级分类，用工程类比法确定一些经验数据作为施工设计的依据。目前尚未找到一种公认的合理方法，国内很多单位正在做这方面的研究。

中国铁道科学研究院西南研究所在这方面做了较多的研究工作。他们根据试验研究，并综合分析了国内外的相关成果，对锚喷支护的设计原则提出了下列见解。

首先应当对洞室围岩进行分类。围岩条件是千变万化的，不同的围岩，其锚喷支护的作用原理也可能不同，因而设计原则也就有差别。可将围岩分为整体围岩、块状围岩、层状围岩、软弱围岩，对不同围岩，按其锚喷支护的作用原理建议采用不同的设计原则。

(1)整体围岩

这类围岩的特点是岩块强度高($\sigma_c>30$MPa)，整体性良好，节理裂隙不发育，块体很大，呈巨块状(节理间距大于1.0m)，结构面以穿切性较差的闭合节理为主。

这类围岩的应力可用弹性理论来计算。

①对于洞高h_0与洞宽$2b_1$尺寸相差不大的小跨度洞室(如单线隧道)，其顶部只在侧压系数$k<0.25$的情况下会出现拉应力。虽然拱脚和边墙有压应力集中，但岩石的抗压强度通常较大。因此，这类围岩在洞室开挖后自身即可稳定，基本上不存在支护问题。这种情况下喷混凝土的作用除了防止围岩表面风化外，主要是使围岩表面平滑，用以消除开挖后表面凹凸不平(尖角凸出，凹缺等)而造成的应力集中，防止个别岩块掉落。其喷层厚度一般为5cm左右，以使围岩表面基本平滑圆顺为宜。当洞室周边光面爆破效果较好时，也可采用3cm以下厚度的喷浆层。

②对于洞高h_0与洞宽$2b_1$尺寸相差较大的洞室，如$2b_1\gg h_0$的大跨度洞室或$h_0\gg 2b_1$的高边墙洞室，由于围岩中会产生较大的拉应力区，整体围岩也会在拉应力作用下破坏，因此仅用混凝土支护往往难以抵抗围岩受拉部分的坍落，必须采用锚杆支护作为稳定围岩的主要措施。

在设计时可先采用数值解法算出在不加支护时的围岩应力场，求出拉应力区域，再据此大约确定锚杆的长度、布置位置及预应力大小。然后将预应力锚杆的作用简化为在锚杆两端作用于围岩的一对力进行计算，并根据计算结果确定预应力锚杆的加固效果，必要时可调整锚杆相关参数，直到洞室表面基本上不出现拉应力为止。最后，喷层厚度可根据防止两根锚杆之间的岩体局部坍塌来设计(计算时可将喷层看作被锚杆支承的板)。对于高边墙洞室，锚杆加固的重点应当放在边墙部位。这类锚杆的长度可达15m以上，预应力可加至1000kN以上，杆体可用钢绞索做成。国内有些单位曾用过长15m的钢绞索长锚杆，预应力加至500～600kN。

(2)块状围岩

块状围岩的特点是岩块强度较高(如$\sigma_c>20\sim30$MPa)，但岩体的整体性较差，地质结构面发育。在一般情况下，岩块总是互相镶嵌、咬合、互锁、卡紧在一起的。围岩的坍塌总是先从个别石块——危石的掉落开始逐渐发展起来的(图 8-7)。只要及时、有效地防止个别危石的掉落,就能有效地保证围岩的整体稳定性。

锚杆和喷混凝土的作用在于能够及时而有效地防止危石的松散、离层和剥落。旧式衬砌则不能做到这点,以致受到较大的松动压力。

在设计中,首先应当明确:喷混凝土薄层不是用来承受松动压力,而是为了防止个别危石的掉落,因而利用和发挥了岩块之间的镶嵌、咬合、互锁、卡紧等作用而产生自承能力。因此,只要校核喷层和锚杆防止个别危石掉落的安全度即可。通常可采用如下方法进行计算。

使用喷层来防止危石掉落时,危石对喷层产生冲切作用及撕开作用(图 8-8)。

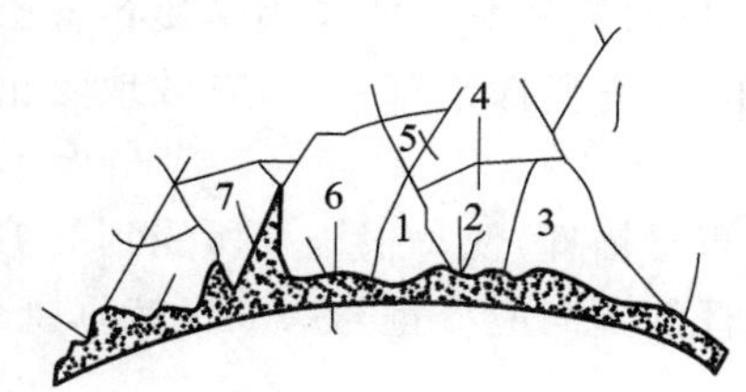

图 8-7 无喷层时危石的可能掉落顺序

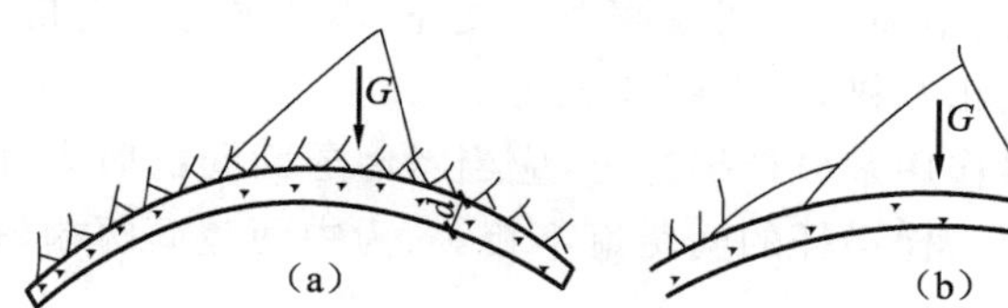

图 8-8 按防止危石掉落核算喷层厚度

(a)危石的冲切作用示意图;(b)危石的撕开作用示意图

按冲切作用核算喷层厚度的公式为:

$$\frac{G}{dl} \leqslant [\sigma_t]_c \quad 或 \quad d \geqslant \frac{G}{[\sigma_t]_c l} \tag{8-24}$$

式中 d——喷混凝土层的厚度,m;

l——危石周边长度,m;

G——危石重力,MN;

$[\sigma_t]_c$——喷混凝土的许可抗拉强度,MPa。

按撕开作用核算喷层厚度的公式为:

$$d \geqslant 3.65\left(\frac{G}{l[c]_c}\right)^{\frac{4}{3}}\left(\frac{K_0}{E_c}\right)^{\frac{1}{3}} \tag{8-25}$$

式中 $[c]_c$——喷混凝土的许可黏结强度,MPa;

E_c——喷混凝土的弹性模量,MPa;

K_0——岩层的弹性抗力系数,MPa/m。

一般情况下,对于块状围岩,用喷混凝土支护即可。有时,为了提高支护能力,也可配以锚杆。特别是对于边墙部分岩块有可能沿某一结构面滑出的情况,采用锚杆往往能取得较好的效果。

这时,锚杆的作用在于通过锚固力或杆体本身的抗剪、抗拉作用,以及将岩块相互之间压紧以增加结构面间摩擦力等复杂作用,把围岩表面的危石与周围岩块紧密连接在一起,以增加围岩的自承能力。锚杆的这种作用常常被称为连接作用。

最后需要指出的是,在块状围岩中,按上述防止危石掉落的理论设计锚喷支护只适用于围岩基本上不出现拉应力的情况。如果有拉应力区(如大跨度或高边墙洞室),则拉应力区内岩块与岩块之间的镶嵌、咬合作用就不存在了。这时应当用锚杆来消除拉应力区,或加固围岩。

(3)层状围岩

层状围岩的特点是岩体内有一组结构面特别发育,将岩体切割成层状。结构面一般为层理、片理及节理,而结构体呈板状、片状等。薄层沉积岩、沉积变质岩等都属于这类围岩。

在层状围岩中开挖洞室时往往不容易形成拱形(或圆形)。爆破后,顶面经常呈平板状。在这种情况下,若不加以支护,则围岩常常先发生弯曲张开,而后逐渐坍塌。

对于层状围岩,应以锚杆支护作为主要支护手段。

为了分析锚杆对层状围岩的支护作用,可以简单地将围岩看作若干根梁叠合在一起的梁。这种叠合的梁在荷载作用下发生弯曲变形。由于层间抗剪力可能不足,故在弯曲变形中就会发生层面间的相互错动,各岩层的下缘和上缘分别处于受拉和受压状态。层数越多,层越薄,则被拉应力破坏的岩石范围就越大,见图 8-9(a)。

如果在层状围岩中设置锚杆,则各岩层就被锚杆连接在一起,这样就可把所有岩层看作组合梁,认为岩层共同发生变形,从而大大地增加了顶板的抗弯刚度。这时锚杆所起的作用是使各岩层相互挤紧,从而增加了层间摩擦力。此外,锚杆本身也有抗剪的作用,它们像销钉一样,有效地阻止了各岩层间的相互错动,见图 8-9(b)。

按组合梁作用来设计锚杆时,应当考虑层面间的剪力分布来布置锚杆,使每根锚杆所受到的剪力基本相等。这样锚杆的间距就不相等,为中间疏而两端密。锚杆的方向应尽量与层面保持垂直。

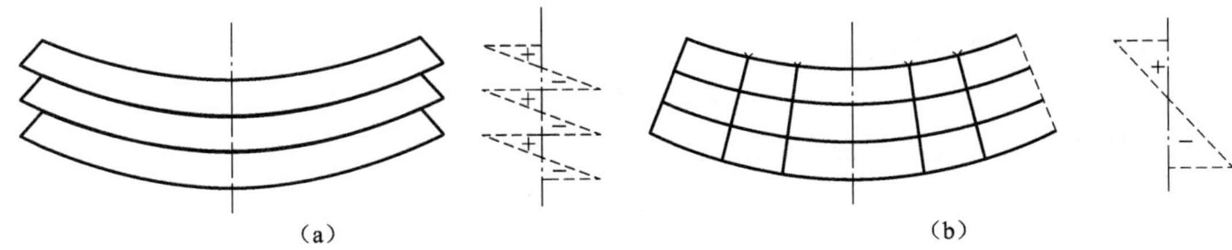

图 8-9 层状围岩锚杆加固

(4)软弱围岩

软弱围岩这里指下列两种围岩。一种是经过强烈地质构造运动或风化作用造成极度破碎的、近乎松散状的岩体,如处于断层破碎带、强风化带的岩体。这种围岩的结构面极其发育,间距小于0.2m,呈交织状,将岩体切割成鱼鳞片状、碎屑状或颗粒状结构体。另一种是块体强度很低($\sigma_c<$ 20～30MPa,甚至 $\sigma_c<$5MPa)的软岩(如泥岩)。

这类围岩的特点是没有明显的方向性,强度低,结构面的影响相对来说不显著,一般可传递压应力和剪应力,可作为各向同性的均匀连续体进行分析,适用弹性理论和弹塑性理论。

喷混凝土的作用,一方面是为了防止围岩表面碎块的掉落(这时危石体积比块状围岩内的体积要小得多),以保证碎块之间的镶嵌、咬合作用,防止发生逐渐坍塌;另一方面的作用最重要,就是及时地对围岩向洞室内的变形给予抵抗力(变形压力),改善应力状态,以保证在岩体自承作用下洞室的稳定性。仅保证危石不掉下来不足以保证洞室的稳定性。这是因为这种围岩的强度较低,在应力重分布后其自身难以保持稳定的自承能力,在压应力的作用下往往会发生剪切破坏。此外,喷混凝土时还能将混凝土喷入岩体内张开的节理裂隙中去,所以也起着加固岩体,提高岩体力学指标的作用。

锚杆起着加固岩体的作用,通过成组的、按一定规律径向布置的锚杆,可将洞室周边一定深度内的围岩进行加固,从而提高了岩体的强度和整体性。

在设计软弱围岩的喷层厚度时,应当考虑围岩在压应力作用下受到的剪切破坏作用。对于软弱岩体来说,在天然的岩层中,初始的大主应力一般以垂直方向的居多,在圆形洞室开挖后,最大压应力发生在洞室两侧的围岩表面(这里的切向应力 σ_θ 最大)。于是,可能从该处开始发生塑性平衡(极限平衡),在某一范围内形成一些滑动面。然后,随着应力作用向围岩深处的转移,滑动面沿着与水平线成$(45°-\varphi/2)$角的方向延伸,在洞室两侧形成一对楔形剪切体,见图 8-10。观察和试验证明，这种楔形剪切体在发展到一定程度后就有朝着洞室内部移动的倾向。当对洞室及时地喷上混凝土时，则楔形剪切体受到约束后对喷层产生变形压力。如果喷层的强度不够，则楔形剪切体就会对喷层的两个部位(图中的 A 和 A'点)造成剪切破坏。所以，我们可经过验算喷层在截面 A 处的抗剪强度来确定混凝土喷层的厚度。取 AA'段混凝土喷层为脱离体进行受力分析，则根据平衡条件可得：

$$p_i \frac{b}{2} = \frac{d}{\sin\alpha}\tau_c$$

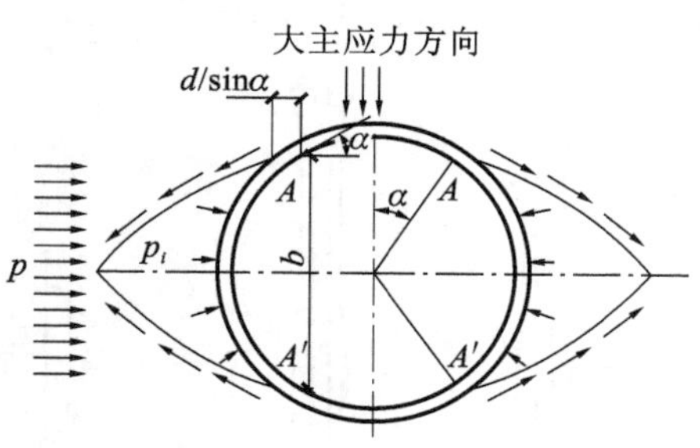

图 8-10 软弱围岩喷层厚度的确定

由此求得喷层厚度为：

$$d \geqslant \frac{bp_i\sin\alpha}{2\tau_c} \tag{8-26}$$

式中 τ_c——喷混凝土的抗剪强度，MPa，建议取 $\tau_c=0.2\sigma_c$；

b——A、A'点间的距离，m；

α——剪切破裂面与水平面间的夹角，建议采用小于或等于 23°6′的角度，即 $\frac{d}{\sin\alpha}\geqslant 2.5d$；

p_i——变形压力，MPa，与衬砌的刚度有关，可采用芬纳公式近似计算，最好通过现场试验实测而得。

中国铁道科学研究院西南研究所的模型试验证明，对于直墙拱形和曲墙拱形洞室，围岩丧失稳定是从两侧边墙围岩产生楔形剪切体开始的。因此，上述计算方法原则上也采用这种洞室。

确定水工有压隧洞的喷层厚度时，除了要考虑上述的楔形剪切体对喷层的剪切作用外，还应考虑内水压力作用下喷层支护与围岩的共同作用问题。中国水利水电第六工程局对某水电站的喷混凝土隧洞进行的水压试验表明，在中等质量岩石中，内水压力为 0.3MPa 的隧洞可以采用喷射混凝土；在内水压力为 0.5MPa 时，适当加些钢筋网的喷射混凝土也可以应用，这时喷射混凝土厚度为 10～20cm，并有一定的安全系数。估计内水压力的分配方式为：岩体承受 70%，混凝土承受 30%。有些情况下，特别是软弱围岩在遇到较大荷载的情况下，喷射混凝土不能抵抗楔形剪切体滑动产生的巨大变形压力，即使加厚喷层也解决不了问题，这时就应采用锚杆对围岩进行加固。

8.3.3 锚杆加固设计

在岩体内施加锚杆的主要作用是加强支承部分分离的薄板状或不牢固的岩石。锚杆产生应力和应变，从而改善岩体的稳定性。如果对埋入的锚杆施加预拉应力，则锚杆就起着加固作用，这种锚杆称为预应力锚杆。

锚杆的种类很多。图 8-11(a)、(b)所示为常用的两种锚杆形式，即钢筋砂浆锚杆和双楔缝混合式锚杆。前者依靠砂浆的握裹力和岩石的黏结摩擦力把锚杆固定在钻孔内，后者依靠双楔缝及砂浆的握裹力固定锚杆。

图 8-11(c)所示为预应力锚杆的构造示意图，它分为内锚固段、外锚固段及张拉段三部分。内锚固段的主要作用是在张拉锚杆时提供锚固力，一般采用机械装置固定；外锚固段的作用在于保持张拉后锚杆的预应力，有时还要对锚杆的预应力值进行部分调整；张拉段是锚杆的主体，是预应力锚杆起作用的部分，岩体加固中主要依靠这一段。

将预应力锚杆深入围岩内部实际上就是对围岩施加一个附加的径向应力。这个附加的径向应力对围岩的稳定性很有利，它可以起到外部支护所应起的作用，在围岩的内部形成了一个承载环，以保证岩体的稳定性[图 8-11(d)]。

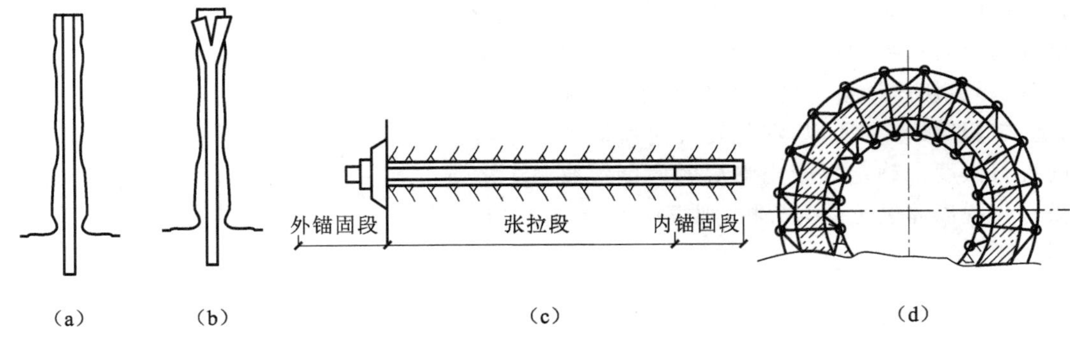

图 8-11 锚杆的种类与布置

(a)钢筋砂浆锚杆;(b)双楔缝混合式锚杆;(c)预应力锚杆;(d)布置锚杆形成的阴影区域承载环

为简化起见,下面以侧压系数 $k=1$ 的圆形洞室来说明。

我们知道,当洞室开挖后,洞壁上 $\sigma_r=0$,$\sigma_\theta=2p_0$(这里 p_0 为初始应力)。当切向应力 $\sigma_\theta=\sigma_c$ 时,洞壁即达到塑性平衡状态(这里 σ_c 为岩石单轴极限抗压强度),见图 8-12(b)。

采用锚杆支护时设洞室周围产生一个厚度为 t 的加固带(承载环),见图 8-12(a)。由于锚杆的作用,加固带内岩体产生径向应力,即:

$$\sigma_{ra}=\frac{T}{ba} \tag{8-27}$$

式中 T——锚杆中的拉力,MN;

b,a——锚杆沿洞长度方向的间距、沿圆周的间距,m。

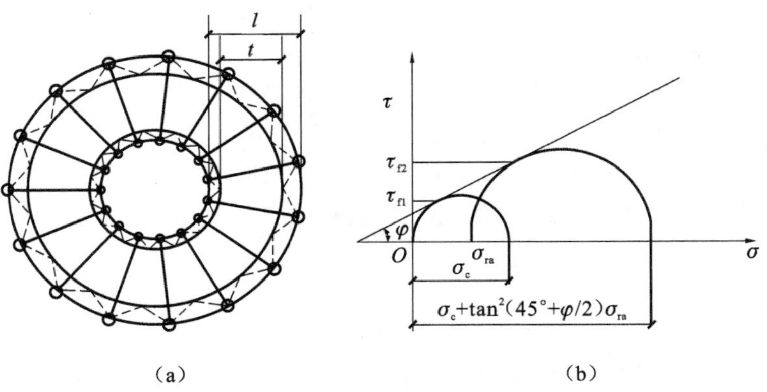

图 8-12 锚杆加固作用机理

由于径向应力增加了 σ_{ra},故洞壁达到塑性平衡状态所需的切向应力应当增大,这样就提高了围岩的稳定性。从图 8-12(b)中可求得,在这种情况下达到塑性平衡状态所需的切向应力(如同提高了抗压强度)为:

$$\sigma_{ij}=\sigma_c+\tan^2\left(45°+\frac{\varphi}{2}\right)\frac{T}{ba} \tag{8-28}$$

因而,岩体发生剪切破坏滑动时的剪切阻力从 τ_{f1} 提高到 τ_{f2},使得传递到喷层上的荷载减小。

从上面的讨论中可知,锚杆对围岩的加固程度取决于锚杆中拉力的大小,所以在设置锚杆时最好施加预拉应力,这样随即就可对围岩起到加固作用。不加预拉应力的锚杆,只要保证锚固可靠,垫板与岩石贴紧,则在围岩径向位移发展过程中锚杆的拉力将不断增大,从而也能起到加固作用。

锚杆的设计可按下列原则进行：

①锚杆可按径向沿着洞室周边均匀布置，必要时底部可加锚杆，某些部分可重点加固。例如，对于软弱岩石，可在洞室两侧可能出现楔形剪切体部位进行重点加固，这样可将楔形剪切体连接到围岩的深处。

②被锚杆加固的岩体加固带厚度 t 主要取决于锚杆的间距 a 和长度 l 之比。为了保证加固带具有一定的厚度，要求 $a/l \leqslant 1/2$ 。

③为了防止锚杆之间岩块的坍落，可采用喷层和钢丝网相配合。这里，喷层的作用主要是承受两根锚杆间局部坍塌岩块的重量。

在计算时，可以先根据加固带(承载环)所受的围岩压力荷载计算加固带内岩石的环向应力，然后由环向应力和径向应力绘制莫尔圆，用莫尔强度包络线校核岩石达到塑性平衡状态时的径向应力，由此求出每根锚杆所受的力。

【知识归纳】

隧洞围岩压力的性质、大小和分布规律是正确进行隧道和洞室支护、结构设计、施工方案选择等的重要依据。围岩压力按作用力产生的形态可分为形变压力、松动压力、膨胀压力、冲击压力等几种类型。确定围岩松动压力的常用理论和方法主要包括普氏压力拱理论、太沙基理论、弹塑性理论、数值解法等几种。

新奥法是应用岩体力学理论，以维护和利用围岩的自承能力为基点，采用锚杆支护和喷射混凝土支护为主要支护手段，及时地进行支护，控制围岩的变形和松弛，使围岩成为支护体系的组成部分，并通过对围岩和支护的量测、监控来指导隧道施工和地下工程设计、施工的方法和原则。本章详细介绍了新奥法的支护原理，其基本要点可扼要地概括为“少扰动，早锚喷，快封闭，勤量测”。本章对锚喷支护技术进行了讲述，对不同围岩按其锚喷支护的作用原理，应采用不同的设计原则。

【独立思考】

8-1　围岩压力的主要影响因素有哪些？

8-2　简述普氏压力拱理论的适用范围。

8-3　试述新奥法的基本原理。

8-4　简述新奥法的基本特点。

8-5　锚喷支护的基本形式有哪些？

【参考文献】

[1] 李世辉. 隧道围岩稳定系统分析. 北京：中国铁道出版社，1991.

[2] 中华人民共和国交通运输部. JTG F60—2009　公路隧道施工技术规范. 北京：人民交通出版社，2009.

[3] 荣传新，汪东林. 岩石力学. 武汉：武汉大学出版社，2014.

[4] 朱合华. 地下建筑结构. 2版. 北京：中国建筑工业出版社，2011.

9

岩石巷道工程结构

课前导读

内容提要

本章的主要内容包括岩石巷道的相关概念、巷道断面设计（包括断面形状、断面尺寸、水沟设计、管缆布置）、岩石巷道掘进施工、松软岩层巷道施工、巷道维护与维修等。本章的教学重点为岩石巷道断面设计，教学难点为巷道维护与维修。

能力要求

通过本章的学习，学生应熟悉井巷工程的基本概念、巷道断面设计方法、岩石巷道掘进施工基本技术，掌握岩石巷道维护与维修的基本知识及巷道底鼓的防治措施。

9.1 概　　述

岩石巷(隧)道是指在掘进断面中岩石面积占总面积的全部或绝大部分(一般大于80%)的巷(隧)道。其主要工程结构为井巷工程。井巷工程是研究地层中井筒、巷道、洞室设计和施工基本理论、方法和技术的应用技术学科,地下采矿行业中的井巷、铁路隧道、地铁站线、地下厂房和涵洞均属于井巷工程范畴。为便于叙述,本章中巷(隧)道统称为巷道。井筒、巷道、洞室等工程建设是矿山建设和矿井生产准备的重要组成部分,在矿井建设总工程量中占50%~70%,是矿井建设质量和工期的主要决定性因素。随着巷道掘进技术、装备的发展及开挖地质条件的复杂化,施工难度日益增大,对井巷施工技术和装备提出了更高要求。因此,有效、安全、经济地破碎井巷断面内的岩体并维持围岩的稳定性,成为井巷工程研究的核心问题。

岩石巷道工程的基本理论主要研究井巷破岩机理和围岩压力,为进行工程设计和施工作理论准备。工程设计是指按照井巷生产需要、服务年限、围岩性质等经济技术条件,经济、合理地确定井巷的断面形状、尺寸和支护结构等;而施工是指按照设计要求和施工条件采用不同方法和手段开凿井筒、巷道或洞室等。

9.2 巷道断面设计

巷道是地下工程生产的动脉,其断面设计合理与否,直接影响工程生产的安全和经济效益。巷道断面是在满足安全、生产和施工要求的条件下,力求提高断面利用率,取得最佳经济效果的原则下进行设计的。

9.2.1 巷道断面形状

目前我国巷道使用的断面形状,按其构成的轮廓线,可分为矩形类、梯形类、拱形类和圆形类四大类。其断面形状及适用条件见表9-1。

表9-1　常用巷道断面形状及适用条件

断面形状	形状图例	适用条件
梯形		顶板暴露面积较矩形断面小,可减小顶压,能够承受较大的侧压,多用于采区巷道
不规则形状		在薄煤层中,为了不破坏顶板,巷道沿炭层顶板布置,以使顶板保持稳定,断面形状根据煤层赋存条件而定
矩形		断面利用率较高,多用于顶压、侧压较小,维护时间不长的回采巷道
半圆拱形		目前开拓、采准巷道和洞室采用的断面形状,多在顶压大、侧压小、无底鼓的条件下使用
三心拱形		与半圆拱形相比,拱承压能力差,但断面利用率较高,适用于围岩坚硬的开拓巷道、上下山(矿山斜井的一种)和洞室

续表

断面形状	形状图例	适用条件
圆形		围岩松软，有膨胀性，四周压力均很大，在其他断面形状不能抵抗围岩压力时采用
椭圆形		当巷道四周构造应力很大且分布不均匀时采用；根据顶压和侧压大小，采用竖直或水平布置
马蹄形		用于围岩松软，有膨胀性，顶、侧压很大，具有一定底压的巷道

选择巷道断面形状时，主要应考虑巷道所处的位置及穿过的围岩性质、作用在巷道上围岩压力或地应力的大小和方向、巷道的用途及服务年限、选用的支架材料和支护方式、巷道的掘进方法和采用的掘进设备等因素，也可以参考邻近矿井同类巷道的断面形状及其维护情况等。

9.2.2 巷道断面尺寸

巷道净断面尺寸必须满足行人，运输，通风和安全设施及设备安装、检修、施工的需要。因此，巷道断面尺寸主要取决于巷道的用途，存放或通过的机械、器材或运输设备的数量与规格，巷道宽度与各种安全间隙，以及巷道通风量。

9.2.2.1 巷道净宽度

直墙拱形和矩形巷道的净宽度，是指巷道两侧内壁或锚杆露出长度终端之间的水平距离。对于梯形巷道，当其内通行电机车时，净宽度指的是车辆顶面水平巷道的最小宽度；当其内不通行运输设备时，净宽度是指从底板起 1.6m 高位置处的巷道宽度。

运输巷道净宽度由运输设备外轮廓最大宽度、相关安全规程所规定的人行道宽度及有关安全间隙相加而得；对于无运输设备的巷道，可根据行人及通风的需要来选取净宽度。

如图 9-1 所示，拱形双轨巷道净宽度按下式计算。

$$B = a + 2A_1 + C + t \tag{9-1}$$

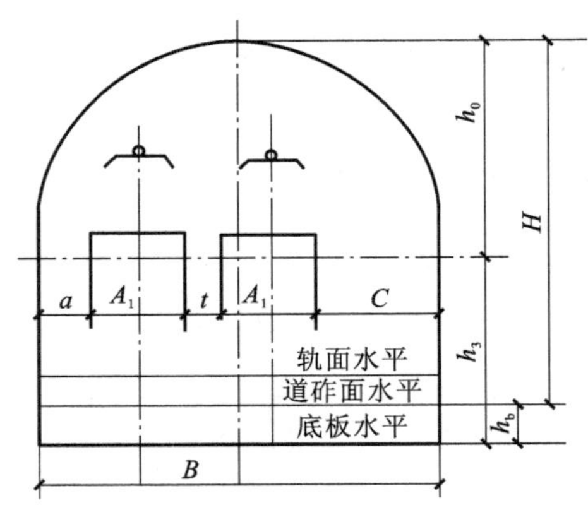

图 9-1 巷道净断面尺寸计算图

式中 B——巷道净宽度，m，指直墙内侧的水平距离。

《煤矿安全规程》规定，a 为非人行侧的宽度，$a \geqslant 0.3$m；当巷道内安设输送机时，a 为输送机与巷帮支护间的距离，$a \geqslant 0.5$m。A_1 为运输设备的最大宽度。几种常用运输设备的宽度和高度（轨面以上）见表 9-2。《煤矿安全规程》规定，C 为人行道的宽度。从巷道道砟面起 1.6m 高度内，$C \geqslant 0.8$m；在人车停车地点，$C \geqslant 1.0$m；在巷道高度 1.6～1.8m 处不得架设管、线和电缆。关于 t，《煤矿安全规程》规定，在双轨运输巷道中，两列对开列车最突出部分之间的距离 $t \geqslant 0.2$m；在采区装载点，$t \geqslant 0.7$m；在矿车摘挂钩地点，$t \geqslant 1.0$m。

表 9-2　　　　**几种常用运输设备的宽度和高度**　　　　（单位:mm）

运输设备类型	宽度(A_1)	高度(h)	运输设备类型	宽度(A_1)	高度(h)
ZK$\begin{smallmatrix}7\\10\end{smallmatrix}$-$\begin{smallmatrix}6\\7\\9\end{smallmatrix}$/250 架线式电机车	1060 1360	1550	XK8-6/110A 蓄电池电机车	1054	1550
			1t 固定式矿车	880	1150
ZK14-$\begin{smallmatrix}7\\9\end{smallmatrix}$/550 架线式电机车	1335	1600	1.5t 固定式矿车	1050	1150
ZK10-$\begin{smallmatrix}6\\7\\9\end{smallmatrix}$/550-7C 架线式电机车	1050 1212 1350	1600	3t 底卸式矿车	1200	1400
			TD75 固定式输送机	1515	1200
XK2.5-6/48A 蓄电池电机车	920	1550	SPJ-800 吊挂胶带输送机	1200	900

在巷道弯道处，车辆四角要外伸或内移，应将上述安全间隙适当加大。加大值与车厢长度、轴距和弯道半径有关。其加宽值一般外侧为 200mm(20t 电机车可加宽 300mm)，内侧为 100mm，双轨中线距离为 300mm。有的设计为了简化计算，内、外侧均加宽 200mm。巷道除曲线段要全部加宽外，与曲线段相连的两端直线段也需加宽。加宽值，对于矿车运输巷道建议取 1.5～3.5m；对于电机车通行的巷道，建议为 3～5m。对于双轨曲线巷道，两轨道中线距离加宽起点也应从直线段开始，电机车通行巷道加宽值建议为 5m；3t 或 5t 底卸式矿车通行巷道加宽值建议为 5～7m；1t 矿车通行巷道加宽值为 2m。

巷道净宽度按式(9-1)确定后，还需要检查是否满足掘进机械化装载和铺设临时双轨调度车辆等所需最小净宽度的要求。对于拱形断面的主要运输巷道净宽度，综采矿井不宜小于 3.2m，其他矿井、拱形巷道的其他巷道和矩形巷道断面净宽度不宜小于 3.0m，梯形巷道顶部净宽度不宜小于 1.8m。

巷道的净宽度必须满足从道砟面起 1.6m 高度内留有宽不小于 0.8m 的人行道，否则应重新设计。在设计梯形巷道的净宽度时，常常采用根据标准顶梁的尺寸、棚腿斜角来推算巷道净宽度的方法。

9.2.2.2　巷道净高度

矩形、梯形巷道的净高度是指自道砟面或底板至顶梁或顶部喷层面、锚杆露出长度终端的高度，拱形巷道的净高度是指自道砟面至拱顶内沿或锚杆露出长度终端的高度。

《煤矿安全规程》规定，主要运输巷道和主要风道的净高度，自轨面起不得低于 2m。架线电机车运输巷道的净高度必须符合有关规定：电机车架空线的悬挂高度，自轨面算起在行人巷道内、车场内及人行道同运输巷道交叉处不得小于 2m，在不行人的巷道内不得小于 1.9m；在井底车场内，从井底到乘车场的高度不得小于 2.2m。电机车架空线和巷道顶或棚梁之间的距离不得小于 0.2m。采区(盘区)内的上山、下山和平巷的净高度不得小于 2.0m。

拱形巷道的净高度，主要是确定其拱高和自底板起的壁(墙)高，如图 9-2 所示。

$$H = h_0 + h_3 - h_6 \tag{9-2}$$

式中　H——拱形巷道的净高度，m；

h_0——拱形巷道的拱高，m；

h_3——拱形巷道的壁高，m；

h_6——巷道内的道砟面高度，m，按表 9-3 选取。

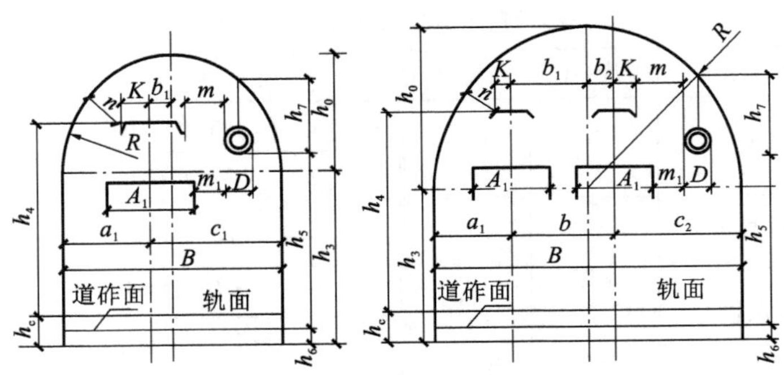

图 9-2 半圆拱形巷道断面净高度计算图

表 9-3 **常用道床参数** (单位:mm)

巷道类型		钢轨型号/(kg·m^{-1})	道床总高度 h_c	道砟面高度 h_6	道砟面至轨面垂高
井底车场及主要运输巷道		≥25	360	200	160
		18	320	180	140
采区运输巷道	上、下山	15 或 18	220	可不铺道砟,轨枕沿底板浮放,也可在浮放轨枕两侧充填掘进矸石	
	运输中巷、回风顺槽	15 或 18	220		

(1)拱高 h_0 的确定

拱的高度常以其与巷道净宽度之比来表示(称为高跨比)。半圆拱的拱高 h_0、拱的半径 R 均为巷道净宽度的 1/2,即 $h_0=R=B/2$。对于圆弧拱的拱高,矿山多取巷道净宽度的 1/3,即 $h_0=B/3$;个别矿井为了提高圆弧拱的受力性能,取拱高 $h_0=2B/5$。金属矿山由于围岩坚固稳定,可将圆弧拱的拱高 h_0 取为巷道净宽的 1/5~1/4。

(2)壁高 h_3 的确定

拱形巷道的壁高 h_3 是指自巷道底板至拱基线的垂直距离。为了满足行人安全,运输通畅及安装和检修设备、管缆的需要,设计要求按架线电机车导电弓子顶端两切线交点处与巷道拱壁间最小安全间隙要求、管道的装设高度要求、人行高度要求、1.6m 高度处人行宽度要求、设备上缘至拱壁最小安全间隙要求 5 种情况计算壁高,并取其中的最大值。

对于架线电机车运输巷道,一般按前两种情况计算即能满足设计要求;其他巷道如矿车运输、仅铺设输送机或无运输设备的巷道,一般只按人行高度要求计算即可满足设计要求,但是在人行道范围内 1.8m 以下不得架设管、线和电缆。

9.2.2.3 巷道净断面面积

巷道的净宽度和净高度确定后,巷道的净断面面积便可以求出。

半圆拱形巷道净断面面积为:

$$S = B(0.39B + h_2)$$

圆弧拱形巷道净断面面积为:

$$S = B(0.24B + h_2)$$

梯形巷道净断面面积为:

$$S = \frac{(B_1 + B_2)H}{2}$$

9.2.2.4 巷道风速验算

通过巷道的风量是根据对整个矿井生产通风网络进行求解得到的。当通过该巷道的风量确定后，断面越小，风速越大。风速大会造成扬尘，影响工人身体健康和工作效率。为此，相关安全规程规定了各种不同用途巷道所允许的最大风速，如《煤炭工业设计规范》规定，矿井主要进风巷的风速一般不大于 6m/s。所以设计出巷道净断面尺寸后，还必须进行风速验算，即：

$$v=\frac{Q}{S}\leqslant v_{\max} \tag{9-3}$$

式中 v——通过该巷道的风速，m/s；

Q——根据设计要求通过该巷道的风量，m^3/s；

S——巷道的净断面面积，m^2；

$v_{\max}$——允许通过该巷道的最大风速，m/s。

9.2.2.5 巷道设计掘进断面面积

通常应根据巷道的类型和用途、巷道的服务年限、围岩的物理和力学性能及支护材料的特性和来源等因素综合确定合理的支护形式。支护形式应力求达到承载能力强、就地取材、施工方便、经济耐用、维修量较小。支护形式确定后即可进行支护参数的选择。支护参数是指各种支架的规格尺寸，如矿用工字钢和 U 型钢的型号，锚喷支护的锚杆类型、长度、直径、间距和排距，喷射混凝土的厚度与强度等级等。

对岩石巷道而言，锚喷支护是主要支护形式，包括喷射混凝土支护，锚杆支护，锚杆与喷射混凝土联合支护，锚杆、喷射混凝土与钢筋网联合支护，锚杆、喷射混凝土与石材或金属支架联合支护，锚喷网与混凝土等的联合支护。

道床应选用坚硬和不易风化的碎石或卵石做道砟，粒度以 20～30mm 为宜，并不准掺有碎末等杂物，使其具有适当孔隙率，以利于排水和具有良好的弹性。道砟的厚度应与选用的钢轨型号相适应，不得小于 100mm，至少要把轨枕 1/3～1/2 的高度埋入道砟内。两者的关系如图 9-3 所示。

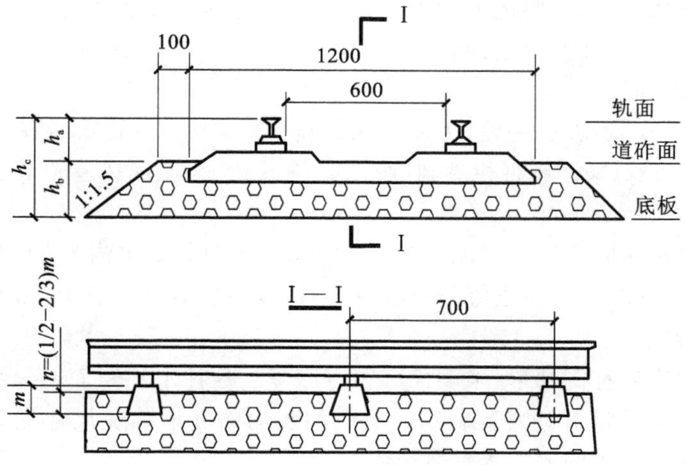

图 9-3 道床尺寸关系图

道床宽度可按轨枕长度再加 200mm 考虑。相邻两轨枕中心距一般为 0.7～0.8m，在钢轨接头、道岔和弯道处应适当减小。

为了减少维护工作量，降低经营费用和提高列车运行速度，大型矿井特别是采用底卸式矿车运输时，井底车场和主要运输大巷应积极推广使用整体（固定）道床。这种道床可用混凝土一次浇灌而成，也可先在轨道下铺设轨枕，然后浇灌混凝土。

巷道的净断面尺寸加上支护和道床参数后，便可获得巷道的设计掘进尺寸，进而计算出巷道的设计掘进断面面积。

半圆拱形巷道设计掘进断面面积为：

$$S_1 = B_1(0.39B_1 + h_3) \tag{9-4}$$

圆弧拱形巷道设计掘进断面面积为：

$$S_1 = 0.24B^2 + 1.27BT + 1.57T^2 + B_1h_3 \tag{9-5}$$

梯形巷道的设计掘进断面面积为：

$$S_1 = \frac{B_1(B_3 + B_4)H_1}{2} \tag{9-6}$$

9.2.3 水沟设计

为了排出井下涌水和其他污水，设计巷道断面时应根据通过该巷道的排水量设计水沟。水沟设计内容包括水沟布置，水沟砌筑，水沟坡度和流速设计，水沟断面设计及水沟盖板设计等方面。

（1）水沟布置

水平巷道及倾角小于16°倾斜巷道的水沟一般布置在人行侧。当非人行侧有适当空间时，也可布置水沟，但应尽量避免水沟穿越轨道或输送机。在倾角小于16°的巷道中，当涌水量小或巷道较窄时，水沟与人行台阶可在巷道同侧平行或重叠布置；当涌水量较大或巷道较宽时，水沟和人行台阶可分设在巷道两侧。对于专用排水巷道、中间设人行道的巷道、有底鼓的巷道和铺设整体道床的巷道，水沟应布置在巷道中间。巷道横向水沟一般应布置在含水层的下方、上（下）山斜井下部车场的上方、胶带机接头洞室的下方或出水点处。

（2）水沟砌筑

根据水沟服务年限，一般将水沟分为永久性水沟和临时性水沟两类。永久性水沟应砌筑，临时性水沟可不砌筑。井底车场、主要运输大巷、上（下）山等永久性水沟均应砌筑，一般可用混凝土现浇或片石砌筑，也可采用钢筋混凝土预制。

（3）水沟坡度和流速设计

矿井水沟坡度应与巷道坡度一致，为使流水通畅，平巷中水沟坡度不宜小于3‰，巷道中横向水沟的坡度不宜小于2‰，采区胶带机巷道、分层运输巷道、采区回风巷道和分层回风巷道的水沟可选用5‰的坡度。

水沟采用混凝土砌筑时水流最大流速为5～10m/s，不衬砌的水沟为3～4.5m/s。水沟中水流最小流速的确定应以不使粉尘、泥土等杂物沉淀为原则，一般不应小于0.5m/s。

（4）水沟断面设计

水沟的断面形状有对称倒梯形、半倒梯形和矩形等。各种水沟断面的尺寸应根据水沟的水流量、坡度、断面形状和支护材料等因素确定。常用的水沟断面形状及尺寸见图9-4，可以根据设计部门提供的各种断面形状水沟的技术参数选用。

（5）水沟盖板设计

为了行人方便，大巷及倾角小于15°上（下）山的水沟一般设置盖板。盖板的宽度一般比水沟净宽大150mm，厚度不应小于50mm，可采用钢筋混凝土预制板。盖板每块质量不宜超过35kg，混

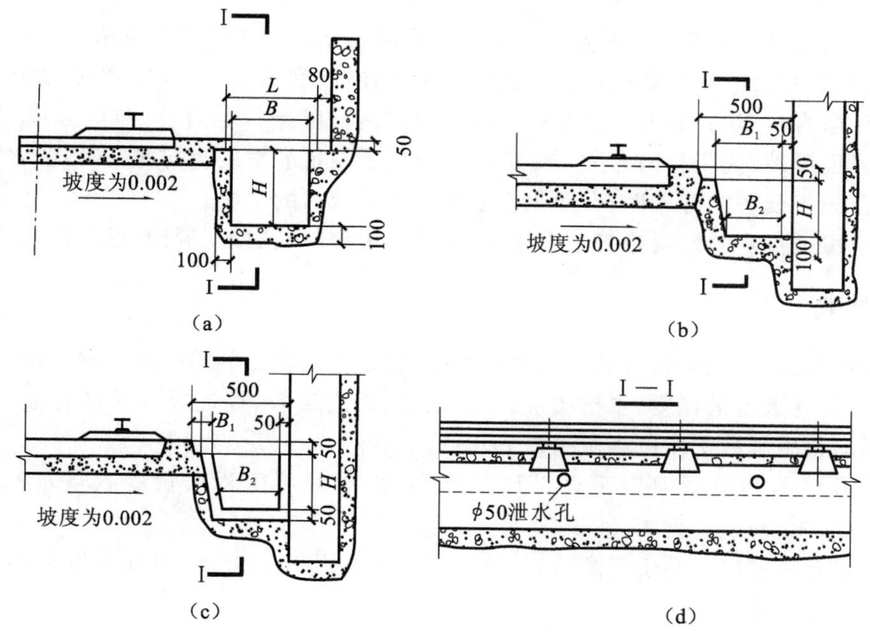

图 9-4 拱形巷道水沟断面形状及尺寸

凝土的强度等级不应低于 C18。

无运输设备的巷道、倾角大于 15°上(下)山和采区巷道的水沟一般可不设盖板。

9.2.4 管缆布置

根据生产需要,巷道内需要铺设压风管、排水管、供水管及其他管路。此外,还需铺设动力电缆、照明和通信电缆等电缆。

(1)管道布置

考虑安全、架设与检修的方便,管道的布置一般应符合一定的要求。管道应布置在人行道一侧,架设一般采用托架、管墩及锚杆吊挂等方式,并应使检修方便。若架设在人行道上方,管道下部距道砟面或水沟盖板的垂高不应小于 1.8m;若架设在水沟上,应以不妨碍清理水沟为原则。砌碹支护的主要运输巷道,一般用槽钢或角钢将管道支托在人行侧的顶部;锚喷支护的主要运输巷道,可将管道锚吊在行人侧的顶部。

当管道与管道呈交叉或平行布置时,应保证管道之间有足够的更换距离。管道架设在平巷顶部时,应不妨碍其他设备的维修与更换。管道与运输设备之间必须留有不小于 0.2m 的安全距离。

(2)电缆布置

动力电缆和通信电缆一般不要敷设在巷道的同一侧。电缆与压风管、供水管在巷道同一侧敷设时,必须敷设在管道上方,并保持 0.3m 以上的距离。电缆悬挂高度应保证当矿车调道时不会撞击电缆,或者当电缆发生坠落时不会落在轨道或运输设备上。高压电缆和低压电缆在巷道同侧敷设时,相互之间的距离应在 0.1m 以上。

9.3 岩石巷道掘进施工

目前,虽然部分断面掘进机、全断面掘进机(TBM)在巷道掘进中已有应用,但这两类掘进机在我国的应用推广还需要很长一个过程。在我国,岩石巷道掘进主要采用的仍然是钻眼爆破方法破岩，在今后相当长的时期内其仍然是矿山岩巷或岩石隧道工程的主要掘进方法。

我国矿山岩石巷道的钻眼爆破，从手工凿岩、硝铵炸药、普通雷管、浅眼爆破起步，发展到手持式凿岩机、液压凿岩台车、高威力水胶炸药、乳化炸药、高精度毫秒电雷管、非电起爆器材及各类起爆器、中深孔光面爆破，说明我国的凿岩爆破技术得到了长足的发展。与此同时，凿岩机理，破岩机理，爆破技术及施工设备的可靠性、自动化程度等也有了较大的发展。

目前，钻眼爆破技术的发展趋势是中深孔、光面爆破和断裂成形（刻槽）爆破技术。

9.3.1 钻眼爆破

在岩石巷道掘进中，破碎岩石是一道主要工序，也是掘进施工的第一个主要工序。钻眼爆破工作质量的好坏，对巷道掘进速度、规格质量、支护效果、掘进工效、掘进成本等都有较大的影响。巷道掘进中良好的钻眼爆破工作应当做到以下几点：

①爆破后形成的巷道断面应符合设计要求和《煤矿井巷工程质量验收规范》（GB 50213—2010）的要求。

②爆破的岩石块度应有利于提高装岩生产率，一般不大于 300mm；堆积状况应便于组织装运，便于钻眼与装岩平行作业。

③对巷道围岩的震动和破坏要小，以利于巷道的维护。

④爆破单位体积岩石所需炸药和雷管的消耗量要低，钻眼工作量要小，炮眼利用率要达到 85%以上。

⑤符合安全施工的要求。

为了获得良好的爆破效果，必须正确地布置工作面全炮眼，合理确定爆破参数，选用适宜的炸药，改进爆破技术。

巷道掘进爆破工作是在只有一个自由面的狭小工作面上进行的，因此要达到理想的爆破效果，必须将各种不同作用的炮眼合理地布置在相应位置上，使每个炮眼都能起到应有的爆破作用。掘进工作面上的炮眼，按其用途和位置可分为掏槽眼、辅助眼和周边眼（图 9-5 中 1、3、6）三类。其爆破顺序必须是延期起爆，即先爆掏槽眼，其次爆辅助眼，最后爆周边眼，以保证爆破效果。

掏槽眼又可根据其方向分为斜掏槽眼（图 9-6）、直掏槽眼和混合式掏槽眼三种。

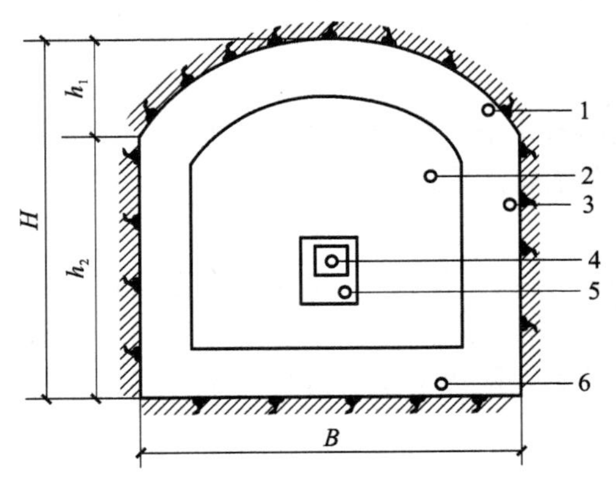

图 9-5 各种用途的炮眼名称

1—定眼；2—崩落眼；3—帮眼；4—掏槽眼；5—辅助眼；6—底眼

斜掏槽眼在巷道掘进中是一种常见的掏槽眼，适用于各种岩石。斜掏槽眼主要包括楔形掏槽眼和锥形掏槽眼两种，其中以楔形掏槽眼的应用最为广泛。斜掏槽眼的特点是：适用于各种岩层，可充分利用自由面逐步扩大爆破范围；掏槽面积较大，适用于较大断面面积的巷道；但因炮眼倾斜，掏槽眼深度受到巷道宽度的限制；碎石抛掷距离较大，易损伤设备和支护，当掏槽眼角度不对称时尤为如此。

直掏槽眼是平行于巷道轴线的掏槽眼，可分为直线掏槽眼（图 9-7）、螺旋掏槽眼（图 9-8）和角柱式掏槽眼三种。其中，角柱式掏槽眼又可分为三角柱掏槽眼、菱形掏槽眼、五星掏槽眼等形式，如图 9-9～图 9-11所示。

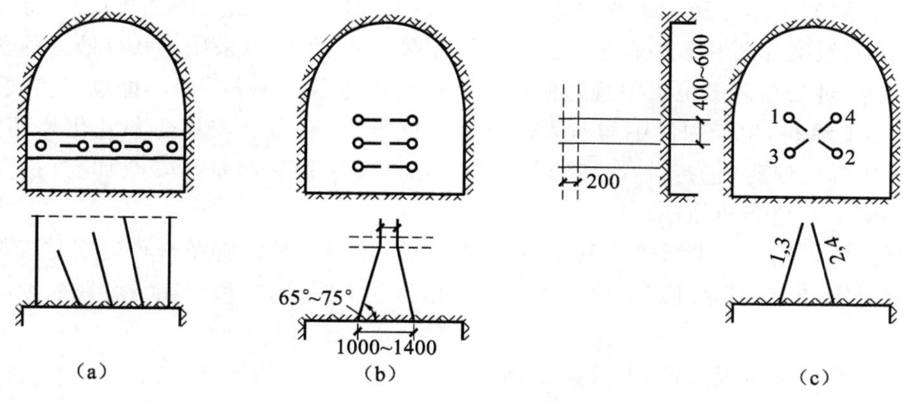

图 9-6 斜掏槽眼

(a)单向;(b)多向(楔形);(c)多向(锥形)

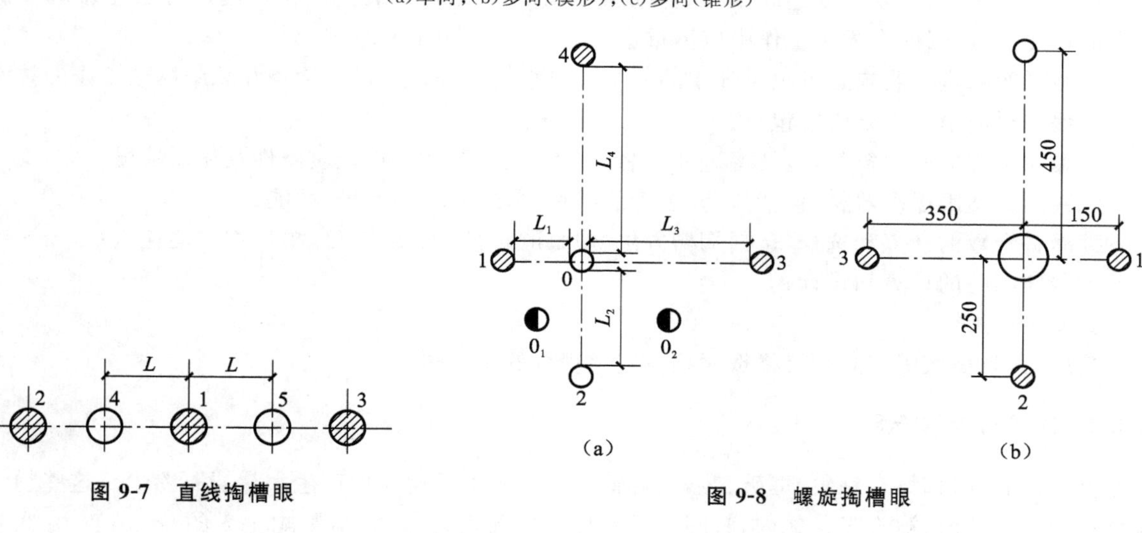

图 9-7 直线掏槽眼

图 9-8 螺旋掏槽眼

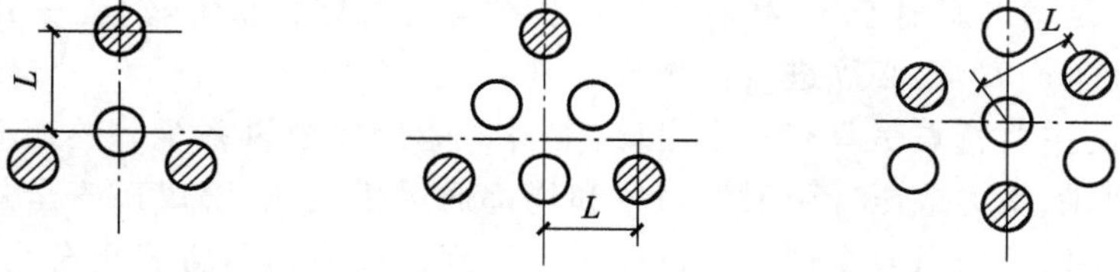

图 9-9 三角柱掏槽眼

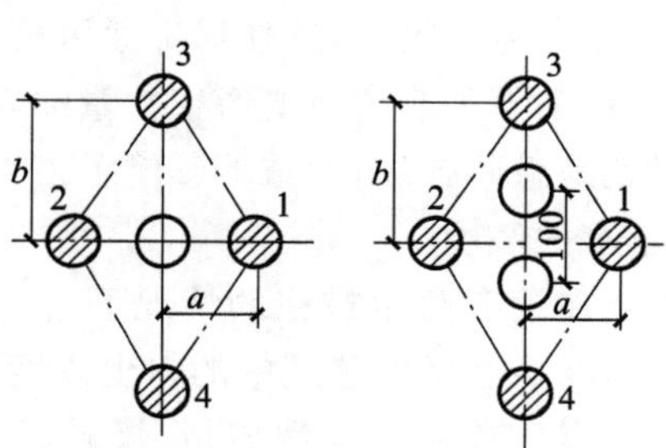

图 9-10 菱形掏槽眼

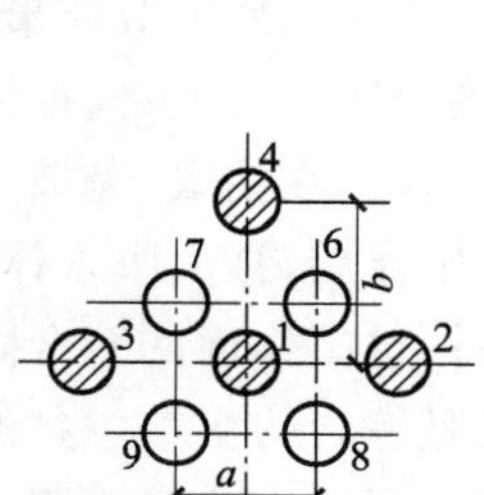

图 9-11 五星掏槽眼

我国目前使用的矿用炸药有硝铵类炸药和含水炸药(乳化、浆状、水胶炸药)。当穿过瓦斯地段时,应采用矿山硝铵类炸药和矿山含水炸药。对于坚硬岩石,可考虑采用粉状高威力炸药。硝铵类炸药价格较低廉,过去在矿山施工中普遍使用。但这类炸药不但安全等级不能满足需要,而且炸药组分中含有 TNT 原料,生产和使用均对人体有害。近年来,矿山水胶炸药和乳化炸药发展很快,特别是矿山许用乳化炸药(包括粉状炸药)已成为矿山施工中最有前景的安全炸药,是全国推广应用最多的无梯矿山许用炸药品种。

起爆材料一般采用 8 号电雷管。其中,秒延期雷管、半秒延期雷管及毫秒延期雷管都能满足巷道爆破的起爆要求,但是在穿过瓦斯地层时不能选用秒延期雷管,毫秒延期雷管总延期时间也不能大于 130ms。

爆破参数主要包括炮眼直径、炮眼深度、炮眼数目、单位炸药消耗量等。

装药结构有连续装药和间隔装药、耦合装药和不耦合装药、正向起爆装药和反向起爆装药之别。在巷道掘进中,主要采用连续、不耦合、反向起爆装药结构。装药结构与起爆方法是影响爆破效果的重要因素,因此在爆破工作中应慎重选择,并在施工中不断改进。

爆破说明书是井巷施工组织设计中的一个重要组成部分,是指导、检查和总结爆破工作的技术文件。爆破说明书的主要内容包括:

①爆破工程的原始资料,包括掘进井巷名称、用途、位置、性质、地质条件及瓦斯情况;

②选用的钻眼爆破器材,包括炸药、雷管的品种,凿岩机具的型号、性能;

③爆破参数的计算和选择,包括掏槽方法,炮眼的直径、深度、数目,单位炸药消耗量;

④爆破网路的计算和设计;

⑤安全措施。

最后,钻眼爆破工作必须严格按照相关安全规程的规定执行。

9.3.2 通风防尘与降温

掘进岩石巷道时,在钻眼、爆破、装岩、运输等工作中不可避免地产生大量岩石粉尘。这些粉尘极易在空气中浮游,被人吸入体内,时间久了就易患矽肺病,会严重地影响工人的身体健康。在巷道掘进中,为了供给足够的新鲜空气,稀释和排出各种有害气体和粉尘,营造一个良好的工作环境,保护工人健康,保证生产安全,必须进行机械式通风。

巷道掘进通风的主要特点是只有一个出口,本身不能形成通风系统。巷道掘进通风方法有三种,即矿井全风压通风、水力或压气引射器通风和局部通风机通风。《煤矿安全规程》规定,掘进巷道时必须采用矿井全风压通风或局部通风机通风。局部通风机通风方式可分为压入式、抽出式和混合式三种,其中混合式通风效果最佳。掘进通风设施主要有局部通风机和风筒。选择掘进通风设施的程序是:确定通风方式;选择风筒,计算风量;计算通风阻力;选择局部通风机。

掘进岩石巷道时,在钻眼、爆破、装岩、运输等工作中不可避免地要产生大量的岩石粉尘。这些粉尘极易在空气中浮游,被人吸入体内后时间久了就易患矽肺病,严重地影响了工人的身体健康。

我国矿山在掘进工作面的综合防尘方面有着丰富的经验:

①湿式钻眼是综合防尘最主要的技术措施,严禁在没有防尘措施的情况下进行干法生产和干式凿岩。湿式钻眼可使岩粉变成浆液从炮眼中流出,能显著降低巷道中的粉尘浓度。

②喷雾、洒水对防尘和降尘都有良好的作用。在爆破前用水冲洗岩帮,爆破后立即进行喷雾,装岩前向岩堆上洒水,能减少粉尘扬起。

③加强通风排尘。通风除可不断向工作面供给新鲜空气外,还可将含尘空气排出,降低工作面

的含尘量。首先应在掘进巷道周围建立通风系统，以形成主风流；其次应在各作业点做好局部通风工作，以便迅速稀释工作面处的粉尘并将其排到主风流中去。

④加强个人防护工作。工人在工作面处作业时一定要戴防尘口罩。近年来，我国有关部门研制出了多种防尘口罩，对于保护粉尘区工作人员的身体健康起到了积极作用。工人还要定期进行身体健康检查，发现病情后要及时治疗。

我国《煤矿安全规程》规定，生产矿井采掘工作面处的空气温度不得超过26℃，机电设备洞室中的空气温度不得超过30℃；当空气温度超过规定温度时，必须缩短超温地点工作人员的工作时间，并给予高温保健待遇。采掘工作面处的空气温度超过30℃，机电设备洞室中的空气温度超过34℃时，必须停止作业。矿井热害防治措施很多，但归纳起来不外乎两大类，即采取非人工制冷降温和采取人工制冷降温。热害矿井一般应进行综合治理。

9.3.3 装岩与运输

岩石巷道施工中，岩石的装载与转运是最繁重、最费工时的工序，一般情况下其花费时间占掘进循环时间的35%～50%。因此，做好装岩与转运工作，对提高劳动效率，加快掘进速度，改善劳动条件和降低成本有重要的意义。

装岩机按用途分类，有平巷用、斜巷用、装矿用、装岩用装岩机等；按行走机械分类，有轨轮式、履带式、轮胎式三种；按使用的动力分类，有电动、风动、内燃机驱动装岩机等。其中，井下常用的装岩机有铲斗式装岩机、耙斗式装岩机、蟹爪式装岩机和立爪式装岩机等。

在巷道掘进装岩过程中，当采用矿车运输时，一辆矿车装满后必须退出，调换一辆空车继续装岩，这就需要有调车工作。为了提高装岩效率，除了选用高效能装岩机和改善爆破效果外，还应合理选择工作面处的各种调车和装载设施，以减少装载间歇时间，提高实际装岩生产率。同时，要加强装岩调车工作组织和运输工作，及时供应空车，运出重车。

装岩效率的单位是m^3/台班或m^3/工日。单从经济效果角度分析，这两个数值越高，成本越低。从组织观点角度分析，工作面同时工作内容越单一，相互干扰越少，效率越高。因此，国外(如瑞典)主要着眼于人工效率，以此为目的的装岩组织工作工作面处工序单一，机械配套，人员减少，效率较高，成本较低，但是巷道的施工速度一般不高。

为了组织快速施工，往往要组织多工序平行作业。这样人员、设备必然增多，相互干扰增加，效率较低。但是有时出于生产或建设的总体需要，往往对某项工程组织快速施工而能获得更大的经济效益。因此，我们在分析装岩工作时，一定要区别这两种情况，根据具体要求采取下列不同措施，以提高装岩效益。

①积极推广和研究装岩、运输机械化作业线，不断提高装岩机工时利用率，缩短循环中的装岩时间。

②积极研制和选用高效能的装岩机；在现有设备中，要根据巷道断面大小选用装岩机。对于双轨巷道，尽量选用大型耙斗式装岩机、ZC-2型侧卸式装岩机或蟹爪式装岩机等大型装岩机。一般情况下，应避免同时使用两台装岩机，或大断面巷道选用生产能力低的装岩机。

③做好爆破工作。当岩石的块度均匀、适宜，堆放集中，且底板平整时，装岩机的效率较高。如对于Z-20B型铲斗式装岩机，当块度小于250mm时工作效率最高。对于部分转载机，当岩石块度大于500mm时则无法正常工作。

④发展一机多用设备，如钻眼、装岩机，钻眼、装岩、锚杆安装机，转载、运输和卸载合一的仓式列车等。

⑤加强装岩调车的组织管理工作。

a. 提高装岩机司机的操作技术，加强对作业线的维修和保养，以保证其装岩熟练，减少故障。

b. 严格执行工种岗位责任制，保证各工种密切配合，工序衔接迅速。

c. 保证稳定的电压或合理提高风动装岩机风压。

d. 保证轨道质量，加强维护，提高行车速度，减少矿车掉道事故。

e. 加强调度工作，及时供应空车。

9.3.4 巷道支护

为了保证巷道的稳定性，防止围岩塌落或变形过大，巷道掘进后一般要进行支护。过去大多通过架设棚式支架与砌筑石材整体式支架来支护巷道，现在锚喷支护在矿山巷道中得到了较广泛的应用，这是支护技术的一次重大革新与进步。支护使用的材料有木材、金属材料、石材、混凝土、钢筋混凝土、砂浆等。其中，矿山常用金属材料有工字钢、角钢、槽钢、轻便钢轨、矿用工字钢及矿用特殊型钢等。

矿业工程对混凝土性能的要求，除了应满足强度、和易性要求外，根据不同工程条件还提出了一些特殊要求，如地面拌制混凝土向井下输运时的流动性、均匀性要求，冻结法施工用混凝土的抗冻、早强等要求，对锚喷混凝土骨料与拌合物的要求，以及井下严重腐蚀性（如酸性地下水）环境对水泥等原材料的要求等。

矿山常用金属材料有工字钢、角钢、槽钢、轻便钢轨、矿用工字钢及矿用特殊型钢等。

矿山巷道支护经历了木支护、砌碹支护、型钢支护、锚杆支护的漫长改进过程。国内外多年实践经验表明，锚杆支护是对矿山巷道经济、有效的支护技术。与棚式支护相比，锚杆支护显著增强了巷道支护效果，降低了巷道支护成本，减轻了工人劳动强度。更重要的是，锚杆支护大大简化了采煤工作面端头支护和超前支护工艺，改善了作业环境，保证了生产安全，为工作面的快速推进创造了良好条件。目前，锚杆支护技术已经在国内外得到了普遍应用，是实现安全、高效生产必不可少的关键技术之一。此外，矿山巷道支护方式还有喷射混凝土和锚杆组合支护的锚喷支护方式。锚喷支护已在本书第 8 章中作了详细介绍。

9.4 特殊条件下的巷道施工

9.4.1 松软岩层巷道施工

松软岩层具有松、散、软、弱四种属性。“松”是指岩石结构疏松，密度小，孔隙度大；“散”是指岩石胶结程度很差或有未胶结的颗粒状岩层；“软”是指岩石强度较低，塑性大或黏土矿物质易吸水膨胀；“弱”则指受地质构造的破坏形成了许多弱面，如节理、片理、裂隙等破坏了原有的岩体强度，使其易破碎，易滑移冒落，但岩石单轴抗压强度还是较高的。

在松软岩层中施工巷道时，掘进较容易，维护却极其困难，采用常规的施工方法和支护形式、支护结构往往不能奏效。因此，松软岩层巷道支护问题是井巷施工中很关键的问题。松软岩层的组成、结构和性质差异很大，迄今为止还没有一种能适应所有区域的施工方法和支护方式。尽管如此，经过多年的实践和研究，我国逐步摸索出了一些松软岩层巷道施工的基本规律和应当注意的问题。其中，最主要的是必须根据岩层性质和地压显现特点选择合理的支护方式、支护结构，正确选择巷道位置和断面形状，同时要加强对巷道底板的管理，采用合理的掘进破岩工艺及对围岩进行量测监控等。

松软岩层巷道施工主要涉及以下几个问题。

9.4.1.1 松软岩层巷道围岩变形和压力特征

围岩变形是衡量松软岩层巷道地压显现强烈程度和维护状况的重要指标。要研究和预测巷道的围岩变形规律、特征和变形量，以便合理选择巷道的支护形式和参数，最大限度地利用围岩自身强度，避免目前松软岩层巷道中经常遇到的支护多次破坏和频繁翻修的问题，这对改善松软岩层巷道的维护具有重要意义。

松软岩层的力学性质对围岩稳定性有重要影响。根据许多井下观测，可归纳出松软岩层巷道的围岩变形有以下特征：

①围岩变形有明显的时间效应。

②围岩变形有明显的空间效应。

③松软岩层巷道不但顶板下沉量大，容易冒落，而且底板强烈鼓起，并常伴随有两帮剧烈位移。

④围岩变形对应力扰动和环境变化非常敏感。

⑤松软岩层巷道的自稳时间短。

在未经采动的松软岩层内开掘巷道时，如图 9-12 所示，巷道围岩变形量主要由以下三部分组成：

①开掘巷道引起的围岩变形量，它一般发生在巷道掘进初期；

②围岩流变引起的变形量，它在巷道整个服务期内都会发生；

③巷道受各类扰动而引起的变形量，包括巷道附近支架变形、损坏、翻修或开掘新的巷道，泥岩通水、巷道积水增加等引起的变形量。

因此，松软岩层巷道的围岩变形量可用下式表示：

$$u = u_0 + v_0 t_0 + \sum u_i \qquad (9\text{-}7)$$

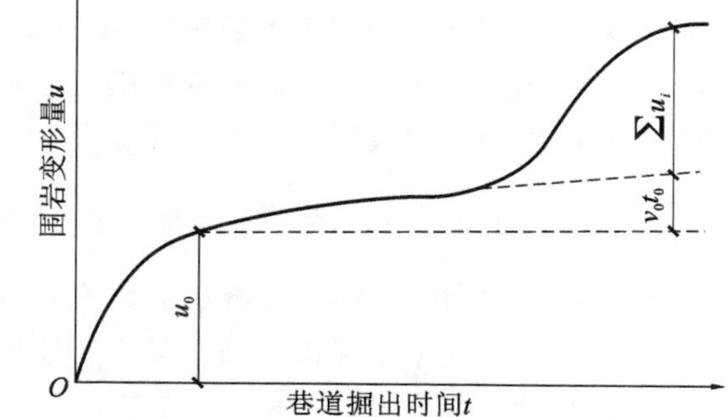

图 9-12 松软岩层巷道围岩变形量的组成

式中 u——巷道服务期间的围岩变形量，mm；

u_0——开掘巷道引起的围岩变形量，mm；

v_0——掘巷影响趋向稳定期间的围岩平均流变速度，mm/d；

t_0——巷道的服务时间，d；

$\sum u_i$——巷道受扰动期间的变形量，mm，其中 i 表示受扰动次数。

9.4.1.2 合理选择巷道位置

合理选择巷道位置是保证巷道处于稳定状态最关键的手段之一。选择巷道位置时，应着重考虑岩石性质和支承压力的影响两方面。

(1)岩石性质

应尽量将巷道布置在遇水膨胀量小、质地均匀、较坚硬的岩石内。在同一条巷道内，即使围岩性质只有微小的差异，巷道压力的显现也有明显差别。

(2)支承压力的影响

实践证明，回采动压是造成矿岩底板岩石大巷破坏的主要原因。矿层开采后，其底板岩石大巷所受的压力就明显增加。底板岩石大巷与矿体距离的大小和落矿方式有关。用风镐落岩时，底板

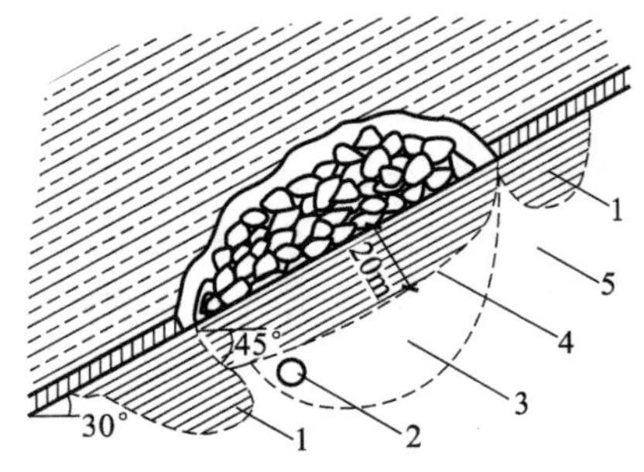

图 9-13 底板岩石巷道的合理位置

1—固定支承压力影响区；2—底板岩石巷道；3—应力降低区；4—移动支承压力有害影响区；5—原岩应力区

岩石大巷距岩层 20～30m 时基本上不受动压的影响；而采用爆破落岩时，底板岩石大巷距岩层 40m 以上仍然会遭到破坏。

除了避免支承压力的影响外，还必须避开采场上下固定支承压力的影响范围，底板岩石巷道以布置在应力降低区或原岩应力区内为最好。如前屯煤矿是将底板岩石巷道布置在与煤层垂距为 20～30m，与采场上端煤柱上角水平线成 45°角的范围内，这时受到的压力较小，如图 9-13 所示。

9.4.1.3 巷道断面形状的选择

松软岩层的地质情况非常复杂，巷道支护不是单纯承受岩层的重力作用，有时周围还会受到很大的膨胀压力，有的巷道的侧压甚至比顶压大几倍。若采用常规的直墙半圆拱或三心拱形断面，则显然不合适，往往会造成巷道的破坏和失稳。因此，合理选择断面形状对维护松软岩层巷道的稳定尤为重要。

巷道断面形状主要应根据地压的大小和方向来选择。若地压较小，选用直墙半圆拱形断面是合理的；若巷道周围均受到很大的压力，则宜选择圆形断面；若垂直方向压力特别大而水平方向压力较小，则选用直立椭圆形断面或近似椭圆形断面是合理的；若水平方向压力特别大而垂直方向压力较小，则应选用曲墙或矮墙半圆拱带底拱、高跨比小于 1 的断面或平卧椭圆形断面。

9.4.1.4 破岩方式的选择

在松软岩层中掘进巷道，选择破岩方式时，最好以不破坏或少破坏巷道围岩为原则。若采用钻眼爆破方法破岩，应采用光面爆破。淮南矿业集团潘一矿在松软岩层中采用光面爆破，用超声波测定围岩松动范围，两帮大约为 1.0m 左右，而拱顶则为 1.3～1.5m，说明其对围岩有一定的破坏作用。龙口北皂煤矿发现在松软岩层中光面爆破效果不好，采用只爆掏槽眼和辅助眼，而后用风镐或手镐刷大，对围岩稳定有利。沈北前屯矿基本上废除了钻眼爆破，全部采用风镐掘进。舒兰丰广五井用煤巷掘进机破岩时巷道几乎没有变形。

9.4.1.5 支护方式和支护结构的选择

在松软岩层中，巷道掘出后若不及时控制，则围岩变形发展很快，围岩深处甚至还会有不同程度的位移，继而可能出现围岩破碎、流变以致塌落。如果架设一般的梯形支架，则可能会出现断梁、折腿等现象；即使采用拱形料石或混凝土整体支护，也常因巨大的不均匀地压作用而导致巷道失稳和破坏。为了解决松软岩层巷道的支护问题，我国许多生产和科研部门正在加强这方面的研究工作，并已取得初步成果——对于这种特殊的不良地层，其支护结构应有“先柔后刚”的特性，一般需要进行二次支护。

松软岩层的地压显现属于变形地压，初始支护应按照围岩与支架共同作用的原理，选用刚度适宜的、具有一定柔性或可缩性的支架。它既允许围岩产生一定量的变形，以发挥围岩的自承能力，又能限制围岩产生大的变形。锚喷支护是具有上述特性的支护形式，因而是一种比较理想的初始支护结构。此外，U 形金属可缩性支架也基本符合上述要求，可用作初始支护。

二次支护的作用在于进一步提高巷道的稳定性和安全性，应采用刚度较大的支护结构。若采用锚喷支护作为初始支护，则二次支护仍可采用锚喷支护，也可采用砌碹支护。对于重要工程或地压特大的地段，在喷射混凝土中应增加钢筋网和金属骨架，即构成锚喷网金属骨架联合支护结构。锚喷支护总厚度以 150～200mm 为宜。锚杆长度一般根据开巷后的塑性区范围确定。在松软岩层巷道中，塑性区范围一般为 2～3m，有时可能会超过 3～5m，此时采用长短结合锚杆较好——长锚杆长度大于 1.8m，短锚杆长度在 1m 左右。长锚杆可以抑制塑性区的发展，而短锚杆可以加固松动圈的围岩，使其构成稳定的承载环。在锚杆长距比相同的情况下，采用短而密的锚杆比采用长而疏的锚杆效果好。

采用料石或混凝土块砌碹支护作为二次支护时，长条形料石和混凝土块在碹体中的受力情况不好，在不均匀地压作用下，多数会因点接触形成应力集中而使碹体局部遭到破坏。为了克服这一缺点，应选用异形料石或异形混凝土块作为砌体材料，它在金川、舒兰、沈北等矿区都有成功实例。图 9-14所示为舒兰煤矿设计采用的异形混凝土块碹，图 9-15 所示为前屯煤矿使用的异形料石圆碹。

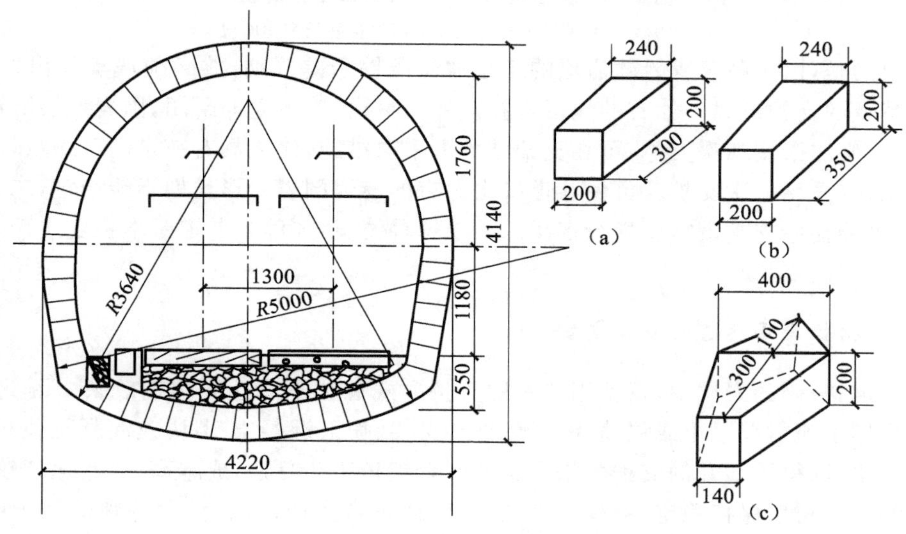

图 9-14　异形混凝土块碹

(a)拱顶、墙料石；(b)底拱料石；(c)底角处料石

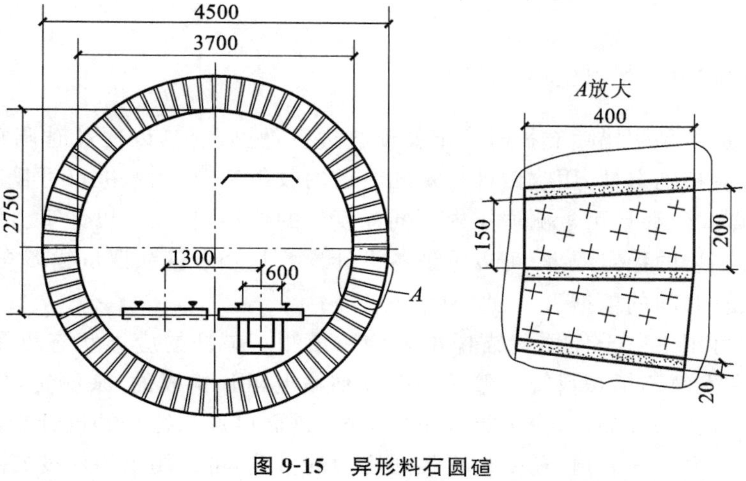

图 9-15　异形料石圆碹

二次支护应在围岩压力得到释放，初始支护与围岩组成的支护系统基本稳定之后进行。围岩变形趋于稳定的时间不仅取决于岩层的物理、力学性质，还与初始支护时的支架刚度密切相关。围岩变形范围往往很大。为了保证二次支护的效果，最好进行围岩位移速度和位移量的量测，并绘出

相应的变化曲线，如图 9-16 所示。图 9-16 中，取位移速度和位移量峰值下降后对应的时间 t_0 作为二次支护时间比较稳妥、可靠。

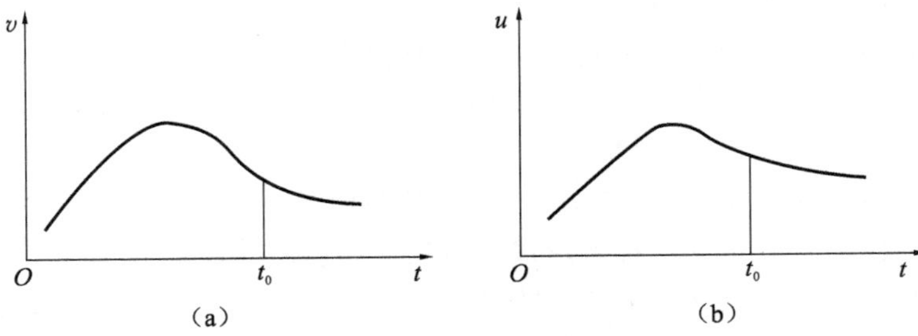

图 9-16 围岩位移速度和位移量变化曲线

(a)围岩位移速度变化曲线；(b)围岩位移量变化曲线

应该指出的是，由于各工程松软岩层的工程地质条件千差万别，故必须从实际出发，选用适合本矿区岩层特点的支护形式。如有的地层岩石流变很突出，若不立即封闭，围岩就会流动。在类似这种情况下，不必非采用二次支护，可在支架结构上采取措施，使之具有一定的可缩量，以便有效地抵御形变地压，仅采用一次支护就可使巷道稳定。有的巷道围岩变形长期不能稳定，二次支护时间不易控制，有可能初始支护就需要进行多次。对于这种情况，要等到巷道基本稳定之后才能进行最后一次支护(即二次支护)。

9.4.1.6 松软岩层巷道的联合支护

在非常松软、破碎的岩层中，仅使用单一的支护方式往往不能达到预期效果。因此，近年来我国有些地区采用了喷射混凝土或锚喷-可缩性金属支架、喷射混凝土-砌块或混凝土弧板-回填注浆等联合支护方法，取得了很好的支护效果。虽然联合支护工艺复杂，成本高，成巷速度较慢，但使用这类支护的巷道能长期保持稳定，减少翻修次数，保证正常生产。因此，它特别适用于围岩条件差的重要地段，如马头门、井底车场的重要洞室、主要运输和通风大巷等。

松软岩层巷道的主要联合支护方式有锚喷和 U 型钢联合支护、锚喷和砌碹联合支护、锚喷和弧板联合支护等。

9.4.1.7 重视围岩的量测监控

在松软岩层巷道中采用锚喷支护时一定要配合进行量测监控，以便及时调整支护参数。对巷道围岩的收敛变形应特别重视，用收敛计可量测巷道的收敛变形；用水准仪可量侧顶板的下沉量和底鼓量；用各种多点式位移计可量测岩层内不同深度处的位移，从而可以计算出位移速度。这些量测数据有助于评价围岩的稳定程度，可以论证各设计参数是否合理和评价锚喷支护效果，也是修改设计和确定二次支护时间的依据。

锚杆的锚固力可用中空千斤顶式锚杆拉力计来量测。锚杆的应力状态可用专门设计的空心“锚杆”(其构造是在聚氯乙烯塑料管内壁用 101 胶粘贴电阻片构成的)来测定，以检验锚杆不同深度处的受力状态，从而推知围岩内应力重分布的情况，进而可调整锚杆的设计参数。

对于重要工程的大断面巷道，还要进行接触应力的量测，可采用电阻应变砖和钢弦压力盒等测试元件。根据量测结果，可以了解喷层的受力状态，有助于设计喷射混凝土的厚度。

对于地应力特大的区域，还应量测构造应力场。这对合理布置巷道，减轻地应力对巷道支护的破坏具有重要意义。理论和实践证明，巷道沿最大主应力的作用方向布置比较有利。如果巷道走向垂直于最大主应力的作用方向，则巷道围岩的受力变形现象比较严重，易使巷道稳定状态恶化，导致失稳破坏。

9.4.2 巷道维护与维修

为了保持巷道和洞室的稳定性，维持其服务功能，巷道掘进后经过一段时间的使用，一般要进行维护和维修。在实际生产中，巷道维护和维修是一项十分重要的工作，特别是对于有动压力影响，处于复杂构造带、松软岩层等特殊条件下的井巷工程，巷道维护与维修尤为重要。

9.4.2.1 巷道变形破坏分析

巷道开挖以后破坏了原岩应力状态，引起巷道周边围岩应力的重分布，并在巷道周边形成应力集中，围岩将向巷道内移动。岩巷多出现顶板下沉，底板鼓起，两帮内移，甚至会出现片帮和冒顶。

巷道变形破坏的原因除应力改变这一基本原因外，还有诸多原因。其变形破坏机理是十分复杂的。大量的实践研究证明，引起巷道变形破坏的重要因素有以下几个方面：

(1)开拓布局

开拓布局直接影响巷道的稳定性，主要表现在两个方面。一是巷道位置的选择。巷道围岩性质是影响巷道稳定性的重要因素。确定巷道位置的一个原则就是将主要岩巷布置在工程底板的坚硬岩层中。二是岩柱留设尺寸大小和巷道的密度。若在应力集中区的影响范围内掘进巷道，会出现应力集中的相互影响，即产生应力叠加现象。在高应力状态下，应力值超过围岩自身强度时，岩体会发生失稳破坏，使巷道产生有害变形。在持续高应力作用下，围岩强度降低，产生塑性变形甚至流变，使原有的支护失效。

(2)采动影响

煤层开采破坏了周围原始的应力分布状态，引起上覆岩层发生离层、冒落，顶部压力重分布，并在周边岩柱上形成支承压力集中；同时，其底板随开采失去约束而卸载，底部围岩整体向采空区产生位移。因此，采矿活动致使采场四周围岩应力发生很大改变，在其影响范围内的所有井巷工程均将受这一应力变化的影响而发生变形以致破坏。可以说，采动影响是岩巷发生变形破坏的最重要原因。

(3)深部地压

随着开采深度的增加，以自重应力为主的地应力随之增加。当自重应力增加到接近围岩强度时，会引起围岩的变形破坏。

(4)地质构造

岩层是经历了长期地质构造作用的地质体，本身以弹性变形的形式储存了变形能。一方面，一旦在岩层中掘进巷道而挖空，这些能量将以变形的形式向相邻的开挖区释放，表现为巷道内移。另一方面，岩层在巷道形成时应力状态从三维向二维转变，在构造应力作用下极易产生非线性变形。这种变形往往会导致巷道支护破坏。

9.4.2.2 巷道维护原理

巷道稳定取决于围岩特性和工程开挖两方面，稳定包括围岩材料稳定和空间结构稳定两方面。巷道失稳主要是空间结构失稳，围岩材料失稳最终会表现为空间结构失稳，因此用变形来判断稳定性是最基本的手段。

长期以来，人们常把保持巷道稳定的问题看成一种单纯的支护结构问题，把支架上的压力作为静荷载，并认为巷道稳定与支架类型、结构无关，也和巷道掘进方式、工艺过程无关。在这种思想指导下的维护没有发挥和利用围岩的自承能力。

巷道维护原理是:支护体系、支护结构和参数及工艺过程应适应围岩变形后的力学状态,确保支护特性和围岩变形力学特征相适应,以最大限度地发挥围岩自承能力和支护体系支撑能力,控制围岩变形。其具体有以下几点:

①加固浅层围岩。

②充分利用和发挥深部围岩的承载能力。

③综合治理,联合支护,长期监控。

9.4.2.3 巷道维护与修复技术

常用的巷道修复支护技术为:临时支护、棚式支护(木棚、工字钢或 U 型钢棚)、料石或混凝土砌碹支护、锚网支护(锚网喷、锚梁网喷)、锚注加固、锚网和锚索联合支护。支护可分为主动支护和被动支护两类。

避免巷道破坏最基本的方法是对巷道围岩进行加固支护。巷道加固支护适用于巷道未发生本质破坏的情况。它是指巷道或洞室变形量不大,其基本功能尚未丧失,未严重影响工程安全生产的情况。根据巷道与工作面的采动时空关系,加固可分为采前预加固和开采后加固两种。

巷道维护是不改变巷道基本尺寸和外形,仅对巷道进行加固支护;巷道修复(或修复改造)是指对已经发生变形或破坏并减弱或丧失巷道功能的巷道进行改造。这种改造需要改变其原有尺寸或外形。岩巷的修复改造大致表现为扩巷(扩底、挑顶、刷帮)后的加固支护和处理冒顶加固支护。巷道维护主要是扩巷修复和对岩巷冒顶、片帮进行处理。

9.4.2.4 巷道底鼓的防治

受掘进或回采影响,巷道顶板、底板和两帮岩体会产生变形并向巷道内产生位移。巷道底板向上隆起的现象称为底鼓。目前,巷道顶板下沉和两帮岩体内移能控制在某种程度内,而防治底鼓仍缺乏经济有效的办法。在底板不支护的情况下,巷道顶、底板移近量中 2/3～3/4 是由底鼓造成的。强烈的巷道底鼓不仅会增加维修工作量,增加维护费用,还会影响矿井的生产安全。因此,研究巷道底鼓类型及其防治措施一直是松软岩层巷道支护的重要内容。

巷道所处的地质条件、底板围岩性质和应力状态的差异,使底板岩体鼓入巷道的方式及机理不同。底鼓一般可分为以下四类:挤压流动性底鼓、挠曲褶皱性底鼓、遇水膨胀性底鼓、剪切错动性底鼓等。

巷道底鼓对井巷工程的影响是十分严重的。目前我国治理底鼓的方法因机具的问题尚未得到很好的解决,因而仍采用传统的封闭加固技术,即加固法和卸压法。

采用加固法防治巷道底鼓的措施有底板锚杆加固法、底板注浆加固法、封闭式可缩金属支架加固法及混凝土反拱加固法等。卸压法是通过降低底板围岩或整个巷道围岩中的应力来防治底鼓,目前进行过研究的巷道卸压法主要有切缝卸压法、钻孔卸压法、松动爆破卸压法、卸压槽卸压法等。这些防治底鼓的方法各有特点和适用条件,应根据巷道的地质条件,底鼓的类型及有关影响因素因地制宜地进行合理选择。

(1)底板锚杆加固法

在底板上打锚杆有两个作用:其一是当底板为层状岩体时,可以把几个岩层连接在一起成为组合梁,这样既增强了岩层的抗挠曲能力,又增强了岩层之间的抗剪切能力;其二是当底板为破碎岩体时,使用摩擦式锚杆(如管缝式)可以对围岩施加预应力和摩擦力,提高岩体的承载能力和减小巷道底板的破碎程度。

当底板为层状岩层，在平行于层理方向的压应力作用下发生挠曲底鼓时，通过打底板锚杆可以取得良好的效果。但如果底鼓主要是由底板岩层破碎松软，在两帮岩柱的应力作用下发生挤压流动造成的，则打底板锚杆只是在安装锚杆后的初始阶段降低了底鼓速度，推迟了挖底时间，而不能从根本上防治底鼓。

综合目前我国使用底板锚杆防治巷道底鼓的经验教训，可得如下两点：

①底板锚杆控制底鼓的成败主要取决于底板岩层的性质：当底板为中硬层状岩体时易取得成功，当底板为破碎松软岩体时常失败。

②锚杆的长度应使锚杆能穿透全部可能鼓起的岩层，故短锚杆难以防治底鼓。相似材料模型试验和井下地压观测结果表明，底板岩层鼓起的深度一般为巷道宽度的75%。宽度为5m的巷道，必须使用长度为4m左右的锚杆，由于施工工艺十分复杂，因此很难实现。

(2)底板注浆加固法

通过注浆来加固破碎的底板岩层，提高其抗变形能力，可防止底鼓的发生。设底板岩体的原始强度为V_f，底板岩体破坏后的残余强度为R_f，则底板注浆后可能出现以下三种情况。

①注浆只取得部分效果，这时岩体的结合强度V_f'只稍超过残余强度R_f。当注浆压力过小，砂浆黏度太大，以及钻孔布置不当时，可能出现这种情况。

②破碎岩石通过注浆得以充分加固，岩体中很细的裂缝得到黏结，这时岩体的结合强度V_f'相当于原始强度V_f。

③如果底板岩体破裂成类似料石的砌体，通过注浆后形成一个完整的反拱，则岩体的结合强度V_f'高于原始强度V_f。

上述三种情况主要取决于注浆材料、注浆孔的布置、注浆压力和注浆时机。第一种情况不可能减小底鼓；第二种情况可能转变底鼓的类型，由挤压流动性底鼓或挠曲褶皱性底鼓转变为剪切错动性底鼓，从而使底鼓的剧烈程度明显降低；第三种情况则有可能完全防治底鼓，至少使底鼓量大为降低，是一种有前途的防治底鼓措施。

(3)封闭式可缩金属支架加固法

封闭式可缩金属支架的底梁可给底板岩层施加反力，改变底板附近岩层的应力状态，从而阻止底板岩层向巷道内位移。封闭式可缩金属支架加固法是我国煤矿中常用的一种防治底鼓的方法。

封闭式可缩金属支架底梁错位和承受集中荷载是造成底梁失效和损坏的主要原因。若将封闭式可缩金属支架底梁之间采用拉杆固定，铺设钢筋网并进行架后充填，使封闭式可缩金属支架与底梁均成为整体结构，则承载能力可提高3～5倍。这是发挥底梁效应的重要措施。

(4)混凝土反拱加固法

构筑混凝土反拱是永久性巷道的一种底板支护措施。具体来说，就是在巷道底板上先按预定深度和形状挖出坑槽，再浇筑混凝土使之成为反拱。它的优点是作用于底板上的支护阻力较高且较均匀。混凝土反拱通常配合砌碹支护使用。为了加强混凝土反拱的加固效果，也可与封闭式可缩金属支架加固法联合使用，使其获得较大抗底鼓的残余变形能力。

(5)切缝卸压法

底板切缝可造成底板中的最大水平挤压应力向围岩深部转移，使底板中可能因围岩挠曲褶皱性底鼓范围向岩体深部转移。据研究表明，底板切缝的深度应大于巷道宽度的一半，切缝的宽度需为20～30cm。在切缝中用充填材料填塞，既可以减小巷道两帮的会合量，又可防止水对底板岩层的软化作用。但应指出的是，切缝卸压法的使用范围是有限的，因为在中硬岩层中开挖切缝很困难；如果底板为破碎软弱岩体，则切缝会很快被破碎软弱岩体充满而继续发生底鼓。从原理上看，切缝卸压法主要适于防治挠曲褶皱性底鼓。

(6)钻孔卸压法

钻孔卸压法通过在底板中钻孔来降低底板围岩中的应力，从而提高底板的承载能力，防治巷道底鼓。其原理和适用条件均与切缝卸压法类似。

(7)松动爆破卸压法

在底板内进行松动爆破后，爆破孔底部周围出现许多人为的裂缝，使得底板里层的围岩与深部离散，在原来处于高应力状态的底板岩层内会出现卸压区，将应力转移到岩体深部，以减小巷道的底鼓。在底板内进行松动爆破后再安设加强支架，则减小底鼓的效果更佳。这种方法对应力高而围岩比较坚硬的巷道较为有效，否则爆破松动的岩层压实后会重新发生底鼓，卸压的有效时间为3～10个月。

(8)卸压槽卸压法

在矿井中有一些围岩比较松软、服务年限较长的主要洞室，采动影响期间洞室周围可能产生很高的应力集中而引起强烈位移和底鼓。如果在洞室顶部开一个几何尺寸比较合理的卸压槽，就有可能使洞室免受强烈位移和底鼓影响，而处于应力降低区内，从根本上降低了整个巷道围岩的应力状态，从而避免了底鼓的发生。

防治底鼓时需注意的另一个问题是对巷道底板水的治理。水对岩石的侵蚀作用易使巷道底板岩石潮解或泥化，因此在实际生产中必须设置巷道水沟，并确保水沟完好，以防止流水渗入底板岩层而引起底鼓。

综上所述，防治巷道底鼓的方法各有特点和适用条件，应根据巷道的地质条件、底鼓的类型及有关因素因地制宜地合理选择。

【知识归纳】

井巷工程是研究地层中井筒、巷道、洞室设计和施工基本理论、方法和技术的应用技术学科，地下采矿行业的井巷、公路隧道、铁路隧道、地铁站线、地下厂房和涵洞均属于井巷工程范畴。有效、安全、经济地破碎井巷断面内的岩体并维持围岩的稳定性，成为井巷工程研究的核心问题。

巷道断面设计是在满足安全生产和施工要求条件下，力求提高断面利用率，取得最佳的经济效果的设计原则下进行的，设计内容主要包括断面形状、断面尺寸、水沟设计、管缆布置等。我国岩石巷道掘进目前乃至今后相当长的时期内主要采用的是钻眼爆破方法破岩，而特殊条件下的巷道施工主要涉及松软岩层巷道施工、巷道维护与维修两个主要问题。

【独立思考】

9-1 岩巷断面的主要形状有哪些？

9-2 巷道断面尺寸设计主要包括哪几个部分？

9-3 简述岩巷施工的主要工序。

9-4 简述防治巷道底鼓的常用措施。

【参考文献】

[1] 东兆星，吴士良．井巷工程．徐州：中国矿业大学出版社，2004．

[2] 刘刚．井巷工程．徐州：中国矿业大学出版社，2005．

[3] 陈秋南．隧道工程．北京：机械工业出版社，2007．

[4] 朱合华．地下建筑结构．2版．北京：中国建筑工业出版社，2011．

10 地下工程结构信息化施工

课前导读

◸ 内容提要

本章的主要内容包括地下工程结构信息化施工的概念及必要性，现场位移监测、应力监测的常用方法和技术，以及施工信息反馈设计的内容、原则与要求，施工信息反馈设计中的相关处理措施等。本章的教学重点为施工现场监测技术，教学难点为施工信息反馈设计中的工程实践处理措施。

◸ 能力要求

通过本章的学习，学生应熟悉地下工程结构信息化施工的基本技术与常用方法，了解工程施工中施工信息反馈设计中的有关处理措施，并加以灵活运用。

10.1 概　　述

由于岩体具有一定的流变性，其力学效应对支护及衬砌的施作时机有相当大的影响，即支护结构的内力状态受施工过程的控制。而施工前预设计文件中的支护结构设计参数不能反映出地下工程结构物在施工各个阶段的力学状态及变化，难以解决复杂地质条件变化的动态性及设计计算方法的局限性等诸多问题。图10-1所示为地下工程结构支护施作不同阶段的围岩与支护体压力 P_i 随变形量 U 变化而变化的关系曲线。其中，A 所示支护结构架设太早，支护费用最高；B 所示支护结构刚度过大，不经济，架设也较早；C 所示支护结构架设过晚，既不经济，又不安全；D 所示支护结构理论上最优，但不能适应情况变化而有支护失败的潜在可能；E 所示支护结构刚度、强度合适，架设时机适宜，为最佳方案；F 所示支护结构性能及架设时机均适宜，为较好方案；G 及 H 所示支护结构因强度不足而支护失败；J 所示支护结构因刚度不足而支护失败，但是如果支护与衬砌适当提前施作则能支护成功。

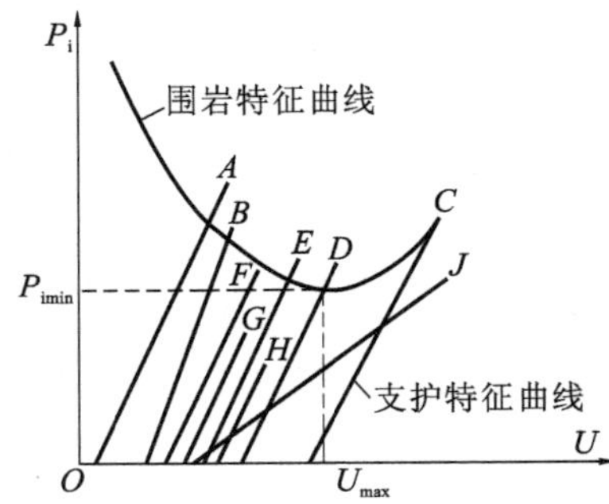

图10-1　支护施作时机示意图

施工前预设计具有诸多局限性，若仅凭施工前的预设计文件进行设计，则支护结构的安全性可能有如下几种结果：第一种是支护结构的安全储备过大，第二种是支护结构的安全储备适中，第三种是支护结构的安全储备不足。显然，第一种支护结构设计会造成浪费，第三种支护结构设计易造成危险，第二种支护结构设计较为合理。但要达到合理的设计，其概率只有1/3。因此，根据现场监控、量测信息，及时进行支护结构施作，并调整后期衬砌设计参数是非常必要的。

随着对地下工程结构受力特点及其复杂性认识的加深，自20世纪50年代以来，国际上就开始了通过对地下工程结构的现场量测来监视围岩的变化和检查支护的有效性，并应用现场量测结果修正设计和指导施工。近年来，现场量测与工程地质、力学分析紧密配合，正在逐渐形成一整套“施工→监测→设计→施工”的原理和方法，又称为信息化施工技术(informative construction)。所谓信息化施工技术，是在施工过程中布置监控测试系统，从现场围岩的开挖和支护过程中获取围岩稳定性及支护设施的工作状态信息，利用施工中获取的岩土工程信息反馈来指导、调整施工工作。在施工过程中可获得大量的岩土工程信息，这些信息可间接地描述围岩的稳定性和支护的作用，并反馈于施工决策和施工管理，修正和确定新开挖方案的支护参数。这个过程随掘进开挖和支护施作循环进行。因此，在大型建筑现代化施工中常安装各种监测系统，用以采集施工中岩土体的各种工程地质、水文地质信息，如地下水位、水质、岩土体的变形、土压力的变化等数据。信息化施工可较好地反映和适应地下工程结构动态变化规律，大大提高设计的合理性，保证施工安全。

10.2 现场施工监测技术

地下工程结构大多呈线状布置，有些超长隧道的轴线长度甚至达到数十千米。即使具备定量掌握各类复杂围岩性质的试验及调查方法，在设计、施工之前对全线进行精密调查从造价的角度考虑也极为困难。工程地质与水文地质调查与校核工作及各种监测工作要延续到施工阶段。在施工时除要做好现场工程地质、水文地质调查与校核工作外，还应与施工、监理及设计人员紧密配合，做好工程地质、水文地质的超前预报，必要时应进行水平钻探、声波测速以确定围岩松动圈，进行电磁波探测、地质雷达超前预报等工作。这表明在施工过程中加强地质观察及对围岩结构变形、受力状态的量测是必不可少的，并据此修正支护结构设计参数及相关施工方法。

监控设计的原理是通过现场量测获得围岩动态变化和支护状态的有关数据信息，量测内容主要为位移和应力。通过对这些数据信息的整理和分析，来判断围岩和支护结构体系的稳定性及工作状态，从而选择和修正支护结构设计参数，以指导施工。

10.2.1 位移监测

位移监测的内容主要有围岩周边的位移监测、拱顶下沉监测、地表沉降监测及围岩内部位移监测。为了测量围岩表面或围岩不同深度处的位移量，可采用单点位移计、多点位移计和滑动式位移计等；地表和拱顶下沉量可采用精密水准仪测量。钻孔内只安装一个测点位移计的为单点位移计，安装两个及两个以上测点位移计的统称为多点位移计。

10.2.1.1 单点位移计

单点位移计实际上是由端部固定于钻孔底部的一根锚杆加上孔口测读装置构成的。位移计安装在钻孔中：锚杆体可用直径为 22mm 的钢筋制作；锚固端用楔子与钻孔壁楔紧；自由端装有测头，可自由伸缩，测头平整光滑。定位器固定于钻孔孔口的外壳上，测量时将测环插入定位器中。测环和定位器上都有刻痕，插入测量时将两者的刻痕对准。测环上安装有百分表、千分表或深度测微计以测取读数。测头、定位器和测环用不锈钢制作。

由单点位移计测得的位移量是洞壁与锚杆固定点之间的相对位移量。若钻孔足够深，则孔底可视为位移很小的不动点，此时可视测量值为绝对位移量。不动点的深度与围岩工程地质条件，断面尺寸，开挖方法和支护时间等因素有关。在同一测点处，若设置不同深度的位移计，则可测得不同深度处的岩层相对于洞壁的位移量，据此可画出距洞壁不同深度处的位移量变化曲线。单点位移计通常与多点位移计配合使用。单点位移计结构简单，制作容易，测量精度高，钻孔直径小，受外界因素影响小，容易保护，因而可紧跟爆破开挖面安设，目前应用较多。

10.2.1.2 多点位移计

多点位移计种类很多，根据埋设情况可分为埋设式和移动式两种，埋设式又分为弦式和杆式两种；根据位移测试仪表种类又可分为机械式和电测式两类，其中机械式一般采用深度测微计、千分表或百分表，电测式常采用的位移传感器有电阻式、电感式、差动式和钢弦式等多种。

埋设式多点位移计安装在钻孔内后就不再取出。由于埋设式多点位移计耗资多，测点数量有限，因此又出现了移动式多点位移计。移动式多点位移计克服了埋设式多点位移计的一些缺点。电测式多点位移计的测量部分可采用滑线电阻式、电阻应变式、电感式等。电测式多点位移计与机械式多点位移计相比，具有测量精度高，容易实现遥测的特点，但价格较高，易受外界环境干扰。机械式多点位移计价格便宜，读数稳定，不足之处是测量精度较低，不易遥感等。

下面对常见的几种具有代表性的多点位移计加以介绍。

(1)BM-1 型多点位移计

BM-1 型多点位移计由锚固头、不锈钢带和孔口装置三部分组成，结构如图 10-2 所示。锚固头安装在钻孔内以后，用钢丝爪紧紧抓住孔壁，同时压缩木在吸收一定水分后膨胀(压缩木一般用膨胀性强且韧性好的水曲柳等木材经烘干轧制而成)，对孔壁施加较大压力，使锚固头与孔壁结合在一起且不发生滑动。与锚固头相连接的不锈钢带直通孔口，与孔口装置相连。测量时在垂物作用下不锈钢带承受固定的拉力，测点与孔口之间的变形量在孔口装置[图 10-2(b)]上通过游标卡尺读出。

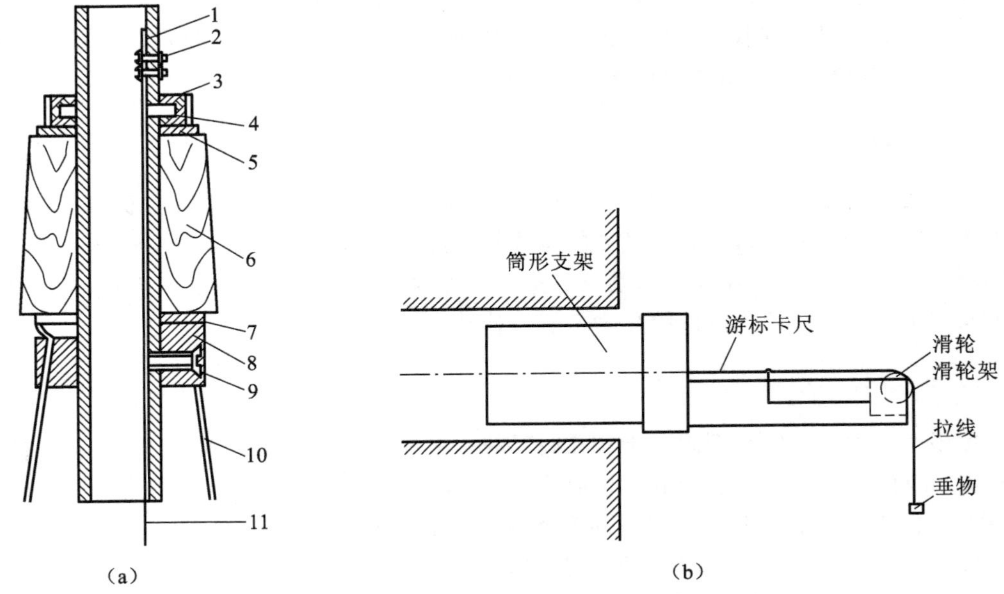

图 10-2　BM-1 型多点位移计

(a)锚固头；(b)孔口装置

1—内管；2,4—螺钉；3—固定垫；5,7—垫片；6—压缩木；8—弹簧钢丝联结体；9—固定螺钉；10—弹簧钢丝；11—游标卡尺

这种位移计的特点是结构简单，性能稳定，价格便宜，最适用于变形量较大的情况。

实际应用中，如图 10-3 所示，用钢片固定测点也能达到同样的效果。图 10-4 所示为另一种新型孔口装置。

图 10-3　机械式多点位移计

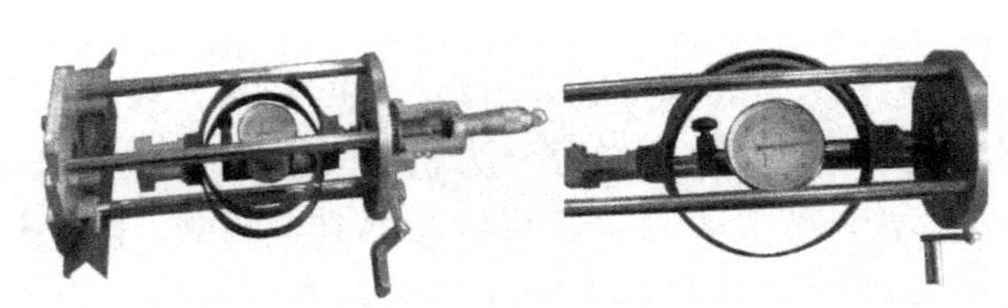

图 10-4　孔口装置

(2)电感频率式多点位移计

对于电感频率式多点位移计，在钻孔中锚固铜环通过其上的弹簧片固定在钻孔壁上，频率测头安放在与锚固铜环相应的位置上，位移传递杆的顶部固定在孔底的锚固头上，位移传递杆将各频率测头连接在一起。钻孔在发生变形时带动锚固铜环移动，通过频率测头用外部仪器测出频率。频率测头的测量原理建立在电感线圈电学参数的变化量与位移之间的关系上，即当测头中的线圈在锚固铜环中的位置改变时，会造成线圈电感量的变化，因而振荡回路的频率随之改变。

这种位移计密封、防潮性好，结构紧凑，现场安装方便，测量精度高。

(3)传液式多点位移计

传液式多点位移计在本质上是连通管，它由固定锚头、位移传递杆、盛液管、传液管及读数管等部分组成。盛液管中的液面移动量 u 与读数管中的液面变化量 w 之间存在下述定量关系：

$$\frac{w}{u}=\frac{D^2}{d^2} \tag{10-1}$$

式中　D——盛液管直径；

　　d——读数管直径。

这种多点位移计测量精度较高，量程较大，可达数厘米。现场使用时，需注意其量程范围及对孔口位置加以适当保护。

(4)滑动测微多点位移计

滑动测微多点位移计是一种移动式多点位移计，测点在孔内固定，多点位移计在孔内滑动测量。在钻孔内每隔 1m 埋设一个由铜合金制成的锥形测点，两个测点之间的距离用铟钢制成的探头测量。探头内装有电感位移计，接收仪器直接显示位移值。

10.2.1.3　位移收敛计

隧洞周边或结构物内部净空尺寸的变化称为收敛位移。收敛位移测量所需进行的工作比较简单，以收敛位移测量值作为判断围岩稳定性的方法比较直观和明确，所以常用于隧洞现场量测。

位移收敛计是用于测量围岩表面位移的工具。围岩表面位移与地应力、开挖方式、巷道形状及尺寸、支护方法、施工质量、附近其他工程的影响等诸多因素有关。其产生、发展是一个非常复杂的过程，是对各种相关因素的综合反映，所以通常用围岩变形所提供的信息来评价围岩稳定性，检查支护方式，指导施工，为安全生产提供参考数据。

位移收敛计的种类很多，但使用最普遍的是机械式仪表。这种仪表稳定性好，结构简单，价格便宜。

(1)结构原理

这里以 QJ-81 型球铰式位移收敛计为例进行说明。如图 10-5 所示，QJ-81 型球铰式位移收敛计的主要组成部分包括由触头和百分表组成的收敛测读装置、张紧力测量装置、带销孔的钢尺及固定测点。测量时，将挂钩分别挂在欲测测点的预埋件上，根据测点距离的不同，通过销孔调整钢尺长度，然后拉紧钢尺。施力的大小可从弹簧秤上读出，这样可以消除每次测量时由拉力不同造成的误差(在某一测量阶段内，各次测量时的拉力应相等)。从钢尺和百分表上读出的数值与上次读数的差值即为这段时期两测点间的收敛量。仪器上装有球铰，可测量水平、垂直和斜向收敛量，测量时不受断面形状及位置的限制。

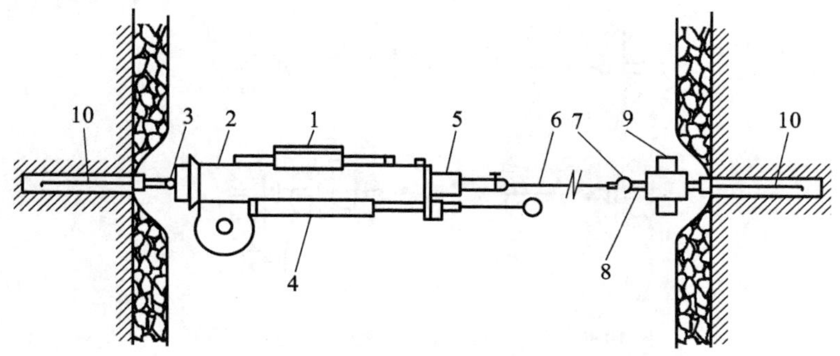

图 10-5　QJ-81 型球铰式位移收敛计的结构及安装方法示意图

1—百分表；2—表支架；3—球铰；4—弹簧；5—滑管；6—钢尺；7—挂钩；8—连接环；9—连接销；10—预埋件

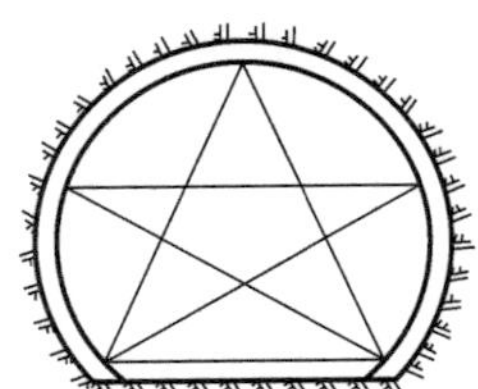
图 10-6 收敛量测量时的测点布置

收敛量测量时，各测点的布置通常如图 10-6 所示。这种布置可测出巷道各主要部分的位移值，当然也可以根据具体情况作出另外的布置。

(2)常用的位移收敛计种类及其使用

位移收敛计的种类较多，但其基本原理和使用方法均与 QJ-81 型球铰式位移收敛计有许多相似之处。比较有代表性的有 Distormeter 变形计、IRAD GAGE 位移收敛计和钢丝扭矩平衡式位移收敛计。其中，前两种位移收敛计的基本结构与 QJ-81 型球铰式位移收敛计类似，后一种位移收敛计的显著特点是铟钢丝的固定张紧力由仪器上的力矩马达来提供。当铟钢丝的张紧力达到预定值时，马达自动停止工作。这时通过仪器窗口可读出测量值，自动化程度和测量精度都较高。

几种常见的收敛计如图 10-7 所示。

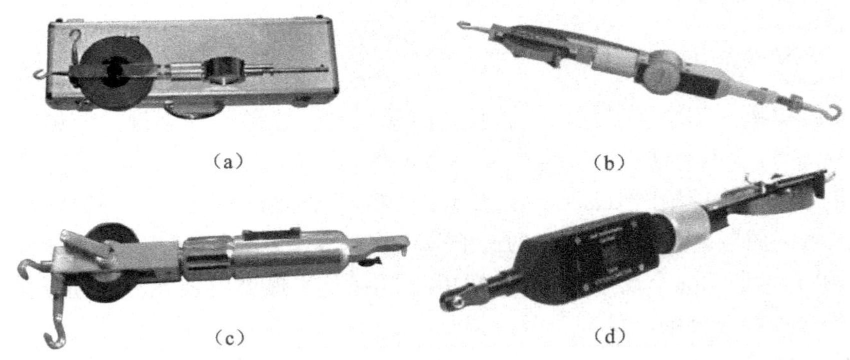

图 10-7 几种常见的卷尺式中位移收敛计

(a)XB-200 型钢卷尺式位移收敛计；(b)SL-2 型钢卷尺式位移收敛计；

(c)E10-43-4.31 数字式钢卷尺式位移收敛计；(d)JSS30A 数显式巷道位移收敛计

图 10-8 所示为几种位移收敛计的类型及布置示意图。其中，图 10-8(a)所示为穿孔钢卷尺式位移收敛计，测量的粗读元件是钢卷尺，细读元件是百分表或测微计，钢卷尺的固定拉力可由重锤实现，或用弹簧、测力环配合百分表实现。由于百分表的量程有限，故宜在钢卷尺上每隔数厘米打一小孔，以便根据收敛量的变化情况调整粗读数。图 10-8(b)所示为铂钢丝弹簧式位移收敛计，收

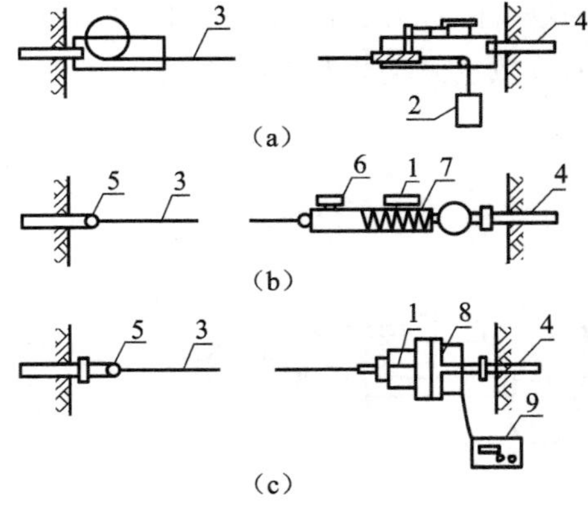

图 10-8 位移收敛计的类型及布置示意图

1—测读表；2—重锤；3—钢卷尺；4—固定端；5—连接装置；

6—张拉表；7—张拉弹簧；8—微型电动机；9—控制器

敛量由测读表读取,固定拉力由弹簧提供,并由测力百分表显示张拉程度。采用铂钢丝制作位移收敛计,可提高位移收敛计的温度稳定性,从而提高测量精度。图 10-8(c)所示为钢丝扭矩平衡式位移收敛计,收敛量由测读表读取,固定拉力由内置微型电动机提供,电动机由控制器操纵,达到一定扭矩后自动停止。收敛测试的固定端一般采用短锚杆,并应设置保护装置。

位移收敛计使用前的准备工作:

①测量断面选择。根据设计要求选择测点位置。

②测头制作。测头可用 ϕ14mm 的长杆膨胀螺栓或 ϕ16～ϕ22mm 的螺纹钢筋,取 20～30cm 为宜。在顶端加工一个 M6、深为 25mm 左右的螺孔,把用不锈钢制作的挂钩拧上即可。

③测头埋设。在岩壁或混凝土测点位置用冲击钻打一个直径稍大于膨胀螺栓直径的孔,然后将膨胀螺栓拧紧。在岩石破碎较严重的地方,可用冲击钻打一个较深、较大的孔,然后用快干水泥砂浆将测头埋入,待砂浆凝固即可。

位移收敛计的使用方法:

①将位移收敛计百分表指针预调在读数为 25～30mm 位置。

②将位移收敛计钢尺挂钩分别挂在两个测点上,然后收紧钢尺,将销钉插入钢尺上适当的小孔内,并用挂钩将钢尺固定。

③转动调节螺母,使钢尺收紧到观测窗口的读数线与面板上的刻度线成一直线。读取钢尺及百分表上的数值,两者相加即可得到测点距离。

④每次测量完毕后,先松开调节螺母,然后退出挂钩将钢尺取出,擦净收好,并定期涂上防锈油脂。

除上述几种测量方法外,对于跨度小、位移量较大的隧洞,可用测杆测量收敛量。测杆可由数节组成,杆端一般装设百分表或游标卡尺,以提高测量精度。对于拱顶的绝对下沉量,可用精密水准仪测量;对于跨度和位移都比较大的洞室,也可用精密经纬仪观测。

10.2.2 应力监测

矿山施工中有关力的测量内容包括围岩、支护结构、锚杆、钢筋等受力情况的测量,常采用应力计或压力盒测量。本小节主要结合现场应用情况介绍液压枕应力计、压力计及钢筋测力计。

10.2.2.1 *液压枕应力计*

(1)简介与使用方法

液压枕应力计又称为油枕应力计、压力枕,主要由枕壳、注油三通、紫铜管和压力表组成,如图 10-9 所示。液压枕应力计可埋设在混凝土结构内、岩体内或结构与围岩的接触处,用于长期测量结构、围岩或它们接触面处的应力。为了在安设时排净系统内的空气,其设有球式排气阀。液压枕应力计需在室内组装,经高压密封性试验合格后才能埋设使用。

液压枕应力计在埋设前用液压泵往枕壳内充油,排尽系统中的空气,之后埋入测试点,待周围包裹的砂浆强度达到凝固强度后即可打油施加初始压力。将 24h 后的稳定读数定为该液压枕应力计的初承力,以后其值将随地层附加应力的变化而变化。定期观察和记录应力计上的数值,直至其恒定不变,从而可得到围岩压力或混凝土中应力变化的规律。为了携带方便和便于作业,可将液压泵放置在可携带的箱体内,如图 10-10 所示。

图 10-9　液压枕应力计

图 10-10　液压泵

在混凝土结构及混凝土与围岩的接触面上埋设液压枕应力计时，只需在浇筑混凝土前将其位置固定，待混凝土浇筑后即可应用。在钻孔内埋设液压枕应力计时，需先在试验位置处垂直于岩面打出一个至预定测试深度的钻孔，孔径一般为 $\phi43\sim\phi45$mm。埋设前，用高压风、水将孔内岩粉冲洗干净，然后把液压枕应力计放入，并用深度标尺校正其位置，最后用速凝砂浆充填密实。一个钻孔中可以放多个液压枕应力计，按需要可分别布置在孔底、中间和孔口。液压枕应力计常要紧跟工作面埋设，对外露的压力表应加罩保护，以防爆破或受其他人为因素影响而损坏。

液压枕应力计有测试直观可靠，结构简单，防潮防震，不受干扰，稳定性好，读数方便，成本低，不需要电源，能在有瓦斯的隧洞工程中使用等优点，是现场测量的常用手段。

(2)工程应用实例

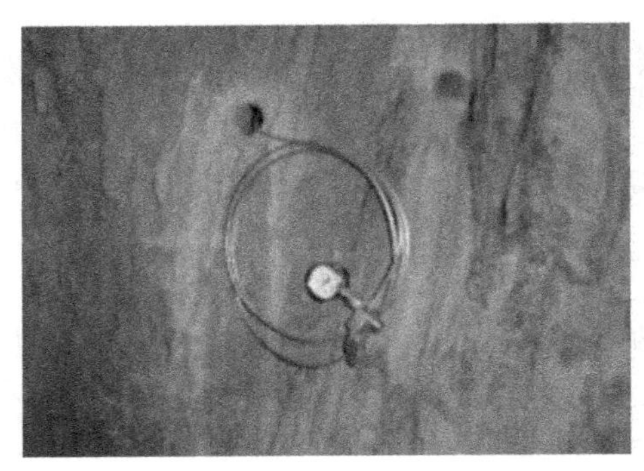

图 10-11　液压枕应力计现场埋设图

某矿－195m 中段 10-2 采场 6～9 号保护墩中布设了液压枕应力计，如图 10-11 所示。

在加载条件下，外力所做的功等于弹性体储存的弹性势能。当加载在弹性体上的应力很大时，若要保证能量守恒，则弹性体必然伴随着较大的变形。根据表 10-1 所示液压枕应力计监测结果看，保护墩的压力在逐渐减小，有的甚至已减小为 0。这就是说，这个时候保护墩的变形已经很大，有的液压枕应力计与围岩已经不接触了，由此说明对于存在大量片理千枚岩的围岩而言，围岩以变形破坏为主，应力破坏是次要的。

表 10-1　**压力枕应力计监测结果**

时间	保护墩编号			
	9 号	8 号	7 号	6 号
2006.12.16	5.5MPa	5.5MPa	5.2MPa	5.2MPa
2006.12.17	5.0MPa	4.8MPa	5.0MPa	4.9MPa
2006.12.18	5.0MPa	4.2MPa	5.0MPa	5.0MPa
2006.12.20	4.9MPa	3.8MPa	4.8MPa	5.0MPa
2007.01.25	4.7MPa	2.2MPa	0	4.7MPa
2007.02.06	4.7MPa	2.2MPa	0	4.7MPa
2007.03.01	4.8MPa	1.8MPa	0	4.7MPa
2007.03.27	4.7MPa	1.4MPa	0	5.0MPa

10.2.2.2 压力计

(1)仪器结构原理

下面以 KSE-Ⅱ-2 型压力计为例进行说明。KSE-Ⅱ-2 型压力计如图 10-12 所示,由传力板、压力枕、导压管、压力-频率转换器和电缆等组成。

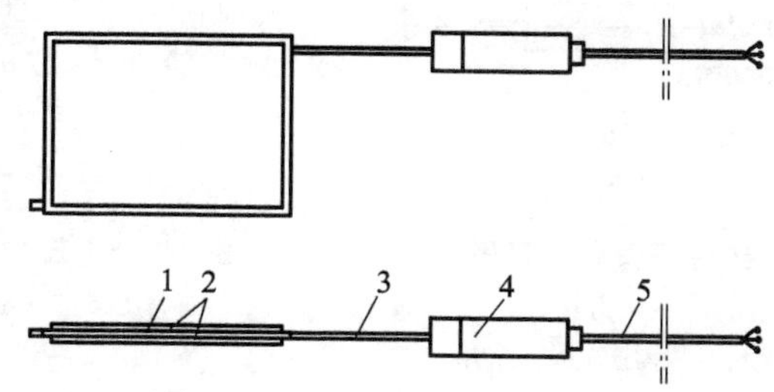

图 10-12 压力传感器的结构示意图

1—压力枕;2—上、下传力板;3—导压管;4—压力-频率转换器;5—电缆

支柱或支架的集中荷载通过压力枕两面的刚性传力板传递给压力枕,被转换为压力枕的液体压力,经压力-频率转换器转换为钢弦振动频率信号。该频率信号由数字显示仪处理并显示出被测集中荷载值。

数字显示仪由机箱及机箱内的直流电源、电路板、LCD 显示器、键盘等组成,如图 10-13 所示。

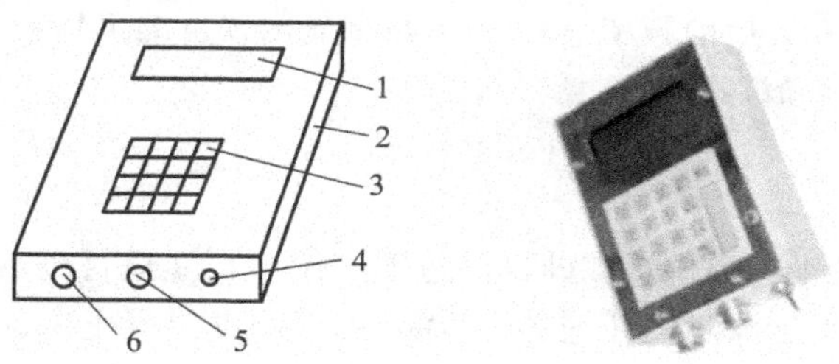

图 10-13 数字显示仪结构示意图

1—LCD 显示器;2—机箱;3—键盘;4—电源开关;5—测量插孔;6—充电插孔

(2)安装前的准备工作

①检查压力传感器和数字显示仪的工作是否正常。

将测量电缆的插头插入数字显示仪的测量插孔内,另一端的屏蔽线与压力传感器的电缆屏蔽线(公共端)相连接,其余二芯线分别对应相连(安装后测量时,也采用同样方法连接)。把数字显示仪的电源开关置于"开"的位置,数字显示仪应清晰、稳定地显示出压力-频率转换器钢弦振动的频率值(允许有 1Hz 的量化误差),且能听到钢弦振动的声音。若数字显示仪显示的频率值不稳定(数值变化大),也听不到钢弦振动的声音,则其工作不正常。

换接另几台压力传感器,若工作正常,则可判断前一台压力传感器有故障,不要安装。若换接另几台压力传感器仍不正常,则数字显示仪可能存在故障。

②测量并记录每台待安装压力传感器的初始频率值时,压力传感器与数字显示仪的连接方法同上。待数字显示仪显示的数字稳定后,记录该初始频率值(无荷载时的频率值)。

(3)仪器安装

①在支柱下的安装。用压力传感器测量垂直于压力枕平面方向的力,安装示意图如图 10-14 所示。要求安装压力枕的基座和支柱下端面尽量平整,避免大的偏载影响测量的准确性。

②在支架上的安装，安装示意图如图 10-15 所示。

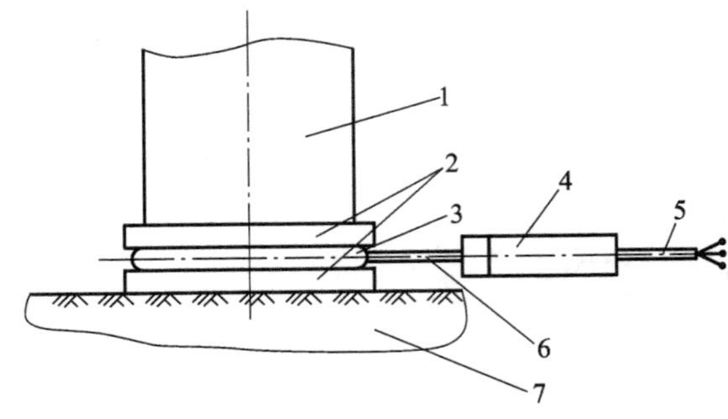

图 10-14 压力传感器在支柱下安装示意图

1—支柱；2—上、下传力板；3—压力枕；
4—压力-频率转换器；5—电缆；6—导压管；7—基座

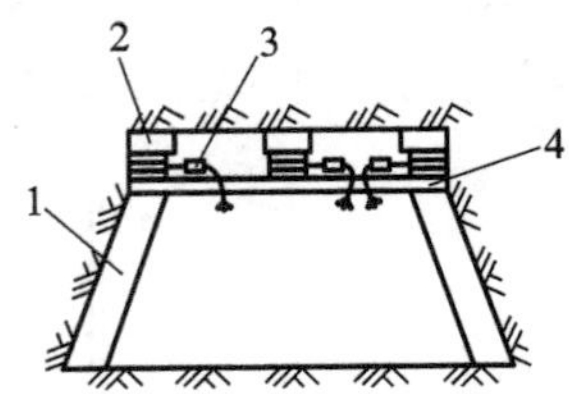

图 10-15 压力传感器在支架上安装示意图

1—支架；2—垫块；3—压力传感器；4—横梁

(4)仪器测量

将压力传感器与数字显示仪相连接后，即可按照数字显示仪的操作步骤进行压力量测。数字显示仪按以下公式计算测量结果：

$$F = C(f_0^2 - f^2) \tag{10-2}$$

式中 C——压力传感器的标定系数；

f_0——压力传感器的初始频率值，Hz；

f——压力传感器安装后的频率值，Hz，由数字显示仪自动采集；

F——压力计的测量值，kN。

10.2.2.3 钢筋测力计

钢筋测力计通常埋设于各类建筑基础(桩、地下连续墙)、隧道衬砌、桥梁、边坡、码头、船坞、闸门等混凝土工程中，还可用于深基坑开挖安全监测，用于测量混凝土内部的钢筋应力，锚杆的锚固力、拉拔力等，并可同步测量埋设点的温度。

钢筋测力计可在钢筋加工厂预先与钢筋焊好，即将钢筋与钢筋测力计的连接杆对中后采用对接法焊接在一起。如果在现场焊接，可在埋设钢筋测力计的位置将钢筋截下相应的长度，之后将钢筋测力计焊上。为了避免焊接时仪器温度过高而损坏仪器，焊接时仪器要包上湿棉纱并不断在棉纱上浇冷水，直到焊接完毕后钢筋冷却到一定温度为止。一般直径小于 25mm 的仪器才适宜采用对焊机对焊，直径大于或等于 25mm 的仪器不宜采用对焊机焊接。现场电焊安装前，应先将仪器及钢筋焊接处按电焊要求打好 45°～60°的坡口，以保证焊接强度。

采用振弦式频率测定仪(如 XPO2 型振弦式频率测定仪)读取频率值。根据监测的频率值，计算对应的拉、压应力，即：

$$\sigma = k(f_n^2 - f_0^2) \tag{10-3}$$

式中 σ——张拉应力；

k——振弦式频率测定仪的标定系数(一般由厂家标定提供)；

f_0——振弦式频率测定仪的初始频率值，Hz；

f_n——振弦式频率测定仪安装后的频率值(监测值)，Hz。

应当注意的是，标定系数分为拉、压两种情况，即对应有两个标定系数值。如果监测的频率大于初始频率，则说明监测点处于受拉状态，应取受拉状态下的标定系数。

10.3 施工信息反馈设计

许多工程实践表明，根据勘察资料判断的地质条件无论如何都不能与实际工程的地质条件相吻合，多少会有所出入。在实际地质条件下，原支护设计方案是否可行，能否达到最优化状态，施工监控系统会给出参考答案。如果问题较大，则需根据施工中的各种反馈信息对原设计方案进行必要的调整。

与地面工程不同，在地下工程结构设计、施工过程中，勘察、设计、施工等环节允许有交叉、反复。地下工程信息化施工流程如图10-16所示。在进行初步地质调查的基础上，根据经验方法或力学计算进行预设计，初步选定支护参数；然后，需在施工过程中根据监测获得的关于围岩稳定性和支护系统力学及工作状态的信息，对施工过程和支护参数进行调整。施工实践表明，对于设计所作的这种调整和修改是十分必要和有效的。这种方法并不排斥以往的各种计算、模型试验及经验类比等设计方法，而是把它们最大限度地包容在自身的决策支持系统中，发挥各种方法特有的长处。

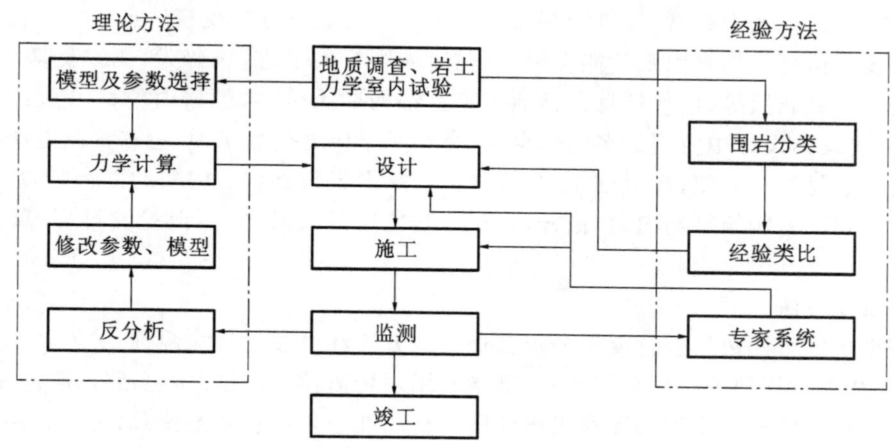

图10-16 地下工程信息化施工流程

尽管地下工程信息化施工技术目前还很不完善，但无疑是今后发展的方向。随着岩体力学和测试技术的研究和发展，以及电算工具的广泛应用，地下工程信息化施工技术将会进一步促进地下工程设计与施工的完善。

10.3.1 施工信息反馈设计的内容

地下工程结构施工信息反馈设计有如下三项内容：地下工程结构的布局调整、初次支护形式及参数调整、永久支护形式及参数调整。地下工程结构开挖后，地质情况如果与原设计出入很大，影响到工程的稳定，就必须进行地下工程结构布局的调整。如果初次支护（有效材料为锚杆、钢筋网、混凝土喷层）达不到应有的效果，相差不大时，则调整支护参数，而不改变支护形式；如果相差较大，则要从支护形式和支护参数上进行改进，调整时可从锚杆类型、长度、排间距和布置方式（方向），喷层厚度，钢筋网层数、网距、材质等方面考虑。永久支护的目的是阻止地下工程结构的变形及发展，它不允许结构发生内部变形，在设计时不应出现薄弱环节。永久支护形式及参数也应随地质条件的改变而进行调整。

10.3.2 施工信息反馈设计的原则与要求

地下工程结构动态设计法并不是简单地强调充分发挥围岩自身的承载作用，及时施作混凝土喷层和锚杆等初期支护，控制围岩的变形和松弛，再依据现场监控量测曲线的稳定趋势来决定施作二次衬砌，而是更加注重将现场监控量测纳入设计文件，在施工中加以实施，并根据现场量测信息对支护结构体系的设计参数进行修正。从设计流程来看，施工信息反馈设计是在取得现场监控量测数据后，根据施工中出现的各种地质情况、施工情况对预设计进行合理的修正。这种修正不仅仅是对支护结构设计参数的修正，还包括对施工方法的调整。也就是说，对施工前预设计确定的围岩级别、结构类型、支护参数、预留变形量、现场监测方法、施工工艺、施工方法及工序施作时间等进行检验和修正，根据需要减弱或者增强预设计。其贯穿于整个设计阶段。

对于施工信息反馈设计，设计、施工、监测必须密切配合，共同研究、深入分析各项施工信息，着重解决以下几个问题。

(1)确定信息类型

一般来说，通过现场观察、监控量测获得的工程信息大致可分为观察信息、位移信息、应力信息三类。其中，观察信息是指靠肉眼就能发现的信息，如围岩的节理、破碎带，洞室侧墙变形、底板鼓起，支护结构开裂和屈服等；位移信息包括地下工程结构周边位移、围岩内位移、地表下沉位移等，是目前施工信息反馈设计中应用最多的信息，因为相对于应力信息来说，位移量测方法、设备简单，数据直观，而且数据处理方便；应力信息包括围岩压力、围岩与支护结构间的接触应力、围岩与支护结构内部的应力状态、刚架结构内力、锚杆轴力等，这些信息直观明了，但量测过程、反分析处理均相对复杂。

(2)确定反馈方法

目前，根据现场量测数据进行反馈分析有确定性方法和可靠度方法两种。

确定性方法即常规的理论反分析方法，是指利用现场监控量测信息，包括位移、应变、二次应力或地应力，根据给定的材料模型来反演工程介质材料的性态参数和初始荷载，再把它用于以后的设计计算中。根据反馈信息的不同，该法可分为位移反分析法、应变反分析法和应力反分析法，其中位移反分析法较为常用。

可靠度方法属于经验反馈法，是数理统计分析方法，是指从随机性的角度出发，把量测数据进行相关分析，找出各变量之间的相关性并模式化为量测曲线或数学方程，推求出设计参数的方法。这种方法规避了围岩中的种种复杂因素，把它们变为最简单的信息，再用概率、统计分析的方法来推求围岩和结构物的安全状态等。

(3)确定修正项目

施工信息反馈设计涉及的项目很多，但并不是每个项目都要作调整，必须根据量测信息反分析的结果对预设计进行重新计算分析后，确定施工信息反馈设计的修正项目与内容。一些常见的修正项目包括围岩级别的调整、支护与衬砌结构类型及参数的变更、预留变形量调整、开挖断面调整、监测项目变更、分部开挖尺寸调整等。

(4)确定修正范围

对线状地下工程结构来说，施工信息反馈设计的利用是受范围限制的。一般而言，根据一个断面的量测信息反分析结果得到的修正后设计文件，只能运用于该断面前后不大于 5m 的同类围岩地段，因此施工信息反馈修正设计是贯穿于整个地下工程结构施工全过程的。

10.3.3 施工信息反馈设计中的有关处理措施

施工信息反馈设计中的有关处理措施主要包括变更施工方法的措施、修正预留变形量的措施、增强初期支护的措施、减弱初期支护的措施、加强二次衬砌的措施、变更已施工部分支护结构的措施等。

(1)变更施工方法的措施

围岩-支护体系的应力状态受所采用的施工方法与开挖断面形式的影响往往很大,不同级别的围岩应有不同的施工方法。当围岩级别发生变化时,预设计提出的施工方法不能满足实际围岩的稳定性要求,应及时变更施工方法,选择对围岩稳定性有利的断面形式、辅助施工措施,或改变施工工序,如暂停开挖、及时锚喷、紧跟二次衬砌或提前施作仰拱等,促使围岩-支护体系趋向稳定。

(2)修正预留变形量的措施

施工前预设计提出的预留变形量是依据围岩级别确定的。当围岩级别发生变化时,预留变形量就不可能和实际变形量一致,而且预留变形量往往采用工程类比或理论计算方法确定,在精度上也难以保证与实际变形量完全一致。因此,当预留变形量与现场量测结果不符时,应及时修正未开挖地段的预留变形量,否则预留变形量过大会增加回填量,预留变形量过小则无法满足设计净空和二次衬砌厚度的要求。

(3)增强初期支护的措施

根据前面的论述,当施工现场出现实测位移值大,锚杆轴力大,喷射混凝土应力大,掌子面不稳定等情况时,应增强初期支护。其具体增强措施包括:

①增加混凝土喷层厚度;

②考虑使用用早强水泥配制的喷射混凝土;

③增设钢筋网或考虑使用喷射钢纤维混凝土;

④加密或加长锚杆,考虑使用高强度锚杆或预应力锚杆;

⑤采用或加密钢拱;

⑥加固围岩,以提高围岩的物性指标;

⑦采用预支护技术(管棚、旋喷拱或预切槽),以减少坑道变形;

⑧增设临时仰拱,及时形成支护封闭环;

⑨改变断面形状(如直墙改曲墙等)。

(4)减弱初期支护的措施

相反,当施工现场出现实测位移值小,锚杆轴力小,喷射混凝土应力小,掌子面稳定等情况时,可减弱初期支护。其具体减弱措施包括:

①减少锚杆数量,缩短锚杆长度;

②减小混凝土喷层厚度;

③取消刚架;

④改变断面形状(如曲墙改直墙,取消仰拱等);

⑤取消预支护,或降低预支护措施的设计参数。

(5)加强二次衬砌的措施

当围岩级别发生变化时,不仅初期支护设计参数要修正,有时二次衬砌的设计参数也要发生相应变化。其具体措施包括:

①在满足洞室建筑净空要求的条件下,适当增加衬砌厚度;

②改变断面形状(如直墙改曲墙等);

③当受净空限制不能采用上述措施时,可适当配筋,改用钢筋混凝土衬砌;

④提高衬砌混凝土的强度等级。

(6)变更已施工部分支护结构的措施

根据量测信息,当支护结构施作后位移仍不收敛,支护结构内力仍有持续增大趋势时,应认真分析研究量测结果和当前支护结构的力学状态。当结构安全无法保证时,必须进一步采取可靠措施,加强已施作的支护结构。其具体措施可根据施工条件采取增加锚杆,增加长锚杆,增加预应力锚索,增加钢筋网喷混凝土厚度,局部增设现浇钢筋混凝土结构,仰拱临时闭合等方法。

【知识归纳】

信息化施工遵循"施工→监测→设计→施工"的原理和方法,通过在施工过程中布置监控测试系统,从现场围岩的开挖和支护过程中获得围岩稳定性及支护体系的工作状态信息(如位移、应力等),来判断围岩和支护结构体系的稳定性及工作状态,从而选择和修正支护参数及指导施工。

地下工程结构施工信息反馈设计主要包括地下工程结构的布局调整、初次支护形式及参数调整和永久支护形式及参数调整三项内容;而施工信息反馈设计中有关处理措施主要包括变更施工方法的措施、修正预留变形量的措施、增强初期支护的措施、减弱初期支护的措施、加强二次衬砌的措施、变更已施工部分支护结构的措施等。

【独立思考】

10-1 什么是信息化施工技术?

10-2 简述信息化施工技术在工程建设中的作用和意义。

10-3 信息化施工的常用手段主要包括哪些?

【参考文献】

[1] 朱合华. 地下建筑结构. 2版. 北京:中国建筑工业出版社,2011.

[2] 赵奎,袁海平. 矿山地压监测. 北京:化学工业出版社,2009.

[3] 李国锋,丁文其,李志厚,等. 特殊地质公路隧道动态设计施工技术. 北京:人民交通出版社,2005.